COURS COMPLET
D'HISTOIRE NATURELLE

COURS COMPLET
D'HISTOIRE NATURELLE

A L'USAGE

DES ÉCOLES PRIMAIRES SUPÉRIEURES

DE GARÇONS ET DE FILLES

(PROGRAMMES OFFICIELS DE 1893)

PAR

Aug. DAGUILLON

MAITRE DE CONFÉRENCES A LA FACULTÉ DES SCIENCES DE PARIS

PREMIÈRE ANNÉE

Ouvrage orné de 196 figures intercalées dans le texte

CINQUIÈME ÉDITION

PARIS

LIBRAIRIE CLASSIQUE EUGÈNE BELIN

BELIN FRÈRES

RUE DE VAUGIRARD, 52

1897

Tout exemplaire de cet ouvrage, non revêtu de notre griffe, sera réputé contrefait.

Belin Frères

PRÉFACE

Les instructions qui accompagnent les programmes arrêtés le 21 janvier 1893 pour l'Enseignement primaire supérieur indiquent fort nettement aux maîtres les limites que doit s'imposer cet enseignement. En ce qui concerne les sciences naturelles, elles attirent surtout leur attention sur la nécessité de se borner à des notions *élémentaires* et *pratiques*. L'auteur de ce Cours complet d'Histoire naturelle s'est efforcé de répondre à d'aussi sages intentions.

C'est pour se conformer à ces instructions, et en même temps pour tenir compte du temps consacré à l'enseignement des sciences naturelles (une heure par semaine), qu'il a passé à peu près sous silence l'étude des organes des sens : elle lui a paru un peu trop compliquée pour la première année et peut être aisément jointe, en deuxième année, à l'étude élémentaire de l'Anatomie et de la Physiologie humaines.

C'est encore sous la même inspiration que l'auteur, en passant en revue les grandes divisions du règne animal, a laissé de côté les groupes entièrement exotiques : il a pensé qu'il valait mieux, du moins en première année, se borner aux types de la faune de France ou aux espèces domestiques, que l'élève a quelques chances de pouvoir observer par lui-même, et dont l'étude offre un intérêt pratique.

L'ordre suivi par l'auteur est celui du programme officiel. Il s'est proposé de réunir dans chaque leçon un ensemble de notions qui puisse être présenté aux élèves en une heure d'enseignement et qu'il a ensuite cherché à condenser sous la forme d'un résumé très court. Ainsi, le texte même de l'ouvrage est en quelque sorte la reproduction des leçons faites par le professeur ; les résumés correspondent plutôt à ce « sommaire » dicté qui, recueilli par l'élève, doit être pour lui le cadre dans lequel viendront se classer ses souvenirs.

Avril 1893.

PROGRAMME OFFICIEL

DU 21 JANVIER 1893

ZOOLOGIE

Notions très élémentaires sur l'organisation de l'Homme, prise comme terme de comparaison. Grandes divisions du règne animal. (Le professeur choisira comme exemple, pour chaque groupe, une espèce bien connue qui lui servira de type auquel il comparera les espèces voisines. Il insistera sur l'histoire de l'animal, ses mœurs, son régime, ses caractères extérieurs.)

Vertébrés. — Mammifères, exemples choisis parmi les divers ordres.

Chauves-souris. Taupes, Hérissons, Musaraignes. Rats, Souris, Mulots, Campagnols, Ecureuils, Marmottes, Loirs, Lapins, Lièvres. Chiens, Loups, Renards, Martes, Fouines, Belettes, Loutres, Chats, Blaireaux, Ours. Bœufs, Moutons, Chèvres, Cerfs. Chevaux, Anes. Sangliers, Porcs. Eléphants. Baleines.

Oiseaux, caractères essentiels. — Exemples choisis parmi les principaux ordres. — Rapaces; utilité des Chouettes et des Hiboux. — Pics et Coucous. — Passereaux insectivores; les services qu'ils rendent. — Hirondelles, Martinets, Fauvettes. — Passereaux granivores, Moineaux. — Pigeons. — Oiseaux de basse-cour. — Cigognes, Hérons. — Cygnes, Oies, Canards.

Reptiles. — Caractères essentiels. — Lézards. — Couleuvres et Vipères. — Tortues.

Batraciens. Métamorphoses de la Grenouille.

Poissons, caractères essentiels. Importance des poissons au point de vue de l'alimentation, principales espèces comestibles.

Insectes, caractères essentiels. Métamorphoses des Papillons. — Histoire du Hanneton, de l'Abeille, de la Fourmi. — Espèces nuisibles.

Arachnides et Crustacés. — Notions très sommaires.

Vers, caractères essentiels. — Vers de terre. — Sangsues.

Mollusques. — Colimaçons. — Huîtres.

Zoophytes. Quelques mots sur les animaux les plus simples. — Corail. — Eponge.

BOTANIQUE

Caractères des végétaux. — Etude sommaire de la plante. — Forme, structure, fonctions des différentes parties. — Racines, tiges, feuilles, fleurs. — Développement de la plante. — Plantes annuelles, bisannuelles, vivaces.

Etude détaillée de quelques espèces, au point de vue des caractères fournis par les différentes parties de la plante. — Procédés de détermination appliqués à des végétaux très communs recueillis dans le jardin de l'école ou rencontrés dans les promenades faites sous la direction du maître. Commencer, autant que la saison le permettra, par des polypétales à grandes fleurs, dont toutes les parties sont plus distinctes. Choisir pour l'étude de chaque groupe une plante à la fois bien connue et bien caractéristique.

Quelques notions sur les plantes dites cryptogames : Fougères, Prêles, Mousses, Champignons.

Faire voir comment on a pu répartir les plantes de la même manière que les animaux et arriver à une classification.

GÉOLOGIE

Caractères des minéraux. — Etude de quelques espèces utiles très répandues et d'une détermination facile. — Etude de quelques roches simples ou composées appartenant à la localité. — Arrangement des roches; idée de leurs différents modes de formation. — Phénomènes actuels, effets qu'ils produisent; ce qu'on en peut déduire relativement à l'action des phénomènes anciens. — Chaleur centrale, tremblements de terre, volcans et produits volcaniques; quelques notions très élémentaires sur la constitution de l'écorce terrestre. — Terrains ignés. — Terrains sédimentaires.

(Une heure par semaine.)

COURS COMPLET
D'HISTOIRE NATURELLE

PREMIÈRE LEÇON

Les trois règnes de la nature. — La Zoologie.

Les trois règnes de la nature. — On peut distinguer dans la nature trois sortes de corps : les *animaux*, les *végétaux*, les *minéraux*.

Comment peut-on définir chacun de ces groupes, qu'on appelait autrefois des règnes?

Cette question semble à peine appeler une réponse ; et personne n'hésitera, en présence d'un chien, d'un chêne, d'un caillou, à voir dans le premier un *animal*, dans le second une *plante*, dans le troisième un *minéral*. La science ne saurait se contenter de cette distinction en quelque sorte instinctive, et doit préciser les différences qui existent entre ces trois groupes de corps.

Les animaux. — Un chien, et en général un animal, n'apparaît pas spontanément ; il *naît* de parents semblables à lui. A partir de l'instant où il a pris naissance, le chien emprunte d'abord au lait de sa mère, puis à des matériaux qu'il cherche lui-même, les aliments nécessaires à son accroissement : il *se nourrit*. Mais, en même temps qu'il s'accroît ainsi, des pertes continuelles viennent contrebalancer cet accroissement, et l'obligent à renouveler incessamment son travail d'alimentation. Pendant un certain temps le gain l'emporte sur la perte : l'animal grandit ; puis il reste un certain temps stationnaire, et, la perte commençant à dépasser le gain, il décroît; il arrive enfin un moment où inévitablement, en dépit de toutes les précautions, le gain n'arrive plus à compenser la perte, l'équilibre est définitivement détruit, l'animal *meurt*. — Mais avec lui l'espèce à laquelle il appartient, l'espèce *chien*, pour garder notre exemple, va-t-elle disparaître? En aucune façon : car généralement l'animal, avant de mourir, a donné naissance à de nouveaux animaux semblables à lui : il *se reproduit*.

Est-ce là tout ce qui caractérise l'animal? Non; car si l'animal *naît, se nourrit, s'accroît, meurt, se reproduit*, toutes choses qui ne contribuent qu'à sa conservation personnelle ou à celle de son espèce, il ne reste pas indifférent à ce qui l'entoure : impressionné par les objets extérieurs à lui, il manifeste les sensations qu'il éprouve par des cris ou des mouvements; c'est ce qu'on exprime en disant qu'il possède à la fois la *sensibilité* et la *motilité*[1].

Les végétaux. — Examinons maintenant un végétal, un chêne par exemple. A l'origine, il est sorti d'un gland, issu lui-même d'un chêne déjà bien formé; puis il s'est accru en empruntant au sol les aliments nécessaires à son accroissement, et nous savons parfaitement que l'instant de la mort arrivera tôt ou tard pour lui; mais de ses branches on aura vu d'abord se détacher des glands, dont chacun aura pu donner naissance à un nouveau chêne semblable au premier. Naître, se nourrir, et par suite s'accroître, mourir, se reproduire, sont donc des actes que nous retrouvons chez le végétal comme chez l'animal; l'ensemble de ces actes constitue la *vie*, et l'on dit que les animaux et les végétaux forment, par leur réunion, les *êtres vivants*.

Mais ce que nous ne trouvons pas dans un chêne, c'est cette faculté d'entrer en rapport avec les objets qui l'entourent; si les feuilles d'un chêne s'agitent, ce n'est jamais spontanément, et, comme jamais un chêne n'exprimera de

---

1. Il ne faut pas confondre la *motilité* avec la *mobilité* : un objet *mobile* est un objet qui peut *être déplacé*, une balle par exemple; un corps *motile* peut *se déplacer* de lui-même.

douleur ni de plaisir, nous sommes amenés à le supposer dépourvu de *sensibilité* aussi bien que de *motilité*. — C'est donc la présence de ces deux facultés qui distingue la vie animale de la vie végétale.

Les minéraux. — Prenons enfin un minéral. Jamais nous ne le verrons se nourrir. Si le minéral ne peut se nourrir, il échappe, par compensation, à la loi fatale de la mort; maintenu indéfiniment dans des conditions identiques, à l'abri des chocs, des perturbations, il se conserve indéfiniment, sans que l'on voie se modifier ni sa forme ni son aspect.

En un mot, le minéral ne vit pas; c'est ce qu'on appelle un *corps brut*, et cette absence de tout phénomène vital creusera, pour nous, un abîme bien plus profond entre le minéral et la plante qu'entre cette dernière et l'animal.

Nous distinguerons, par suite, dans la nature les *corps bruts* et les *êtres vivants*; et parmi ces derniers, au-dessus des végétaux, insensibles et incapables de mouvements, nous placerons les animaux, doués de sensibilité et de motilité. — C'est ce que Linné exprimait déjà en disant : « *Mineralia crescunt*; les minéraux s'accroissent; — *Vegetalia crescunt et vivunt*; les végétaux s'accroissent et vivent; — *Animalia crescunt, vivunt et sentiunt*; les animaux s'accroissent, vivent et sentent. »

La Zoologie. — La *Zoologie*[1] a pour objet l'*étude des animaux*, c'est-à-dire des *êtres vivants doués de sensibilité et de mouvement*.

L'Homme. — Nous commencerons cette étude par celle de l'Homme : car si, par son intelligence, ce dernier s'élève de beaucoup au-dessus des animaux, l'organisation de son corps, la disposition et le mode de fonctionnement de ses organes l'en rapprochent absolument.

La connaissance de l'Homme, qui, à ce titre, est le premier des animaux, nous servira de clef pour l'étude de tous les autres.

---

1. De deux mots grecs : *zóon*, animal, — *logos*, discours, étude.

Organe; fonction; appareil. — Les différentes parties du corps d'un animal portent le nom d'*organes* : chaque organe accomplit des *actes* qui concourent à la vie de l'animal tout entier. Un ensemble d'actes accomplis par des organes différents, mais dirigés vers un but commun, facile à définir, est une *fonction*; la réunion des organes utilisés pour une fonction est un *appareil*.

Anatomie et physiologie. — L'étude d'un animal comprend deux parties. On peut en effet séparer les différents organes, les décrire, les classer, sans se préoccuper de leur rôle : on fait alors de l'*Anatomie*[1]. Si, au contraire, on cherche à connaître quels sont les actes accomplis par chaque organe, quelles sont les fonctions qui appartiennent à chaque appareil, on fait de la *Physiologie*[2]. On voit qu'il est assez difficile de séparer ces deux sciences, ou du moins que l'étude de la seconde suppose la connaissance de la première.

Division du travail physiologique. — Plus l'animal que nous voudrons étudier sera élevé dans la série des êtres, plus grands seront le nombre et la variété de ses organes; en même temps augmentera le nombre des fonctions vitales, et nous verrons les organes obéir à cette loi générale de la *division du travail* qui caractérise les associations bien réglées : chacun d'eux remplira un rôle distinct dans cette multitude d'actes dont l'ensemble constitue la vie.

Il deviendra dès lors nécessaire d'établir parmi les fonctions un certain nombre de catégories : nous appellerons, par exemple, *fonctions de nutrition* toutes celles qui n'ont d'autre but que d'assurer la conservation de l'individu, réservant le nom de *fonctions de relation* à celles qui lui permettent d'entrer en rapport avec les objets qui l'entourent, c'est-à-dire d'éprouver des sensations et de les manifester par des mouvements. Les premières se retrouvent aussi bien chez les végétaux que chez les animaux; aussi,

---

1. Du grec : *ana*, à travers, *tomè*, action de couper.
2. Du grec : *phusis*, nature, *logos*, étude.

chez ces derniers, forment-elles par leur réunion la *vie végétative*. Les fonctions de relation, au contraire, sont spéciales aux animaux; elles constituent la *vie* vraiment *animale*.

RÉSUMÉ

La nature comprend les *corps bruts* et les *êtres vivants* : ceux-ci se distinguent des corps bruts parce qu'ils *naissent, se nourrissent, croissent, se reproduisent* et *meurent*.

Les êtres vivants comprennent les *végétaux* et les *animaux*; ces derniers se distinguent des végétaux par la double propriété de *sensibilité* et de *motilité*.

L'étude des animaux est la *zoologie*.

Le corps des animaux est formé d'*organes* qui accomplissent des *actes* : ils se réunissent en *appareils*, auxquels sont attribuées des *fonctions*.

On appelle *anatomie* l'étude des organes d'un animal, sans tenir compte de leurs rôles, et *physiologie* l'étude du rôle de chaque organe.

Chez les animaux élevés en organisation, l'Homme par exemple, on reconnaît facilement deux sortes de fonctions : les fonctions de *nutrition* et les fonctions de *relation*; les premières se retrouvent chez les végétaux (fonctions de la *vie végétative*).

DEUXIÈME LEÇON

Etude de l'Homme. — Le squelette. — Disposition générale des viscères.

Le squelette. — Le corps de l'Homme comprend trois parties : une partie centrale, supportant tout le reste, à laquelle on donne le nom de *tronc*; — une partie supérieure, de forme à peu près sphérique, la *tête*, rattachée au tronc par le cou; — enfin des appendices latéraux qui sont les *membres*.

Tout le monde sait que, lorsque après la mort le corps presque entier se décompose et disparaît, il en reste comme

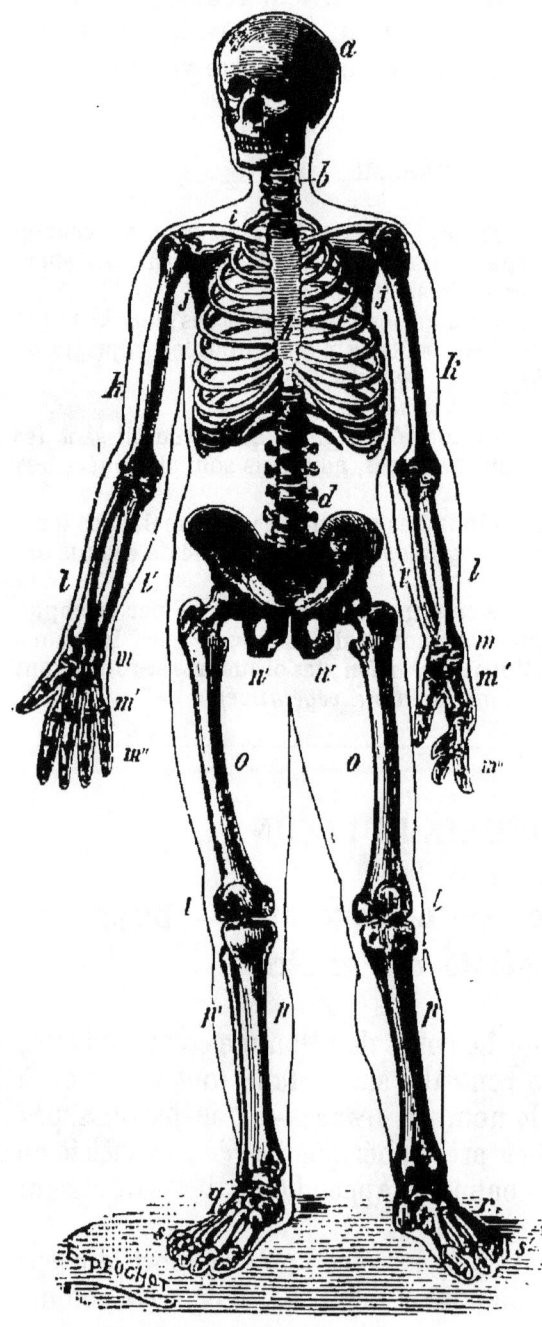

Fig. 1. — Squelette de l'Homme.

a, tête;
b, vertèbres cervicales;
c, vertèbres dorsales;
d, vertèbres lombaires;
e, sacrum;
f, vraies côtes;
g, côtes flottantes;
h, sternum;
i, clavicule;
j, omoplate;
k, humérus;
l, radius;
l', cubitus;
m, carpe;
m', métacarpe;
m'', doigts;
n, ilion;
n', ischion;
o, fémur;
p, tibia;
p', péroné;
q, tarse;
r, métatarse;
s, orteils;
t, rotule.

une charpente solide, qui reproduit à peu près la forme extérieure du corps. C'est le *squelette*, formé de pièces articulées les unes avec les autres, qui sont les *os* (*fig.* 1).

Avant d'indiquer les places occupées par les organes à l'intérieur du corps, il faut prendre des points de repère; nous les trouverons dans les pièces du squelette, dont nous allons indiquer sommairement la disposition et les formes.

La tête. — Si l'on examine le squelette de la tête (*fig.* 2), on y aperçoit immédiatement deux régions distinctes. A la partie supérieure est une boîte osseuse ayant forme d'un œuf couché horizontalement sur son grand axe, la grosse extrémité en arrière; c'est le *crâne* (C), dont la face inférieure est aplatie (*base*), tandis que la face supérieure est bombée (*voûte*). Au-dessous est une masse

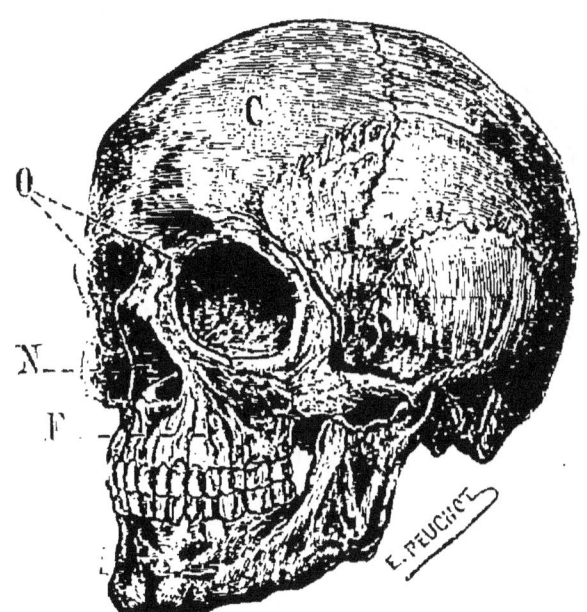

Fig. 2. — Squelette de la tête.
C, crâne; F, face; O, orbites; N, fosses nasales; M, maxillaire inférieur.

formée d'os dont la plupart sont immobiles; c'est la *face* (F).

La partie postérieure de la base du crâne est percée d'un

orifice (*trou occipital*), de chaque côté duquel se trouve une saillie arrondie (*condyle* [1] *occipital*).

Le profil de la *face* présente à peu près la forme d'un trapèze dont les deux bases seraient verticales. Vue en avant, elle porte quatre orifices principaux : les ouvertures des deux *orbites* (O), renfermant les yeux ; — l'ouverture des *fosses nasales* (N) ; — l'ouverture de la *bouche*.

Un seul os de la face est mobile ; c'est celui qui forme la mâchoire inférieure (M), ou *maxillaire inférieur* (*fig.* 3). Indépendant en quelque sorte du reste de la face, il a la forme d'un fer à cheval horizontal (D), portant sur son bord supérieur des dents implantées dans des cavités spéciales, et suspendu à la base du crâne par deux *branches montantes* (B) ; chaque branche montante se termine par un *condyle* (C) qui peut se mouvoir dans une cavité de la base du crâne.

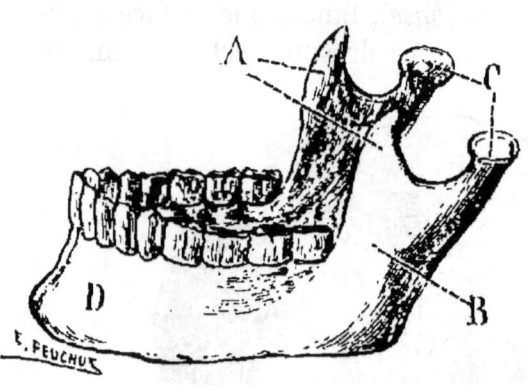

Fig. 3. — Le maxillaire inférieur, vu de profil. A, apophyses coronoïdes ; B, branches montantes ; C, condyles ; D, corps.

Au travers de la face s'étend une cloison osseuse horizontale, terminée à sa partie postérieure par un bord libre, et qui partage la face en deux étages : les *fosses nasales*, au-dessus, — la *cavité buccale*, au-dessous. C'est le plancher du *palais*.

Le tronc. — Le tronc est soutenu à sa partie postérieure par une tige articulée (*colonne vertébrale*), formée d'une série de pièces osseuses empilées les unes au-dessus des autres (*vertèbres*).

Chaque vertèbre (*fig.* 4) se compose elle-même de deux parties principales : une antérieure, massive (*corps de la ver-*

---

1. On donne souvent le nom de *condyle* à une saillie osseuse de forme arrondie et servant à une articulation.

tèbre, *a*), — et une postérieure, formée d'un anneau osseux *anneau vertébral*), dont le centre est occupé par le *trou vertébral* (*b*). Cet anneau porte à droite et à gauche deux saillies osseuses appelées *apophyses*[1] *transverses* (*d*), et en porte une troisième en arrière (*apophyse épineuse*, *c*). Les différentes vertèbres forment par la juxtaposition de leurs corps une tige osseuse pleine; la juxtaposition des anneaux vertébraux

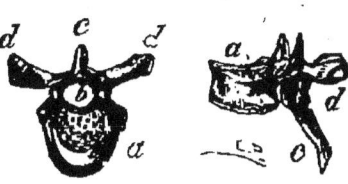

Fig. 4. — Une vertèbre dorsale, à gauche vue d'en haut, à droite vue de côté. *a*, corps de la vertèbre; *b*, trou vertébral; *c*, apophyse épineuse; *d*, apophyse transverse.

forme, au contraire, un canal, dit *canal rachidien*, qui s'étend d'un bout à l'autre de la colonne, et aboutit par son extrémité supérieure au trou occipital. Ainsi communiquent la cavité du crâne, qui renferme le *cerveau*, et la cavité rachidienne, qui contient la *moelle épinière*. Les condyles occipitaux reposent sur la première vertèbre.

Sur les côtés le tronc est limité par les *côtes*; ce sont des os plats, recourbés et s'articulant en arrière avec la colonne vertébrale (voir *fig.* 1).

Il y a douze paires de côtes. Celles des sept premières paires s'attachent directement, par des cartilages[2] séparés, à un os plat, limitant le tronc à sa partie antérieure (*sternum*, *h*); ce sont les *vraies côtes* (*f*). Celles des trois suivantes (*fausses côtes*, *g*) s'attachent indirectement au sternum, par l'intermédiaire de deux cartilages communs, un pour chaque côté; enfin, les deux dernières paires (*côtes flottantes*) sont absolument indépendantes du sternum.

On distingue dans la colonne vertébrale cinq régions: la *région cervicale* ou du cou, composée de sept vertèbres (*b*); — la *région dorsale* (*c*), qui en comprend douze, dont cha-

---

1. On appelle, en général, *apophyse* une partie saillante d'un os; elle peut ne pas servir à une articulation.
2. Un *cartilage* est plus mou et plus flexible qu'un os; sa couleur est le blanc nacré; il se conserve, après la mort, moins facilement que l'os. On peut observer des cartilages se détachant aisément des extrémités de l'os de la cuisse, chez le Poulet.

cune porte une paire de côtes ; — la *région lombaire* ou des reins, formée de cinq vertèbres (*d*) ; — la *région sacrée* ou du *sacrum*, composée de cinq vertèbres soudées (*e*) ; — enfin la *région coccygienne* ou du *coccyx*, formée de quatre ou cinq vertèbres tout à fait rudimentaires [1].

Les membres. — Il nous reste, pour terminer l'énumération des pièces principales du squelette, à étudier les os des *membres*.

Il y a deux paires de membres : deux *membres supérieurs*, s'attachant au tronc dans la région des *épaules* ; — deux *membres inférieurs*, s'y attachant dans la région du *bassin*.

Membre supérieur. — Le membre supérieur (*fig.* 5) comprend quatre régions à partir de son point d'attache au tronc : l'*épaule*, le *bras*, l'*avant-bras*, la *main*.

L'*épaule* est formée de deux os : en arrière un os plat, triangulaire (*omoplate*, *b*) ; en avant, un os allongé en forme d'S, étendu transversalement de la pointe de l'épaule au sommet du sternum (*clavicule*, *a*).

L'*humérus* (*c*) forme à lui seul le squelette du *bras*. Au-

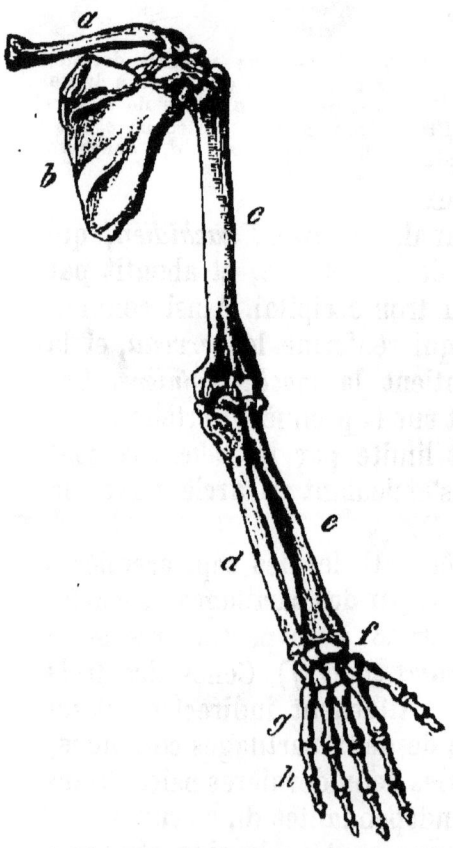

Fig. 5. — Membre supérieur de l'homme. *a*, clavicule ; *b*, omoplate ; *c*, humérus ; *d*, cubitus ; *e*, radius ; *f*, carpe ; *g*, métacarpe ; *h*, doigts.

[1]. On voit que la colonne vertébrale comprend en tout trente-trois ou trente-quatre vertèbres.

dessous de son articulation avec l'humérus, l'omoplate présente une saillie osseuse dite *apophyse coracoïde*.

A la partie inférieure de l'humérus s'articulent deux os : le *cubitus* (d) et le *radius* (e); quand le membre supérieur tombe verticalement, la paume de la main étant tournée en avant, c'est le cubitus qui est situé vers l'intérieur, le radius vers l'extérieur.

La *main*, encore recouverte de ses muscles et de sa peau, comprend trois régions : le *poignet*, la *paume*, les *doigts*; les parties correspondantes du squelette sont : le *carpe*, le *métacarpe* et les *phalanges*.

Le *carpe* (f), qui est le squelette du poignet, est formé par la réunion de huit os courts, étroitement articulés entre eux et disposés sur deux rangées. Il s'articule, à sa partie supérieure, surtout avec le radius; de sorte que, pour ramener la main de la position où nous l'avons jusqu'ici supposée placée à la position inverse, en retournant la paume, il faut que le radius, entraîné par le carpe, tourne autour du cubitus resté fixe.

La paume de la main est traversée par cinq os allongés qui divergent à partir du poignet, et dont chacun correspond à un doigt; ce sont les cinq *métacarpiens* (g).

Chaque doigt est soutenu par trois phalanges placées à la suite l'une de l'autre (h) : la *phalange* proprement dite; la *phalangine* et la *phalangette*. Le premier doigt du côté externe fait exception; c'est le *pouce*, qui n'est soutenu que par deux phalanges, et qui possède de plus la propriété de pouvoir être opposé aux quatre autres doigts.

Membre inférieur. — Ce qui nous frappera tout d'abord dans l'étude du membre inférieur (*fig.* 6), c'est la grande ressemblance qu'il présente avec le membre supérieur. Comme lui, il est formé de quatre parties : la *hanche*, la *cuisse*, la *jambe*, le *pied*; et la composition de chacune de ces parties rappelle celle de l'épaule, du bras, de l'avant-bras, de la main.

La réunion des deux hanches ou *bassin* forme une véritable ceinture osseuse; en arrière, elle est limitée par deux os plats évasés (*ilions, b*) qui sont soudés de part et d'autre au sacrum; en avant, par deux arcs osseux (os du *pubis, a*) qui font corps avec les ilions et se réunissent sur la ligne moyenne; enfin, de chaque côté, l'ilion est réuni au pubis par une sorte de pont dont la saillie inférieure forme l'*ischion* (*i*), sur lequel repose le corps assis. La réunion de l'ilion, du pubis et de l'ischion de chaque côté constitue l'*os iliaque*, qui correspond à l'omoplate de l'épaule.

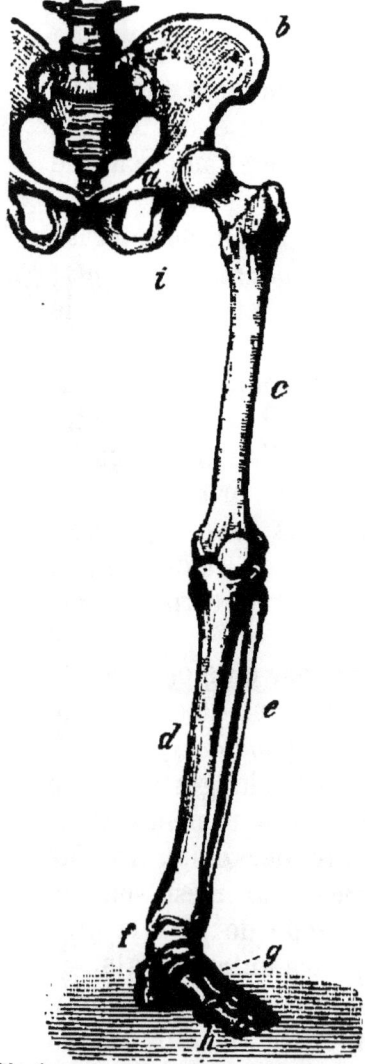

Fig. 6. — Membre inférieur de l'homme. *a*, pubis; *b*, ilion; *i*, ischion; *c*, fémur; *d*, tibia; *e*, péroné; *f*, tarse; *g*, métatarse; *h*, orteils.

La *cuisse* est soutenue par un os unique, le *fémur* (*c*), qui s'articule avec la face externe du bassin, dans une cavité située au point de rencontre de l'ilion, du pubis et de l'ischion.

La *jambe* renferme deux os: le *tibia* (*d*) et le *péroné* (*e*); mais entre la cuisse et la jambe, se développe tardivement un os supplémentaire, arrondi, la *rotule*, qui empêche la jambe de se plier en avant sur la cuisse.

Le *pied* comprend trois parties: le cou-de-pied (*tarse*), la plante (*métatarse*), et les orteils (*phalanges*).

Le tarse (*f*) est formé de sept os, dont un seul, l'*astragale*, s'articule avec la jambe par le tibia et le péroné; un des os du tarse est le *calcanéum* ou os du talon.

Le métatarse est formé de cinq *métatarsiens* (g).

Chaque orteil (h) renferme trois os : *phalange, phalangine* et *phalangette*. Le gros orteil seul n'en renferme que deux ; mais ce n'est pas un pouce, car il ne peut être opposé aux autres orteils.

Le tableau suivant nous montre comment se correspondent les différentes parties du squelette des deux paires de membres.

MEMBRE SUPÉRIEUR			MEMBRE INFÉRIEUR	
Epaule.......	{ Omoplate...... (Clavicule)	{	Ilion............. Pubis............. Ischion..........	} Hanche.
Bras........	Humérus.......		Fémur........... (Rotule)	Cuisse.
Avant-bras...	{ Cubitus........ Radius.........	{	Péroné........... Tibia.............	} Jambe.
Main........	{ Carpe.......... Métacarpe..... Phalanges.....	{	Tarse............. Métatarse......... Phalanges.........	} Pied.

Symétrie bilatérale du corps. — Un caractère général du squelette tout entier est d'offrir une *symétrie bilatérale*, c'est-à-dire qu'un plan mené par la colonne vertébrale et le sternum partage le squelette en deux parties qui se ressemblent autant qu'un objet et son image dans une glace : toutes les pièces que l'on trouve à droite de ce plan se répètent exactement de l'autre côté. Cette symétrie se retrouve dans tous les organes qui recouvrent extérieurement le squelette.

Cavité générale. — Les muscles[1], qui tapissent le squelette dans toute son étendue, protègent en particulier cette sorte de boîte osseuse formée par la colonne vertébrale, les côtes et le sternum, et qu'on a appelée la *cage thoracique*. Ils s'étendent même plus loin, et de la cage thoracique vont s'attacher aux parois du bassin, formant ainsi une vaste cavité, dite *cavité générale* (*fig.* 7), qui

---

1. C'est-à-dire la chair.

renferme les principaux organes servant aux fonctions de nutrition (qu'on appelle des *viscères*).

Disposition des principaux viscères. — Cette

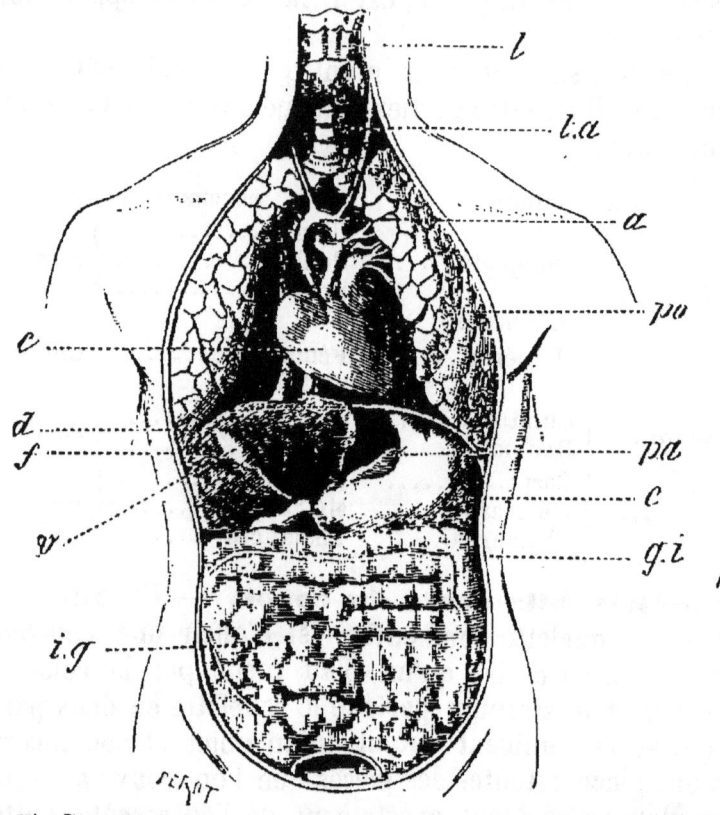

Fig. 7. — Disposition générale des viscères à l'intérieur du corps.
ι, larynx; *ta*, trachée-artère; *a*, aorte; *c*, cœur; *po*, poumon; *d*, diaphragme; *e*, estomac; *pa*, pancréas; *f*, foie; *v*, vésicule biliaire; *i.g*, intestin grêle; *g.i*, gros intestin.

cavité est divisée en deux parties par une cloison musculaire en forme de voûte à convexité tournée vers le haut, qui s'étend transversalement au niveau des dernières paires de côtes, et qu'on appelle le *diaphragme* (d). L'étage supérieur à cette voûte est le *thorax*; l'étage inférieur est l'*abdomen*.

Le thorax renferme, à droite et à gauche, les *poumons* (po), organes de la respiration, et entre eux le *cœur*, organe central de la circulation.

L'abdomen contient la plus grande partie des organes digestifs : l'*estomac* (e), à gauche ; le *foie* (f), à droite, au-dessous même du diaphragme ; le *pancréas* (pa), derrière l'estomac ; plus bas, la masse de l'*intestin* (i.g, g.i) derrière laquelle se trouvent les *reins*, organes producteurs de l'urine, et, à la partie tout à fait inférieure, la *vessie*.

RÉSUMÉ

Le *squelette* de l'homme comprend trois parties : la *tête*, le *tronc* et les *membres*.

La tête se compose de deux régions : le *crâne*, boîte osseuse, à laquelle est suspendue la *face*, creusée de quatre grandes cavités (les deux *orbites*, l'ouverture des *fosses nasales*, la *cavité buccale*).

Le *tronc* est limité en arrière par la *colonne vertébrale*, sur les flancs par les *côtes*, en avant par le *sternum*.

Il y a deux paires de membres : une paire supérieure et une paire inférieure.

Le *membre supérieur* comprend : l'épaule, formée de deux os (*clavicule, omoplate*) ; le *bras*, formé par l'*humérus* ; l'avant-bras, formé par le *cubitus* et le *radius* ; la main, formée du *carpe*, du *métacarpe*, et des *phalanges*.

Le *membre inférieur* comprend : la hanche, formée de trois os (*pubis, ischion, ilion*) ; la *cuisse*, formée par le *fémur* ; la *jambe*, formée par le *tibia* et le *péroné* ; le *pied*, formé du *tarse*, du *métatarse* et des *phalanges*.

La *cavité générale* du corps est divisée par le *diaphragme* en deux étages (*thorax* et *abdomen*), qui contiennent les *viscères*.

TROISIÈME LEÇON

L'appareil digestif et la digestion.

La digestion. — La *digestion* est la fonction par laquelle l'homme introduit dans son organisme des aliments solides et liquides auxquels il fait subir une série de modifications destinées à en rendre une partie assimilable, tandis que le reste est rejeté au dehors.

L'appareil digestif. — L'*appareil digestif* (*fig.* 8) comprend deux parties :

1° Un tube ouvert à ses deux extrémités et traversant la tête et le tronc (*tube digestif*);

2° Divers organes (dents, foie), distribués sur le parcours de ce tube, et qui en forment les *annexes*.

La bouche. — Le tube digestif commence à la *bouche*.

La *bouche* (*fig.* 9) est une cavité qui s'ouvre en avant entre les *lèvres* (*c*); elle est limitée sur les côtés par les *joues*; à sa partie supérieure par le *palais* (*j*) (cloison osseuse qui la sépare des fosses nasales); en bas par le plancher charnu que forme la *langue* (*c*); en arrière, elle s'ouvre par un orifice rétréci appelé *isthme du gosier*. Au niveau des lèvres on voit la peau, qui recouvre tout le corps, se modifier et se transformer en une membrane plus fine, de couleur rose, qui tapisse toute la cavité de la bouche : c'est la *muqueuse buccale*, qui se continue tout le long du tube digestif. Une muqueuse semblable couvre intérieurement la cavité des fosses nasales (*b*), et tapisse par conséquent la face supérieure

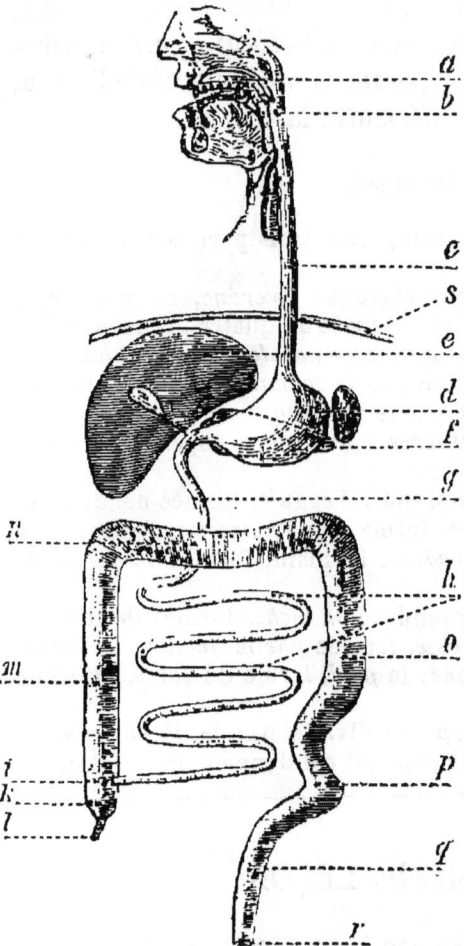

Fig. 8. — L'appareil digestif de l'homme.
a, bouche; *b*, arrière-bouche; *c*, œsophage; *d*, estomac; *e*, foie; *f*, pancréas; *g*, duodénum; *h*, jéjunum et iléon; *i*, valvule iléo-cæcale; *k*, cæcum; *l*, appendice vermiculaire; *m*, côlon ascendant; *n*, côlon transverse; *o*, côlon descendant; *p*, S iliaque; *q*, rectum; *r*, anus; *s*, diaphragme.

du palais. Celui-ci se termine brusquement à sa partie postérieure; mais il se prolonge par une sorte de voile

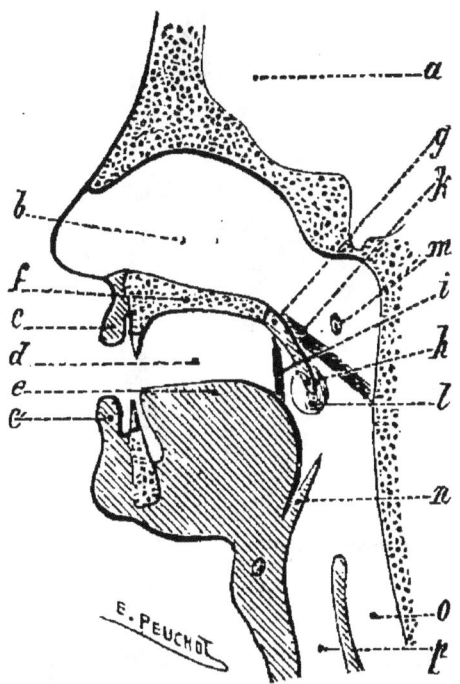

Fig. 9. — Coupe longitudinale de la bouche et de l'arrière-bouche. *a*, crâne; *b*, fosses nasales; *c*, lèvres; *d*, bouche; *e*, langue; *f*, voûte du palais; *g*, voile du palais; *h*, luette; *i*, pilier antérieur du voile du palais; *k*, pilier postérieur; *l*, amygdale; *m*, trompe d'Eustache; *n*, épiglotte; *o*, œsophage; *p*, larynx.

membraneux pendu obliquement au travers de l'isthme du gosier (*voile du palais*, g). Les deux muqueuses se continuent sur les deux faces opposées du voile du palais pour s'unir l'une à l'autre le long de son bord libre; ce bord, arrondi en forme de demi-circonférence (*fig.* 10), présente en son milieu une sorte de renflement charnu qui pend comme une clef de voûte au-dessus du gosier (*luette*, *l*).

La bouche renferme deux sortes d'annexes : les *dents* et les *glandes salivaires*.

Les dents. — Les *dents* sont de petits organes de consistance osseuse portés par les deux maxillaires, où ils sont renfermés dans des cavités spéciales appelées *alvéoles*.

Chaque dent se compose de deux parties : une région

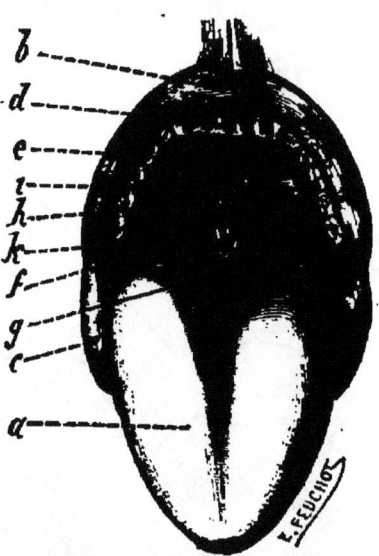

Fig. 10. — L'isthme du gosier vu de face. *a*, langue; *b*, lèvre supérieure; *c*, lèvre inférieure; *d*, dents; *e*, voile du palais; *f*, luette; *g*, isthme du gosier; *h*, pilier antérieur du voile du palais; *i*, pilier postérieur; *k*, amygdale.

visible extérieurement (*couronne*), et une région contenue dans l'alvéole (*racine*); la ligne de séparation de ces deux régions est le *collet*.

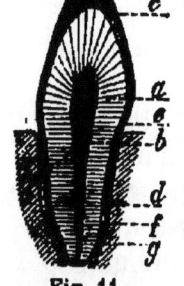

Fig. 11. Coupe longitudinale d'une dent. *a*, ivoire; *b*, pulpe; *c*, émail; *d*, cément; *e*, collet; *f*, mâchoire; *g*, alvéole.

Si l'on vient à scier une dent suivant sa longueur pour en examiner la structure interne (*fig.* 11), on verra aisément qu'elle est formée de quatre substances différentes. La majeure partie de la racine et de la couronne est constituée par une matière d'un blanc jaunâtre, que traversent une foule de canalicules perpendiculaires à la surface de la dent; on l'appelle l'*ivoire* (*a*). Au sein de l'ivoire est creusée une cavité fermée du côté de la couronne, ouverte au contraire à l'extrémité opposée, c'est-à-dire à la pointe de la racine; cette cavité est remplie par une substance molle, rougeâtre, riche en vaisseaux sanguins et en filets nerveux, sensible par conséquent, et à laquelle on donne le nom de *pulpe dentaire* (*b*). Dans la couronne, l'ivoire est tapissé extérieurement par une mince couche d'une substance dure, cassante, d'un blanc éclatant, *l'émail* (*c*) ; sur la racine, l'émail est remplacé par du *cément* (*d*), qui possède exactement la structure des os.

La pulpe dentaire étant la seule partie sensible de la dent, on comprend que cette dernière puisse éprouver de vives douleurs si l'émail a été enlevé sur un point ; car alors les canalicules dont l'ivoire est creusé permettent aux substances nuisibles, aux acides par exemple, d'arriver jusqu'à la pulpe. La douleur est bien plus vive encore et plus certaine lorsque l'ivoire lui-même a été détruit[1].

On voit combien est complexe la structure d'une dent ; mais nous devons surtout fixer notre attention sur un point : il n'y a qu'une faible partie de la dent, le cément, qui ait la structure osseuse ; c'est qu'en effet la dent n'est pas un os, c'est une production de la peau, au même titre que les poils, les cheveux, les ongles de l'homme, les sabots et les cornes de certains animaux.

Les différentes sortes de dents. — Il y a, chez l'homme, trois sortes de dents : les *incisives*, les *canines*, les *molaires*. Chaque partie, droite et gauche, d'une même mâchoire, porte le même nombre et les mêmes sortes de dents ; bien plus, cette identité se retrouve entre les deux mâchoires, supérieure et inférieure, de sorte que, pour étudier la dentition de l'homme, il nous suffit d'observer les dents d'une seule demi-mâchoire (*fig.* 12). On y trouve, chez un homme adulte, à partir du milieu, deux incisives (1,2), une canine (3), deux petites molaires ou prémolaires (4,5) et trois grosses molaires (6,7,8) ; ce qui porte le total des dents à trente-deux.

Les différentes sortes de dents se distinguent surtout par la forme de leur couronne : elle est aplatie et tran-

---

1. Ce qui ne veut pas dire que toute douleur de dents soit accompagnée d'une destruction de l'émail ou de l'ivoire : une névralgie (douleur nerveuse) peut se produire dans une dent parfaitement intacte.

chante dans les incisives, conique dans les canines, cubique et légèrement mamelonnée à la surface dans les grosses molaires; celle des petites molaires forme, pour ainsi dire, le passage entre les canines et les grosses molaires, qui se distinguent encore des petites molaires par la division de leurs racines en plusieurs branches.

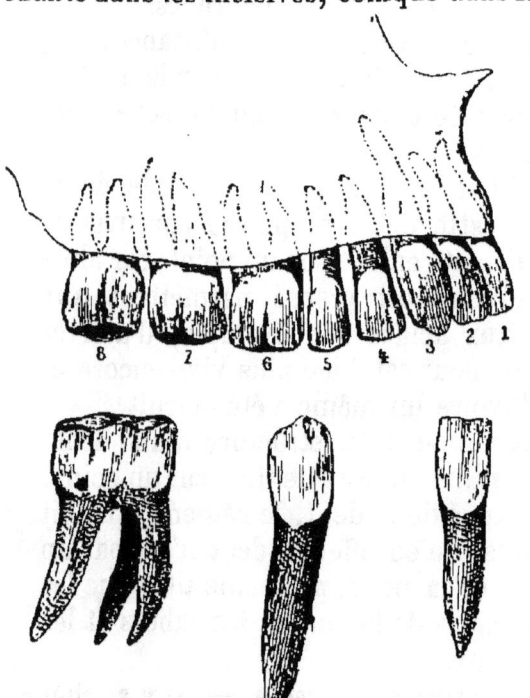

Fig. 12. — Dents de la mâchoire supérieure de l'homme. 1, 2, incisives; 3, canine; 4, 5, prémolaires; 6, 7, 8, grosses molaires.

Glandes salivaires. — D'autres annexes de la bouche sont les *glandes salivaires* (fig. 13), organes qui produisent la *salive*. Il y en a trois paires principales: les *glandes parotides* (G), situées en avant et un peu au-dessous des oreilles; chacune d'elles s'ouvre dans la bouche par un canal (S) qui traverse la joue

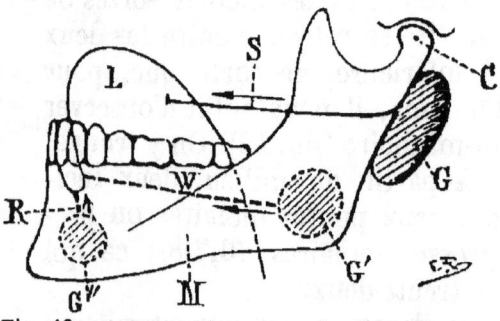

Fig. 13. — Disposition des glandes salivaires. C, condyle du maxillaire inférieur; M, corps du maxillaire; L, langue; G, glande parotide; S, canal de Sténon; G', glande sous-maxillaire; W, canal de Wharton; G'', glande sublinguale; R, canal de Rivinus.

et vient aboutir en face de la seconde grosse molaire supérieure ; — les glandes *sous-maxillaires* (G'), situées en dedans du corps de la mâchoire inférieure (M), et dont chacune s'ouvre par un canal (W) qui aboutit vers la base de la langue (L); — les *glandes sublinguales* (G''), renfermées dans l'épaisseur de la langue et s'ouvrant dans la bouche par plusieurs petits canaux (R), de chaque côté du frein de la langue.

Si l'on déchire avec précautions, à l'aide de fines aiguilles, une des glandes salivaires, et qu'on l'examine ensuite au microscope, on verra (*fig.* 14) que le canal qui correspond à chacune d'elles y pénètre et s'y ramifie de proche en proche en donnant finalement des canaux très déliés ; ceux-ci se terminent par des cavités sphériques étroitement enchevêtrées les unes dans les autres. Cet aspect est à peu près celui d'une grappe de raisin ; aussi dit-on que les glandes salivaires sont des *glandes en grappe*. C'est dans chacune des extrémités

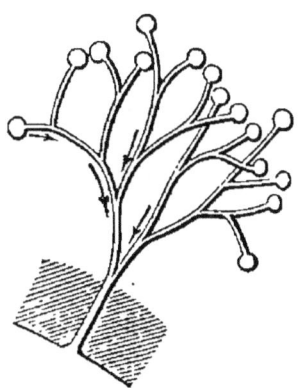

Fig. 14. — Structure d'une glande en grappe.

renflées que se produit la salive ; elle s'écoule ensuite par les canalicules qui leur font suite, et finit par se rassembler dans le canal principal, qui la verse dans la bouche.

La bouche est le théâtre de deux actes importants dans la fonction de digestion, la *mastication* et l'*insalivation*. Les aliments, coupés par les incisives, déchirés par les canines, broyés par les molaires, sont en même temps imprégnés de salive et sont enfin réunis par la langue, en une sorte de boulette appelée *bol alimentaire* ; celui-ci est prêt à s'engager dans les parties suivantes du tube digestif.

L'arrière-bouche. — L'*arrière-bouche* (voir *fig.* 9) est une vaste cavité qui s'ouvre en avant dans la bouche (*b*), en haut dans les fosses nasales (*a*), en bas dans deux canaux placés l'un devant l'autre : le *larynx* (*p*) en avant et l'*œsophage* (*o*) en arrière. Si l'on remarque que la voie destinée

2.

aux aliments est formée par la bouche, l'arrière-bouche et l'œsophage, tandis que l'air introduit dans le corps pour la respiration peut passer par les fosses nasales, l'arrière-bouche et le larynx, on voit que l'arrière-bouche est une sorte de carrefour où se rencontrent les voies respiratoires et les voies digestives. Lorsque le bol alimentaire, façonné dans la bouche, arrive dans l'arrière-bouche, il faut qu'il passe directement dans l'œsophage, et par conséquent que l'orifice des fosses nasales et celui du larynx se ferment simultanément. Or on remarque au-dessus de l'ouverture du larynx, cavité en forme d'entonnoir, une sorte d'auvent cartilagineux appelé *épiglotte* (*n*); lorsque le bol alimentaire arrive dans l'arrière-bouche, l'œsophage se soulève pour le saisir, et, comme le larynx lui est soudé par sa face postérieure, il est entraîné avec lui et vient appliquer son ouverture contre l'épiglotte, qui la ferme. Quant aux fosses nasales, la fermeture en est un peu plus compliquée. De chaque côté du voile du palais, on remarque deux colonnes charnues, dites *pilier antérieur* (*i*) et *pilier postérieur* (*k*) *du voile du palais*; ils comprennent entre eux un organe rougeâtre, arrondi, l'*amygdale* (*l*), et le pilier postérieur se dirige en biais vers le fond de l'arrière-bouche. Pour fermer l'orifice des fosses nasales, les deux piliers postérieurs s'étalent de manière à se joindre presque par leurs bords libres, à la façon d'une paire de rideaux, et l'espace laissé ouvert encore est comblé par la luette, légèrement relevée. Un seul orifice se trouve alors ouvert devant le bol alimentaire, qui s'y précipite; c'est l'orifice de l'œsophage. Le passage du bol alimentaire à travers l'arrière-bouche porte le nom de *déglutition*.

RÉSUMÉ

La *digestion* est la fonction par laquelle l'homme introduit dans son organisme des aliments solides et liquides dont la partie utile est modifiée de manière à être rendue assimilable.

L'*appareil digestif* comprend le *tube digestif* et ses *annexes*.

Le *tube digestif* commence à la *bouche*.

La *bouche* renferme deux sortes d'annexes : les *dents* et les *glandes salivaires*.

Les *dents*, portées par les deux maxillaires, sont au nombre de trente-deux chez l'homme adulte ; elles comprennent des *incisives*, qui coupent les aliments, des *canines*, qui les déchirent, des *molaires*, qui les broient. La fonction des dents est la *mastication*.

Les *glandes salivaires* produisent la *salive*, qui imprègne les aliments mâchés par les dents (*insalivation*) ; ceux-ci sont ensuite réunis en un *bol alimentaire*.

L'*arrière-bouche* fait suite à la bouche ; elle s'ouvre aussi dans les fosses nasales et dans le larynx, qui se ferment au moment du passage du bol alimentaire (*déglutition*).

QUATRIÈME LEÇON

L'appareil digestif et la digestion (*suite et fin*).

L'œsophage. — Nous avons vu le bol alimentaire traverser l'arrière-bouche ; il arrive ensuite dans l'*œsophage*.

L'*œsophage* est un tube qui descend à peu près verticalement à travers le thorax, et qui, à son extrémité inférieure, perce le diaphragme pour pénétrer dans l'estomac. Entre les repas, ce tube est aplati ; il ne s'ouvre que sous la pression du bol alimentaire, qui le parcourt assez rapidement, chassé de proche en proche par la contraction des parois du tube.

L'estomac. — L'*estomac* (*fig.* 15, *a*) est une vaste poche située vers le côté gauche de l'abdomen, immédiatement au-dessous du diaphragme. Il a la forme d'une poire couchée horizontalement en travers de l'abdomen, et dont le gros bout serait tourné vers la gauche. Il s'ouvre en haut et à gauche dans l'œsophage (*m*) par un orifice appelé *cardia* (*b*), à droite dans la première partie de l'intestin (*k*) par le *pylore* (*c*) ; cette dernière ouverture peut être fermée par une sorte de repli membraneux appelé *valvule*.

Dans les parois de l'estomac sont contenues des glandes de dimensions très réduites, et dont le microscope seul peut révéler la présence. Elles produisent en abondance, au moment de la digestion, un liquide appelé *suc gastrique*.

Les différents bols alimentaires qui viennent s'accumuler

dans l'estomac s'y transforment en une sorte de bouillie appelée *chyme*; on appelait autrefois *chymification* l'acte digestif ainsi accompli.

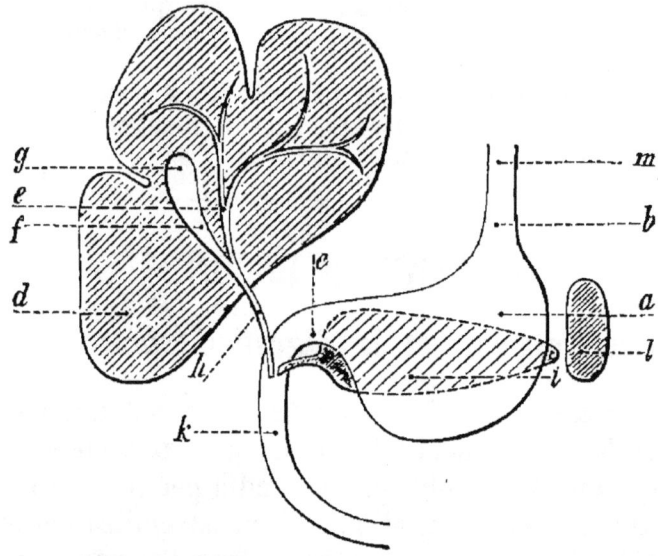

Fig. 15. — Estomac, foie, pancréas et rate. *a*, estomac; *b*, cardia; *c*, pylore; *d*, foie; *e*, canal hépatique; *f*, canal cystique; *g*, vésicule biliaire; *h*, canal cholédoque; *i*, pancréas; *k*, duodénum; *l*, rate; *m*, œsophage.

L'intestin. — A l'estomac succède l'intestin; il suffit d'examiner cet organe (voir *fig.* 8) pour y distinguer deux régions principales : 1° un tube de diamètre assez réduit, enroulé un grand nombre de fois sur lui-même, qui part du pylore et forme une masse occupant le centre de l'abdomen (*intestin grêle*), — 2° un tube de large diamètre, bordant extérieurement la masse de l'intestin grêle, auquel il fait suite (*gros intestin*).

Il y a dans l'intestin grêle trois parties : le *duodénum* (*g*), dont la longueur vaut en moyenne douze doigts placés en travers; — le *jéjunum*[1], ainsi nommé par les anciens anatomistes parce que sur les cadavres on le trouve généralement vide; — l'*iléon*, qui occupe la région du bassin. La limite entre les deux dernières parties (*h*) est difficile à

---

1. D'un mot latin qui signifie : *à jeun*.

établir; la première correspond à la portion qui réunit l'estomac à la masse contournée de l'intestin.

Le gros intestin, qui borde la masse de l'intestin grêle sur trois côtés, à droite, en haut et à gauche, communique avec l'iléon par un orifice de forme toute spéciale ; c'est une sorte de boutonnière portée par le bord libre d'un repli en croissant, sur la paroi interne du gros intestin ; cette boutonnière, ou *valvule iléo-cœcale* (*i*), ne peut s'ouvrir que de l'intestin grêle vers le gros intestin.

La région du gros intestin située au-dessous de la valvule, et qui est fermée à son extrémité inférieure, a reçu le nom de *cœcum* (*k*) ; elle se termine par un prolongement très fin (*appendice vermiculaire, l*). Au-dessus commence le *côlon*, qui occupe la plus grande partie des trois côtés de l'intestin grêle, et qu'on divise pour cette raison en trois parties : le *côlon ascendant* (*m*), qui monte à droite ; le *côlon transverse* (*n*), qui traverse l'abdomen de droite à gauche, au-devant du duodénum, et recouvrant en partie l'estomac ; et le *côlon descendant* (*o*), qui redescend à gauche. Au côlon descendant succède une partie contournée en forme d'S (S *iliaque, p*), à laquelle fait suite la dernière partie, rectiligne (*rectum, q*), du tube digestif. Le rectum s'ouvre au dehors par l'*anus* (*r*).

La surface interne de l'intestin grêle est loin d'être unie. Elle est couverte d'une foule de saillies en forme de poils, lui donnant un aspect velouté, et qui ont reçu le nom de *villosités intestinales*. On trouve en plus, dans l'épaisseur de la muqueuse de l'intestin grêle, des glandes microscopiques qui produisent un liquide spécial appelé *suc intestinal*. Toutes ces dispositions manquent dans le gros intestin, qui, dès lors, nous apparaît comme un organe beaucoup moins important dans la fonction de digestion.

Le chyme, qui s'est formé dans l'estomac, subit dans l'intestin une modification capitale ; il se fait en quelque sorte un choix dans les matières qui le constituent : les unes, utiles à l'organisme et destinées à être acquises par lui, forment un liquide blanchâtre appelé *chyle*, qui ne dépasse pas l'intestin grêle; les autres, impropres à le nourrir et destinées à être rejetées, s'accumulent dans le gros intestin, d'où elles sont expulsées au dehors. Cette séparation du chyme en deux parties a reçu autrefois le nom de *chylification*, c'est l'acte digestif dont l'intestin grêle est le siège.

Mais le suc intestinal, à lui seul, serait incapable de provoquer ce phénomène. Le chyme ne se transforme en chyle que sous l'action de liquides spéciaux produits par deux annexes volumineuses : le *foie* et le *pancréas*.

Le foie. — Le *foie* (*fig.* 15, *d*) est une grosse glande de couleur brune, située dans l'abdomen, immédiatement au-dessous du diaphragme, à droite de l'estomac. Sa face supérieure, appliquée contre le diaphragme, est bombée; sa face inférieure, au contraire, est plutôt concave. On en voit sortir un canal (*e*, *h*) qui se rend au duodénum (*k*), mais sur lequel s'embranche un autre conduit (*f*) terminé par une poche renflée en forme de poire (*vésicule biliaire* ou *du fiel*, *g*). Si nous suivons à l'intérieur du foie le canal qui sort de cet organe, nous verrons qu'il s'y divise, de proche en proche, en un grand nombre de branches de plus en plus fines, dont les dernières sont terminées en cul-de-sac. Au fond de ces canalicules se produit continuellement un liquide visqueux et verdâtre, la *bile*, qui se rassemble ensuite dans les canaux plus larges et va s'accumuler dans la vésicule biliaire. Lorsque le chyme, expulsé de l'estomac, passe dans le duodénum, les parois de la vésicule se contractent et chassent la bile, qui se répand alors seulement dans l'intestin, où elle se mélange au chyme. La bile a peu d'action sur les aliments, elle est surtout formée de substances nuisibles à l'organisme et que celui-ci expulse par le tube digestif.

Le pancréas. — Le *pancréas* (*fig.* 15, *i*) a une couleur bien différente de celle du foie: c'est une glande grisâtre, qui devient tout au plus rosée au moment de la digestion. Elle est allongée en travers de l'abdomen, derrière le bord inférieur de l'estomac, qu'elle dépasse légèrement à droite. On en voit sortir un canal principal qui se rend au duodénum et s'ouvre précisément à côté du canal déverseur de la bile. Si nous suivions ce canal à l'intérieur du pancréas, nous le verrions se ramifier et se terminer de la même façon que les canaux des glandes salivaires; le liquide qui se forme au fond des derniers canalicules et qui s'écoule ensuite jusque dans l'intestin est le *suc pancréatique*.

Il existe à gauche de l'estomac, dans le voisinage immédiat de cette poche, un organe peu volumineux, de forme arrondie, de couleur rouge, que sa proximité du tube digestif pourrait faire considérer comme une annexe de ce dernier; c'est la *rate* (*fig.* 15, *l*). Il est important de remarquer, au contraire, que cet organe, dont les fonctions sont mal connues[1], n'offre aucune communication avec le tube digestif.

Absorption. — Pour terminer l'étude de la digestion, il nous resterait à voir ce que devient le chyle, partie utile des aliments. Il est *absorbé* par les villosités qui tapissent la surface interne de l'intestin grêle; mais l'appareil destiné à cette absorption sera étudié ultérieurement.

RÉSUMÉ

De l'arrière-bouche, le bol alimentaire passe dans l'œsophage, qui le conduit à l'*estomac*, où l'action du *suc gastrique* le transforme en *chyme*.

Puis il passe dans l'*intestin grêle*, qui comprend le *duodénum*, le *jéjunum* et l'*iléon*, et dans le *gros intestin*, où on distingue le *cœcum*, le *côlon*, l'*S iliaque* et le *rectum*. Sous l'action de la salive, du suc gastrique, du *suc intestinal*, formé par la muqueuse de l'intestin grêle, de la *bile* produite dans le *foie*, et du *suc pancréatique*, venu du *pancréas*, le chyme se divise dans l'intestin grêle en deux parties : une qui est absorbée par les villosités (*chyle*), et une autre qui est rejetée par le gros intestin.

---

[1]. Peut-être la rate sert elle à la destruction des globules du sang usés, et à la formation de nouveaux globules. (Voy. plus loin pour les globules du sang.)

CINQUIÈME LEÇON

L'appareil respiratoire et la respiration.

La respiration. — La *respiration* est la fonction par laquelle l'homme introduit dans son organisme un aliment gazeux emprunté à l'air, en même temps qu'il rend à l'air un gaz nuisible formé dans l'organisme. Cette fonction établit donc un véritable échange de gaz entre l'organisme et l'air qui l'entoure.

L'appareil respiratoire. — L'appareil qui sert à cette fonction, ou *appareil respiratoire* (*fig.* 16), est tout entier situé au-dessus du diaphragme; la partie principale en est constituée par les deux *poumons*, renfermés dans la *cage thoracique*.

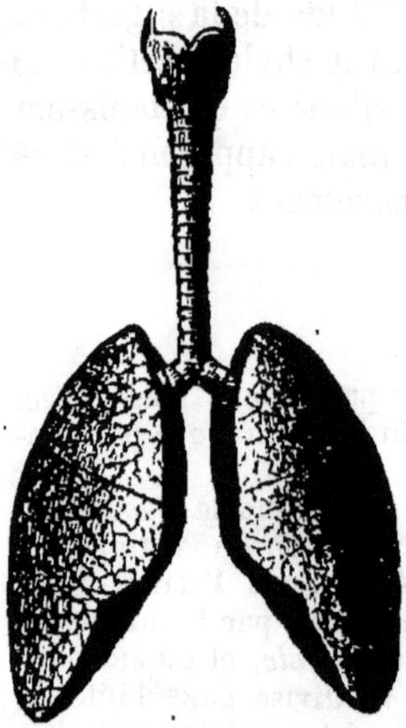

On peut considérer dans l'appareil respiratoire deux parties : 1° les *voies respiratoires*; c'est le chemin que l'air doit suivre pour arriver jusque dans les poumons; — 2° les *poumons* eux-mêmes.

Fosses nasales. — Il est facile de constater que la respiration est possible, même lorsqu'on vient à fermer hermétiquement la bouche, pourvu que l'on tienne les narines ouvertes. La cavité qui fait suite aux narines, ou cavité des *fosses nasales*, peut donc être considérée comme l'entrée des voies respiratoires.

Fig. 16. — Appareil respiratoire de l'homme.

Arrière-bouche. — L'air qui a traversé cette cavité,

et qui s'est échauffé au contact de la muqueuse dont elle est revêtue intérieurement, arrive alors dans l'*arrière-bouche*.

Larynx. — Nous avons vu que la partie inférieure de cette dernière cavité présente deux orifices. Nous connaissons déjà l'orifice postérieur, celui de l'œsophage, qui est destiné au passage des aliments solides et liquides. L'orifice antérieur, au contraire, est destiné au passage de l'air. Il est surmonté en avant par un auvent cartilagineux (*épiglotte*), et donne accès dans une cavité moins vaste que l'arrière-bouche. Celle-ci a, dans son ensemble, la forme d'un entonnoir élargi à sa partie supérieure (*larynx*); elle est protégée en avant par un cartilage saillant, que l'on sent facilement chez l'homme adulte, sous la peau du cou, et qu'on appelle vulgairement *pomme d'Adam*. La surface interne de cette sorte d'entonnoir n'est pas unie (*fig.* 17) : on y distingue, à droite et à gauche, deux petites cavités, dites *ventricules* (V), dont chacune s'ouvre dans le larynx par un orifice en forme de boutonnière; le bord supérieur de la boutonnière forme la *corde vocale supérieure* (C), le bord inférieur, la *corde vocale inférieure* (C'). Entre les cordes vocales inférieures est comprise une fente allongée d'avant en arrière (*glotte*, G); de là vient le

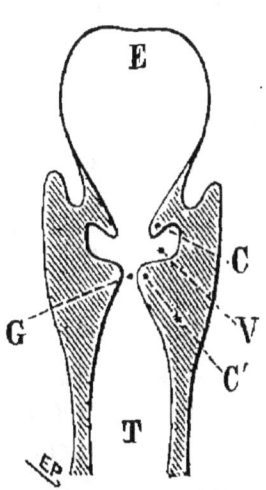

Fig. 17. — Coupe longitudinale du larynx par un plan allant de droite à gauche. E, épiglotte; C, corde vocale supérieure; C', corde vocale inférieure; V, ventricule; G, glotte; T, trachée-artère.

nom d'épiglotte (du mot grec *épi*, qui signifie sur) : c'est un organe situé au-dessus de la glotte. Le mot de *cordes vocales* rappelle la production de la voix; c'est qu'en effet l'air chassé du poumon et remontant dans le larynx vient passer d'abord entre les cordes vocales inférieures, puis entre les cordes vocales supérieures, et fait vibrer les premières comme vibre un fil tendu sous l'action du doigt; cette vibration produit les sons, qui se trouvent ensuite modifiés par la forme de la bouche, la disposition de la langue, etc. On voit que les cordes vocales inférieures méritent seules leur nom.

Trachée-artère. — Au larynx fait suite un canal de forme arrondie et assez allongé, qui descend dans le cou, pénètre dans la cage thoracique et s'y prolonge sur une faible distance (*trachée-artère*). L'ouverture de ce canal (*fig.* 18) est toujours béante, grâce à la présence d'une série d'anneaux cartilagineux (*c*) placés les uns au-dessus des autres et contenus dans l'épaisseur de sa paroi. Ces anneaux sont incomplets à leur partie postérieure; ils ont donc plutôt la forme de fers à cheval; cette disposition permet à l'œsophage (*a*), situé immédiatement derrière la trachée-artère (*b*), et qui ordinairement est aplati, de se dilater au moment du passage des aliments : il pénètre alors légèrement dans la trachée-artère, dont l'ouverture se trouve ainsi réduite.

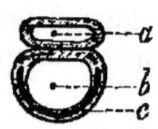

Fig. 18. — Coupe transversale de la trachée-artère et de l'œsophage. *a*, œsophage; *b*, trachée-artère; *c*, un de ses arceaux cartilagineux.

Bronches primaires. — A peine la trachée-artère a-t-elle pénétré dans la cage thoracique qu'elle s'y partage en deux branches (*bronches primaires*), dont chacune se rend à un poumon.

Poumons. — Les *poumons* sont des organes de couleur rosée, de forme sensiblement conique, dont les sommets sont situés à la partie supérieure; ils sont placés, l'un à droite, l'autre à gauche, dans le thorax, et leurs faces en regard sont nettement concaves, de manière à ménager entre eux un espace assez vaste. C'est vers le tiers supérieur de chacune de ces faces que pénètre chaque bronche primaire.

Si nous suivons la bronche (*a*) à l'intérieur du poumon (*d*) (*fig.* 19), nous verrons qu'elle s'y divise d'abord en deux ou trois branches; puis chacune de ces branches se partage à son tour en deux, et ainsi de suite, de sorte que la masse du poumon est formée d'une multitude de canaux très fins (*b*), dont les derniers se terminent par de petites poches renflées, appelées *vésicules pulmonaires* (*c*). Le poumon n'est donc, à proprement parler, qu'une sorte d'arbre creux, dont le tronc serait la bronche primaire et dont les dernières branches, enchevêtrées les unes dans les autres, se termineraient par les vésicules ; en pénétrant dans le tronc, puis dans les branches, l'air peut arriver jusqu'aux vésicules.

Inspiration et expiration. — Comment y arrive-t-il ? A l'aide de mouvements spéciaux de la cage thoracique, dits mouvements d'*inspiration*. Lorsqu'il a séjourné un instant dans les vésicules et donné à l'organisme les aliments gazeux dont celui-ci a besoin, il en est ensuite chassé par d'autres mouvements,

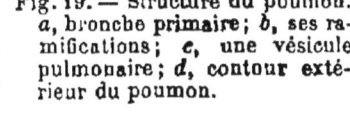

Fig. 19. — Structure du poumon. *a*, bronche primaire ; *b*, ses ramifications ; *c*, une vésicule pulmonaire ; *d*, contour extérieur du poumon.

dits mouvements d'*expiration*. L'étude de ces mouvements doit nous arrêter quelques instants, et, pour les mieux comprendre, nous allons chercher à nous procurer une cage thoracique artificielle, transparente, qui nous permettra de les reproduire et d'en voir tous les détails (*fig.* 20).

Prenons une cloche de

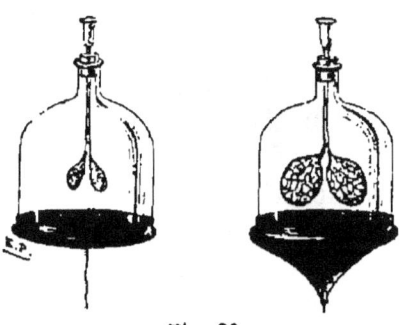

Fig. 20.

verre dont l'ouverture supérieure est fermée par un bouchon que traverse un tube de verre ouvert aux deux bouts. Ajustons à l'extrémité inférieure de ce tube de verre la trachée-artère et les poumons d'un lapin que nous venons de tuer ; mais ayons soin de ne pas déchirer la surface de ces poumons en les enlevant du corps de l'animal[1].

[1]. On pourra faire l'expérience plus simplement en remplaçant l'appareil respiratoire du lapin par un petit ballon de caoutchouc.

Fermons ensuite l'ouverture inférieure de la cloche à l'aide d'un disque de caoutchouc, au centre duquel nous attacherons un fil. La cloche de verre pourra nous représenter la cage thoracique de l'animal ; le tube sera la trachée ; l'espace libre qui sépare les poumons de la cloche figurera l'intervalle très étroit qui, en réalité, sépare aussi les organes respiratoires de la cage thoracique chez l'animal vivant. Tirons alors, en fixant la cloche, sur le fil que porte le disque de caoutchouc ; le volume de cet espace libre augmentera, en même temps que celui de la cage thoracique tout entière, et nous verrons alors les poumons renfermés dans la cloche se gonfler rapidement. Laissons, au contraire, le disque de caoutchouc revenir sur lui-même ; l'espace libre reprendra son volume primitif, et les poumons diminueront à vue d'œil.

Eh bien, ce que nous venons de voir grâce à la transparence du verre de la cloche, c'est exactement ce qui se passe dans la cage thoracique de l'homme. Des muscles spéciaux ont pour effet d'augmenter le volume de la cage thoracique (*muscles inspirateurs*). Certains d'entre eux soulèvent les côtes. D'autres agissent différemment ; le diaphragme, par exemple, en s'abaissant, augmente la hauteur de la poitrine et refoule les organes placés au-dessous de lui : il se comporte à peu près comme le disque de caoutchouc dans notre expérience. Le poumon se gonfle en même temps, comme il se gonflait dans la cloche au moment où nous étirions le disque de caoutchouc, et l'air se précipite par le larynx comme il se précipitait par le tube de verre auquel étaient suspendus les poumons. Quand, au contraire, les muscles inspirateurs cessent de fonctionner, la cage thoracique reprend son volume ordinaire, le poumon se dégonfle et chasse le gaz qu'il renfermait ; c'est absolument ce qui s'est passé dans la cloche de verre quand nous avons cessé d'étirer le disque.

Ainsi, chaque fois que l'homme respire, il accomplit deux mouvements successifs : un mouvement d'*inspiration*, destiné à introduire dans le poumon une certaine quantité d'air ; puis un mouvement d'*expiration*, destiné à rejeter l'air ayant servi à l'échange gazeux qui constitue le fond même de la respiration. Un homme bien portant fait environ de dix-huit à dix-neuf inspirations par minute.

Phénomènes chimiques de la respiration.
— Mais que se passe-t-il dans le poumon, pendant l'intervalle qui sépare les deux mouvements ?

Pour le comprendre, il est nécessaire de connaître la composition de l'air qui nous entoure. C'est un mélange de deux gaz dont les propriétés sont très différentes : l'*azote* et l'*oxygène*. L'azote est transparent, incolore (c'est-à-dire sans couleur), inodore (c'est-à-dire sans odeur), insipide (c'est-à-dire sans goût). Il n'entretient pas les combustions, c'est-à-dire qu'un corps ne peut pas y brûler : on le montre en plongeant une allumette enflammée ou une bougie allumée dans un vase renfermant de l'azote pur, et en constatant que cette allumette s'éteint aussitôt (*fig.* 21). L'oxygène, incolore, inodore, insipide comme l'azote, s'en distingue essentiellement parce qu'il entretient les combustions : on le montre en plongeant une allumette aux trois quarts éteinte et qui ne présente plus qu'un point rouge, ou un morceau de charbon rougi au feu, dans l'oxygène pur, et en constatant que l'un ou l'autre se rallume vivement (*fig.* 22).

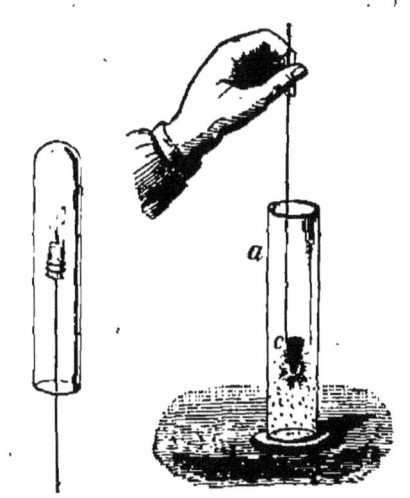

Fig. 21.   Fig. 22.

En réalité, quand un corps brûle, il s'unit à l'oxygène ; on comprend donc qu'il ne puisse se produire de combustion que là où il y a de l'oxygène. Quand on fait l'analyse de l'air atmosphérique, on reconnaît que 5 litres de cet air renferment environ 4 litres d'azote et 1 litre d'oxygène ; en d'autres termes, l'air renferme 1/5 de son volume d'oxygène et 4/5 d'azote.

Telle est la composition de l'air qui entre dans les poumons. Celle de l'air qui sort des poumons est bien différente : il contient encore 4/5 de son volume d'azote, ce qui montre que l'azote n'a servi en rien à la respiration ; mais une partie de son oxygène a été remplacée par de l'acide carbonique.

L'*acide carbonique* est un gaz incolore, inodore, insipide, comme l'azote et l'oxygène, mais qui se distingue de l'un et de l'autre par sa grande densité : il est plus lourd que l'air. Il n'entretient pas les combustions, de sorte qu'une allumette qu'on y plonge s'y éteint comme dans l'azote. Mais ce qui le distingue de l'azote, c'est que si on l'agite avec de l'eau de chaux[1], ou de l'eau de baryte[2], qui sont transparentes, il y produit un trouble dû à la formation d'un composé chimique qui est du carbonate de chaux ou du carbonate de baryte. L'acide carbonique est le gaz que renferment l'eau de Seltz et la plupart des eaux gazeuses, c'est aussi le gaz qui se dégage des boissons fermentées comme la bière, le cidre, etc.

Pour montrer la présence de l'acide carbonique dans l'air expulsé par les poumons, il suffit de souffler avec un tube de verre dans de l'eau de chaux (*fig.* 23) : celle-ci devient rapidement laiteuse ; et si, après avoir suivi l'expérience pendant quelque temps, on laisse reposer l'eau de chaux, le carbonate de chaux produit se rassemble au fond du vase sous forme d'une poudre blanche. Si, au contraire, à l'aide d'un soufflet, on fait arriver de l'air

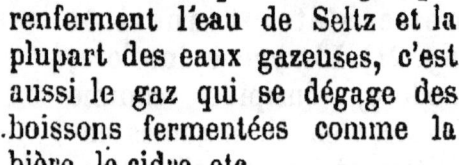

Fig. 23.

---

1. Solution d'une substance chimique, de couleur blanche, appelée la *chaux*.
2. Solution de *baryte* autre substance chimique de couleur blanche.

ordinaire, n'ayant pas servi à la respiration, dans de l'eau de chaux parfaitement semblable à la précédente, on ne verra se produire aucun trouble.

L'air qui sort des poumons est toujours chaud, même quand celui qui pénètre dans les poumons est froid. De plus, il est toujours saturé d'humidité, même quand l'air extérieur est sec.

En résumé, on voit que l'homme en respirant prend à l'air de l'oxygène (aliment gazeux), et lui restitue de l'acide carbonique (déchet gazeux).

RÉSUMÉ

La *respiration* est la fonction par laquelle l'homme introduit dans son organisme un aliment gazeux pris à l'air, et rend à ce dernier un gaz nuisible à la vie. L'*appareil respiratoire* comprend :
1º les *voies respiratoires*, qui sont les *fosses nasales*, l'*arrière-bouche*, le *larynx*, la *trachée-artère* et les deux *bronches primaires*;
2º les deux *poumons*, dans lesquels se ramifient les bronches primaires; les dernières ramifications se terminent par les *vésicules pulmonaires*.

La respiration comprend deux sortes de mouvements : les mouvements d'*inspiration*, destinés à introduire l'air dans les vésicules pulmonaires, et les mouvements d'*expiration*, destinés à l'expulser.

Entre l'inspiration et l'expiration qui suit, s'accomplit dans la vésicule pulmonaire un *échange gazeux* : l'air perd une partie de son *oxygène*, qui est remplacée par de l'*acide carbonique* formé dans l'organisme.

SIXIÈME LEÇON

L'appareil circulatoire et la circulation.

La circulation. — La *Circulation* est la fonction par laquelle un liquide spécial, le *sang*, qui reçoit les aliments fournis par la digestion et la respiration, circule à travers toutes les parties du corps pour leur porter les substances nécessaires à leur nutrition et leur enlever celles qui leur seraient nuisibles.

Le sang. — Le *sang* est un liquide visqueux, de couleur rouge : on estime à 5 ou 6 litres la quantité totale de sang que renferme l'organisme.

En étudiant au microscope une goutte de sang, nous y distinguerons une multitude de petits corps arrondis, de couleur rouge, qui nagent dans un liquide transparent, et qu'on appelle les *globules rouges*.

Le sang se compose donc de deux parties principales : 1° un liquide incolore, le *plasma* ; — 2° des *globules rouges* tenus en suspension par le plasma.

Les globules rouges du sang (*fig.* 24) méritent de nous arrêter quelques instants. Leurs dimensions sont très réduites : chacun d'eux a de 7 à 8 millièmes de millimètre de diamètre ; pour se rendre compte de la petitesse de cette longueur, on peut calculer facilement qu'il faudrait à peu près de treize à quatorze cents globules, alignés à la suite les uns des autres, pour recouvrir une longueur totale d'un centimètre. En revanche, le nombre des globules renfermés dans le sang est énorme : un homme en possède environ vingt-cinq trillions ; nous pourrons encore nous rendre compte de la valeur de ce nombre en calculant aisément que tous ces globules, alignés les uns derrière les autres, occuperaient une longueur de 175 000 à 200 000 kilomètres, c'est-à-dire cinq fois celle du méridien terrestre. Le globule rouge a la forme d'un disque circulaire aplati sur ses deux faces.

Fig. 24. — Globules rouges du sang. *a*, vus de face ; *b*, vus de profil.

L'appareil circulatoire. — Le sang ne baigne pas directement les organes : il est contenu dans un système de canaux fermés de tous côtés et qui se rattachent à un organe central, à parois charnues, situé dans la poitrine (*fig.* 25). Cet organe central est le *cœur* ; les canaux qui en partent sont les *vaisseaux sanguins*, et comme les uns portent le sang loin du cœur, tandis que d'autres le ramènent au cœur, on leur a donné, pour les distinguer, des

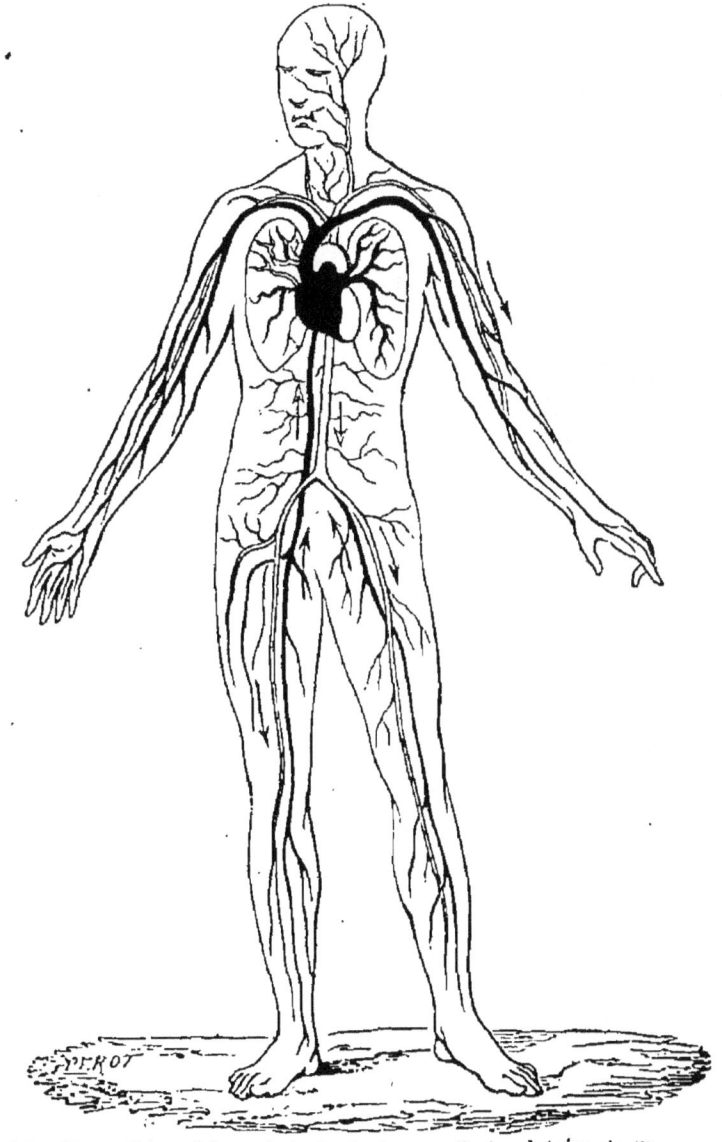

Fig. 25. — Disposition générale de l'appareil circulatoire de l'homme. Les artères sont laissées en blanc, les veines sont marquées en noir.

noms différents : les premiers sont des *artères*, les derniers, des *veines*.

3.

Le cœur. — Le *cœur* (*fig.* 26) a la grosseur du poing; il est situé dans le thorax, entre les deux poumons. Il a la forme d'une poire un peu courte, dont la pointe serait tournée en bas et légèrement rejetée à gauche; ce qui fait dire dans le langage courant, par une exagération fâcheuse, que le cœur tout entier est situé à gauche. Il est creusé de quatre cavités dont deux, occupant la partie supérieure, ont des parois minces et molles (*oreillettes*, *a* et *c*), tandis que les autres (*ventricules*, *b* et *d*) occupent la partie inférieure et ont des parois beaucoup plus épaisses et plus dures. Les deux oreillettes n'ont entre elles aucune communication; il n'y en a pas davantage entre les deux ventricules. Au contraire, chaque oreillette communique par une large ouverture (*e*) avec le ventricule situé au-dessous d'elle. Dans chacune de ces ouvertures se trouve un appareil appelé *valvule*, qui permet au sang de passer de l'oreillette dans le ventricule, et s'oppose au contraire au passage inverse.

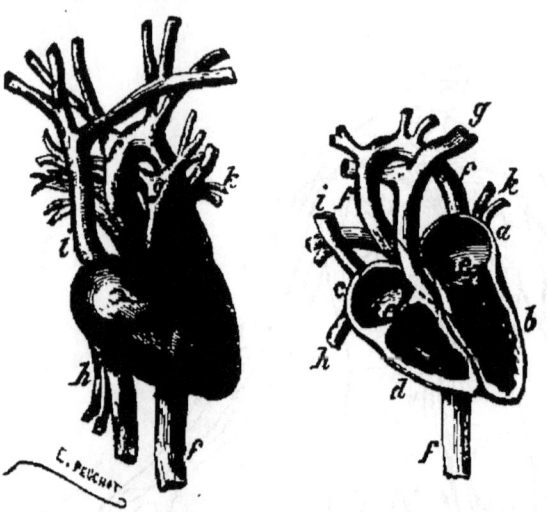

Fig. 26. — Cœur et gros vaisseaux de l'homme. *a*, oreillette gauche; *b*, ventricule gauche; *c*, oreillette droite; *d*, ventricule droit; *e*, orifice auriculo-ventriculaire; *f*, aorte; *g*, artère pulmonaire; *h*, veine cave inférieure; *i*, veine cave supérieure; *k*, veines pulmonaires.

Il y a donc dans le cœur deux parties parfaitement distinctes : le *cœur gauche*, formé de l'oreillette et du ventricule gauches, et le *cœur droit*, formé de l'oreillette et du ventricule droits.

Les gros vaisseaux. — Le cœur est soutenu dans le thorax par un groupe de gros vaisseaux qui se rattachent tous à sa partie supérieure et élargie; les uns sont des artères, les autres, des veines : examinons leur disposition et leurs rapports avec les différentes cavités du cœur.

Parmi ces vaisseaux, nous en distinguerons d'abord un, plus volumineux que tous les autres, qui, à partir du cœur, remonte et se recourbe vers la gauche; on l'appelle l'*aorte* (*f*). Si nous le suivons à l'intérieur du cœur, nous verrons qu'il part de l'extrémité supérieure du ventricule gauche et passe entre les deux oreillettes pour paraître au dehors; c'est une artère, c'est-à-dire que le sang le parcourt en s'éloignant du cœur. Du ventricule droit part, de même, un gros vaisseau artériel, qui passe entre les deux oreillettes et sort du cœur; peu après sa sortie, on le voit se diviser en deux branches, dont chacune se rend vers un poumon, à l'intérieur duquel elle pénètre, vers le même point que la bronche primaire; c'est l'*artère pulmonaire* (*g*). La crosse de l'aorte passe dans la fourche que forment les deux branches de cette artère.

A l'oreillette droite aboutissent deux gros vaisseaux, l'un venant de la partie supérieure, l'autre de la partie inférieure du corps; ce sont deux veines, les *veines caves supérieure* (*i*) et *inférieure* (*h*) : elles ramènent donc le sang vers le cœur. A l'oreillette gauche arrivent quatre veines, dont deux viennent de chaque poumon; ce sont les *veines pulmonaires* (*k*).

Les artères, les veines et les capillaires. — Suivons le trajet de ces différents vaisseaux, en commençant, par exemple, par celui de l'aorte. Nous verrons l'aorte, après avoir formé sa crosse, descendre le long du thorax, puis de l'abdomen, en envoyant successivement vers les différentes régions du corps (tête, bras, poitrine, viscères de l'abdomen) des ramifications qui leur portent le sang; à sa partie inférieure, on peut presque dire que l'aorte se divise en deux branches volumineuses, dont chacune se rend à une jambe. Mais suivons à leur tour ces différentes ramifications; nous les verrons, elles aussi, se diviser en branches plus fines, et, la même division se continuant de proche en proche, nous arriverons à trouver dans tous les organes des petits vaisseaux artériels d'une ténuité extrême.

Les veines caves nous offriront le même spectacle : chacune d'elles se divise, de proche en proche, en une multitude de branches secondaires qui accompagnent généralement celles de l'aorte, et finissent par aboutir à des ramifications excessivement ténues. Si nous nous aidons alors du microscope, nous pourrons constater (*fig.* 27) que les dernières ramifications des artères (A) communiquent avec celles des veines (V) par une infinité de petits canaux invisibles à l'œil nu, qu'on appelle les *capillaires* (C)[1], et qui se trouvent répandus dans tous les organes. La ressemblance entre les divisions de l'aorte et les branches d'un arbre est frappante ; on peut d'autre part comparer les veines caves, avec leurs ramifications, aux racines de cet arbre ; il suffirait, pour que la ressemblance fût complète, de supposer que toutes les branches se sont courbées jusqu'à terre, et, s'enfonçant dans le sol, sont allées s'unir par leurs plus fines extrémités à celles des racines.

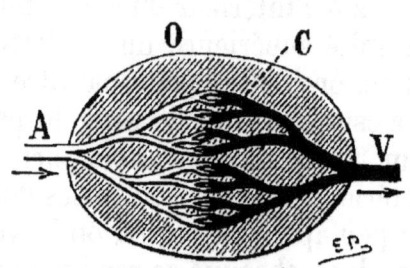

Fig. 27. — Circulation du sang dans un organe. A, artère ; C, capillaires ; V, veine ; O, organe.

L'artère et les veines pulmonaires, qui vont aux poumons ou qui en viennent, présentent à l'intérieur de ces organes une disposition exactement semblable à celle que nous venons de voir : l'artère qui pénètre dans chaque poumon s'y divise en une multitude de branches (A), auxquelles succèdent des capillaires (C), qui communiquent d'autre part avec les dernières branches des veines (V) ; chaque vésicule pulmonaire (P) est enveloppée par un réseau de vaisseaux capillaires (*fig.* 28).

Il y a donc en quelque sorte deux circulations, la *circu-*

---

[1]. Du latin *capillus*, cheveu ; pour indiquer la finesse de ces vaisseaux.

lation générale et la circulation pulmonaire, parfaitement indépendantes.

Le trajet suivi par le sang. — Voyons comment le sang chemine à travers ce système complètement fermé de canaux.

Il part d'abord du ventricule gauche et s'engage dans l'aorte, dont les ramifications le portent aux différents organes, dans lesquels il pénètre par les capillaires ; il suit ces derniers, passe dans les vaisseaux veineux les plus fins, puis dans des veines plus volumineuses et enfin dans les veines caves. Mais, dans ce passage à travers les organes, le sang a éprouvé une modification profonde : le sang de l'aorte était d'un rouge vif, celui des veines caves est rouge brun, quelquefois même violacé ; le premier est du *sang rouge* ou *sang artériel*, le second, du *sang noir* ou *sang veineux* ; c'est qu'en nourrissant les organes le sang a perdu ses propriétés nutritives et s'est chargé notamment d'une forte proportion d'acide carbonique, que l'organisme ne pouvait plus supporter.

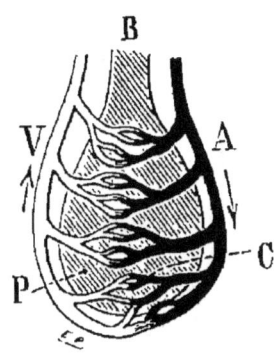

Fig. 28. — Circulation du sang dans le poumou. A, artère ; C, capillaires ; V, veine ; P, vésicule pulmonaire ; B, bronchiole.

Les veines caves ramènent le sang noir à l'oreillette droite, d'où il passe dans le ventricule droit[1], puis dans l'artère pulmonaire. Celle-ci, par ses nombreuses ramifications, le porte jusque dans les capillaires du poumon, qui sont répandus à la surface des vésicules pulmonaires, où nous avons vu pénétrer l'air introduit par la respiration. Au contact de cet air, dont il n'est séparé que par les minces cloisons des capillaires et de la vésicule pulmonaire, le sang perd une partie de l'acide carbonique qu'il renfermait, reprend à l'air de l'oxygène, et, redevenu sang rouge, s'engage dans les ramifications des veines pulmonaires.

---

1. Le sang est, bien entendu, noir dans le ventricule droit comme il l'était dans l'oreillette droite : le sang ne subit aucune transformation dans le cœur.

De là il revient à l'oreillette gauche, d'où il passe dans le ventricule gauche, et recommence son trajet.

Par ce qui précède, et par la figure 29 ci-contre, qui représente théoriquement l'ensemble de l'appareil circulatoire, on voit donc que l'artère pulmonaire renferme du sang veineux, et qu'on trouve en revanche du sang artériel dans les veines pulmonaires. Les expressions de *sang artériel* et *sang veineux* sont donc défectueuses.

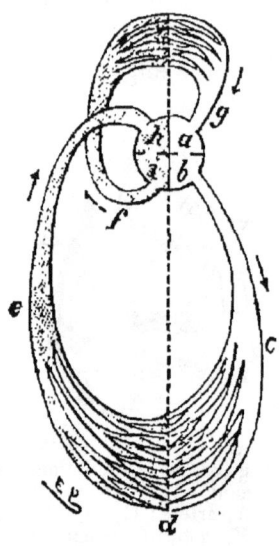

Fig. 29. — Figure théorique représentant la circulation du sang chez l'homme. *a*, oreillette gauche; *b*, ventricule gauche; *c*, artères; *d*, capillaires; *e*, veines; *f*, artère pulmonaire; *g*, veine pulmonaire; *h*, oreillette droite; *i*, ventricule droit.

Celles d'*artère* et de *veine* sont, au contraire, parfaitement justifiées : ces deux sortes de vaisseaux offrent en effet de profondes différences. La paroi de l'artère est très élastique et lisse intérieurement; celle de la veine, au contraire, dépourvue d'élasticité, présente intérieurement une série de replis tournés vers le cœur et qui ne permettent le passage du sang que dans cette direction; ce sont encore des *valvules*.

Les pulsations du cœur. — A quelles causes faut-il attribuer le mouvement du sang dans les vaisseaux? C'est principalement à l'activité du cœur. Ce dernier, en effet, n'est pas simplement un passage que le sang traverse, à intervalles réguliers, avant de se rendre soit aux organes généraux, soit aux poumons : nous avons dit qu'il est pourvu de parois musculaires; or la présence de ces muscles lui permet de modifier sa forme, de *se contracter*, de manière à chasser le sang qu'il renferme.

Ces mouvements ou *pulsations* du cœur ont été parfaitement étudiés; on a vu que le cœur bat de soixante-cinq à soixante-quinze fois par minute chez l'homme adulte, et que chaque battement comprend trois périodes successives :

1° Les deux oreillettes se contractent ensemble, de manière à faire passer le sang que renferme chacune d'elles dans le ventricule correspondant.

2° Les deux ventricules se contractent ensemble et plus longuement que les oreillettes, pendant que ces dernières retombent à l'état de repos. C'est à ce moment qu'en plaçant la main sur la poitrine, au niveau de la pointe du cœur, on éprouve une sorte de *choc*.

3° Le cœur tout entier se repose ; ce repos est plus long que la contraction des oreillettes, plus court que celle des ventricules.

Le pouls. — Le sang est ainsi poussé à la fois dans l'aorte et dans l'artère pulmonaire, par des mouvements saccadés. Le phénomène du *pouls*, que l'on éprouve en plaçant le doigt sur certaines artères, même assez éloignées du cœur, en est la conséquence et la suite. Cependant, à mesure qu'il s'éloigne de l'organe central, le cours du sang devient plus régulier, et dans les capillaires on ne retrouve plus aucune trace du pouls.

La circulation veineuse. — Le sang qui a traversé les capillaires chemine ensuite dans les veines, poussé par toute la masse sanguine qui le suit, appelé aussi par les dilatations régulières des oreillettes, et assuré dans sa marche par la disposition des valvules.

Ainsi le liquide nutritif, qui se renouvelle sans cesse par le contact avec l'air ou avec les aliments, circule continuellement à travers l'organisme dont il répare les pertes. Nous avons vu comment il s'enrichit en oxygène en passant par les poumons ; il nous reste à étudier : 1° comment il s'empare des aliments introduits dans le tube digestif et que nous avons vus se transformer en chyle ; — 2° comment il se débarrasse des substances de rebut qu'il peut renfermer.

RÉSUMÉ

La *circulation* est la fonction par laquelle un liquide nutritif, le sang, est porté aux différents organes, leur fournit les matériaux utiles, et leur enlève les matériaux nuisibles.

Le *sang* comprend une partie liquide, incolore, le *plasma*, qui tient en suspension des *globules* dont la plupart sont colorés en rouge.

L'*appareil circulatoire* comprend un organe central, le *cœur*, et des *vaisseaux* (*artères*, *veines* et *capillaires*).

Le cœur est creusé de quatre cavités (deux *oreillettes* et deux *ventricules*), formant un *cœur droit* et un *cœur gauche* entièrement séparés. Le sang part du ventricule gauche, se rend aux organes qu'il nourrit, puis revient à l'oreillette droite, d'où il passe dans le ventricule droit. De là, il est envoyé dans les poumons, où il reprend, au contact de l'air, les qualités nutritives qu'il avait perdues dans les organes, et revient à l'oreillette gauche, d'où il passe dans le ventricule gauche.

Le mouvement du sang dans l'appareil circulatoire est dû aux *pulsations* du cœur.

SEPTIÈME LEÇON

L'absorption. — La sécrétion. — La chaleur animale.

L'absorption. — Que devient la partie utile des aliments, le chyle, que nous avons vu se former progressivement dans le tube digestif sous l'action des différents sucs? Nous avons dit qu'il traverse les parois de l'intestin, qu'il est absorbé : le moment est venu d'étudier le mécanisme de cette *absorption*.

Si l'on vient à examiner l'intestin d'un lapin sacrifié au moment de la digestion, on verra la masse des circonvolutions recouverte d'un réseau très riche de canaux blanchâtres, dont il eût été beaucoup plus difficile de reconnaître la présence sur l'animal à jeun : ces canaux sont, en effet, naturellement transparents, et ne doivent leur coloration qu'à la présence du chyle qu'ils renferment au moment de la digestion. Si nous les suivons à la surface de l'intestin, nous verrons que chacun d'eux se termine dans un de ces poils qui tapissent la muqueuse de l'intestin et que nous avons appelés *villosités*. En portant de plus près notre attention sur une de celles-ci (*fig.* 30), nous y apercevrons alors au moins trois canaux :

1° Le *vaisseau chylifère* (*ch*) : c'est le canal dont nous venons de parler ;

2° Un vaisseau artériel (*a*), qui apporte du sang rouge à la villosité ;

3° Un vaisseau veineux (*b*), qui emporte le sang noir.

Les deux derniers sont unis l'un à l'autre par un système de vaisseaux capillaires (*c*).

Lorsque le chyle se trouve en contact avec la *villosité*, il en traverse la paroi et se rassemble dans le vaisseau chylifère. Les différents vaisseaux chylifères se réunissent ensuite de proche en proche (*fig.* 31), s'enchevêtrent et finissent par former des troncs plus gros qui aboutissent à un réservoir

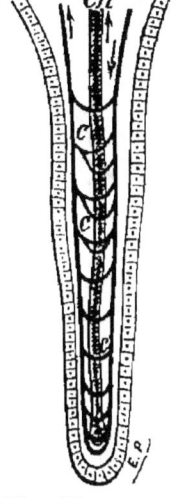

Fig. 30. — Une villosité intestinale. *a*, artère; *v*, veine; *c*, capillaires; *ch*, vaisseau chylifère.

commun appelé *citerne de Pecquet* (*i*). De la citerne de Pecquet part un canal, dit *canal thoracique* (*k*), qui remonte le long de la colonne vertébrale et débouche, au-dessus du cœur, dans une veine venant du bras gauche, la *veine sous-clavière gauche*[1] (*l*). Le chyle contenu dans les différents vaisseaux chylifères s'écoule par cette voie et vient se mélanger au sang veineux qui se rend au cœur par la veine cave supérieure (*m*).

Il est encore une autre voie que le chyle peut suivre pour se mélanger au sang. Sur toute la surface de l'intestin rampent un grand nombre de vaisseaux veineux (*c*) dans lesquels pénètre directement une partie considérable du chyle, et qui se réunissent de proche en proche en une grosse veine dite *veine porte* (*d*). Cette dernière se rend au

---

1. Ainsi nommée parce qu'elle passe sous la clavicule gauche.

foie (*e*), et y pénètre en se ramifiant, comme une artère, jusqu'à former un système capillaire; à celui-ci succède un nouveau système de veines; elles se réunissent à leur tour en un vaisseau unique (*f*), ramenant enfin le sang à la veine cave inférieure (*g*), qui se rend au cœur. C'est là seulement que se réunissent les deux parties du chyle, après avoir suivi deux chemins si différents.

La sécrétion et les glandes. — Si, par l'absorption du chyle, le sang se renouvelle et s'enrichit sans cesse, il s'appauvrit en même temps par d'autres voies : il existe tout un groupe d'organes, appelés *glandes*, qui extraient du sang différents liquides destinés soit à servir dans l'accomplissement d'autres fonctions, soit à être expulsés de l'organisme, et qui, à ce titre, doivent être séparés en deux groupes. On dit que ces liquides sont *sécrétés* par les glandes, et l'ensemble de ces organes forme ce qu'on appelle *l'appareil sécréteur.*

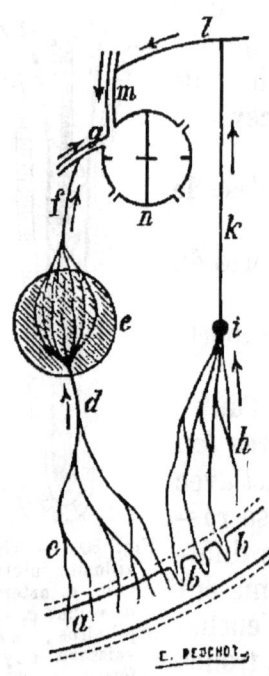

Fig. 31. — Figure théorique représentant les deux voies que suivent les matières absorbées. *a*, intestin; *b*, villosités; *c*, vaisseaux veineux; *d*, veine porte; *e*, foie; *f*, veine sus-hépatique; *g*, veine cave inférieure; *h*, vaisseaux chylifères; *i*, citerne de Pecquet; *k*, canal thoracique; *l*, veine sous-clavière gauche; *m*, veine cave supérieure.

Nous avons vu, en étudiant la digestion, divers exemples de glandes : les glandes salivaires, les glandes gastriques, le pancréas, les glandes de l'intestin, qui ont, dans l'accomplissement de cette fonction, un rôle incontestable; le foie, dont le rôle digestif est plus douteux, et qui sert plutôt à débarrasser l'organisme d'un certain nombre de substances nuisibles. Nous avons donc trouvé, chemin faisant, des exemples des deux sortes de glandes. Nous n'ajouterons à cette liste qu'un groupe d'organes : les *reins*, qui sont le siège de la *sécrétion urinaire*.

L'appareil urinaire. — Les *reins* (*fig.* 32, R) sont deux organes placés de part et d'autre de la cavité abdominale, au voisinage immédiat de la colonne vertébrale : chacun d'eux a la forme d'un haricot qui tournerait sa concavité vers le plan de symétrie du corps, et mesurerait une longueur de 10 à 15 centimètres. Par la partie creuse de la surface, ou *hile*, pénètrent dans la glande les vaisseaux (artères et veines) destinés à la nourrir, et sort un canal volumineux appelé *uretère* (*u*). Les deux uretères descendent dans l'abdomen, derrière la masse des intestins, et viennent se terminer à la partie inférieure de cette cavité, dans une poche appelée *vessie* (V), qui s'ouvre elle-même au dehors par un canal unique, dit canal de l'*urèthre* (U).

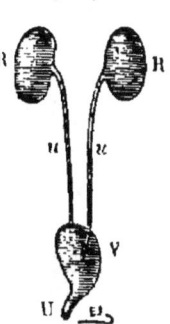

Fig. 32. — L'appareil urinaire. R, reins; *u*, uretères; V, vessie; U, urèthre.

Si nous coupons un rein suivant son plan de symétrie (*fig.* 33), comme nous ferions pour diviser un haricot en deux moitiés symétriques, nous y verrons deux régions distinctes : une partie pleine (C, M), d'un rouge d'autant plus foncé qu'on s'approche davantage de la surface; et une partie creuse, voisine du hile, s'ouvrant directement dans l'uretère; on lui donne le nom de *bassinet* (B). La surface interne du bassinet, formée par la substance pleine du rein, est loin d'être lisse : elle présente, au contraire, un grand nombre de parties saillantes (*pyramides*, P), dont la surface

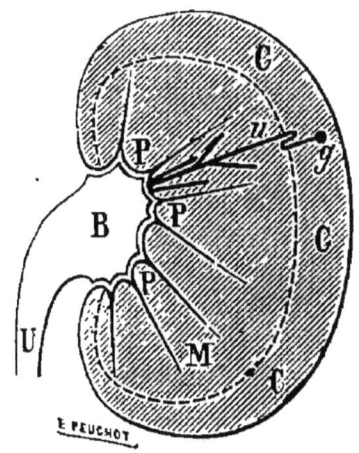

Fig. 33. — Coupe longitudinale du rein. C, substance corticale; M, substance médullaire; P, pyramides; B, bassinet; U, uretère; *u*, tube urinifère; *g*, glomérule.

est criblée d'orifices. A ceux-ci correspondent des canaux ou *tubes urinifères* (*u*) qui s'enfoncent dans la substance du rein, s'y ramifient et, après un trajet plus ou moins sinueux, se terminent vers la surface dans une infinité de petits corps sphériques d'un rouge vif (*g*). Examinons un de ces corpuscules au microscope (*fig.* 34) : nous verrons que le tube s'y dilate en formant une sorte de double coupe dans laquelle pénètrent une artère et une veine, communiquant par un système d'anses capillaires. Le sang rouge apporté par l'artère laisse passer à travers les fines membranes des capillaires et du tube urinifère une partie des substances qu'il renferme : elles forment l'urine. Le sang, privé de ces substances, continue son trajet dans la veine.

Fig. 34. — Un glomérule du rein très grossi.

L'urine. — L'*urine*, formée dans les reins, s'accumule dans le bassinet d'abord, puis dans la vessie, d'où elle est expulsée au dehors. C'est un liquide très riche en eau, et qui tient en dissolution un certain nombre de substances telles que l'*urée* ; — l'*acide urique*, très abondant dans l'urine des Oiseaux et surtout des Serpents, à laquelle il communique sa couleur blanche et sa consistance solide ; — des *phosphates*, c'est-à-dire des sels renfermant du phosphore : aussi est-ce dans l'urine que ce dernier corps a été découvert. Ce sont là des substances de rebut, ou qui, du moins, en proportion trop forte, deviendraient nuisibles à l'organisme ; celui-ci trouve ainsi une voie pour s'en débarrasser. Et cela est si vrai que, lorsque l'acide urique y devient trop abondant, l'appareil urinaire ne suffit plus à le chasser : il s'accumule d'abord, avec d'autres substances, dans la vessie où il forme des *calculs* dont la présence constitue la maladie de la *gravelle* ou de la *pierre*, puis dans les reins ; il arrive parfois que ces calculs se forment jusque dans les articulations des membres, et à la gravelle s'ajoute la *goutte*. La présence, dans le sang, d'une trop grande quantité d'urée n'est pas moins dangereuse pour l'organisme.

L'assimilation. — Dans tout ce qui précède, nous avons vu comment le sang puise dans les aliments par le tube digestif, et dans l'air par l'appareil respiratoire, les éléments utiles à la nutrition du corps tout entier ; comment il circule dans les différents organes pour y porter la vie ; comment enfin il se débarrasse en certains points des éléments de rebut qu'il a pris à ces organes. Nous avons peu insisté, au contraire, sur les échanges mêmes qui s'accomplissent entre le sang et les organes qu'il traverse, c'est-à-dire sur la *nutrition* proprement dite. Nous n'en parlerons cependant pas davantage, parce qu'il y a là des phénomènes trop complexes et trop délicats pour que nous en puissions aborder l'étude.

Nous dirons seulement qu'on appelle *assimilation* la fonction par laquelle chaque organe puise dans le sang les aliments utiles dont il a besoin ; — et *désassimilation*, la fonction par laquelle il abandonne au sang les éléments inutiles ou nuisibles dont il doit se débarrasser et que le sang rejette à l'extérieur dans certaines glandes.

Le tableau suivant résume les gains et les pertes qu'éprouve le sang aux différents points de son parcours, et rend compte, par suite, de l'ensemble de la nutrition :

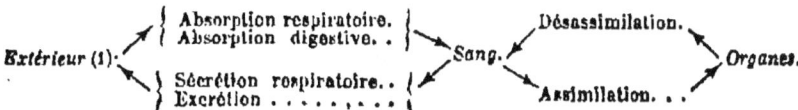

On voit que le sang sert d'intermédiaire entre l'extérieur et les organes.

Les réserves nutritives. — Cette étude de la nutrition ne serait pas complète si nous ne portions pas notre attention sur des substances qui, utiles à l'organisme dans

---

1. Par le mot *extérieur* nous entendrons tout ce qui est placé en dehors du corps, comme l'air dans lequel nous vivons, les aliments que nous pouvons prendre, etc.

certaines proportions, s'accumulent, quand elles les dépassent, en différents points du corps, pour y former ce qu'on peut appeler des *réserves nutritives;* ces réserves sont ensuite employées, au fur et à mesure des besoins, et se détruisent en tout ou en partie.

Les plus importantes de ces substances sont les *graisses*. On en trouve dans toutes les parties du corps, notamment sous la surface entière de la peau, où elles forment une couche quelquefois épaisse, et en certains points de la cavité viscérale, au voisinage du cœur, des reins, de l'intestin, etc. La présence de la graisse a surtout pour effet de fournir une réserve de substance nutritive : la graisse est, en effet, plus développée chez l'enfant que chez le jeune homme, puis elle reprend de l'importance dans la seconde partie de l'âge mûr, et se détruit de nouveau dans la vieillesse ; c'est que, chez le jeune homme, elle est utilisée pour le développement des organes qui s'accroissent, et que, chez le vieillard, la consommation de la graisse est employée à combattre le dépérissement général du corps.

Le *sucre* est de même emmagasiné dans un organe spécial quand il dépasse la proportion nécessaire au bon fonctionnement de la machine humaine. Cet organe est le foie, qui ajoute par conséquent au rôle que nous lui connaissions déjà, de sécréter la bile, celui d'emmagasiner le sucre ; il se charge ensuite, quand le besoin s'en fait sentir, de rendre au sang l'excès de sucre qu'il renferme.

Idée de la chaleur animale. — On peut constater que la température interne du corps de l'homme reste très sensiblement constante : quelle que soit la température extérieure, elle est toujours à peu près de 37° 1/2 au-dessus de zéro. Comme d'autre part le corps humain perd sans cesse de la chaleur par toute sa surface extérieure, il faut admettre qu'il en produit sans cesse de nouvelles quantités, destinées à réparer ces pertes. C'est aux phénomènes de nutrition que nous venons de passer en revue et qui se manifestent dans toutes les parties du corps, qu'on attribue cette production de chaleur.

RÉSUMÉ

Le chyle formé dans l'intestin est *absorbé* : 1° par les veines qui le portent au foie et de là à la veine cave inférieure ; 2° par les *vaisseaux chylifères* qui le portent au *canal thoracique*, et de là à la veine cave supérieure.

Le sang, enrichi par l'absorption, s'appauvrit par les *sécrétions*. La principale est la *sécrétion urinaire*. L'*urine*, formée dans les *reins*, s'en échappe par les *uretères*, qui la versent dans la *vessie*.

Le sang, en traversant les organes, assure les fonctions d'*assimilation* et de *désassimilation*.

En certains points de l'organisme se forment temporairement des *réserves* (*graisse*, *sucre*, etc.) qui sont ensuite utilisées par la nutrition.

L'activité chimique des organes produit une quantité de chaleur qui assure au corps humain une température constante ($+ 37°,5$ environ).

HUITIÈME LEÇON

La sensibilité et la locomotion.

La sensibilité. — Rappelons-nous ce que nous avons appris, au début de ces leçons, sur la distinction entre les animaux et les plantes. Les plantes, disions-nous, naissent, se nourrissent, s'accroissent et se reproduisent ; à toutes ces fonctions les animaux ajoutent la *sensibilité* et le *mouvement* : ils sont capables, au contact des objets extérieurs, d'éprouver des impressions bonnes ou mauvaises, agréables ou désagréables, et de traduire ces impressions par des déplacements de leur corps tout entier ou d'une partie de leur corps.

Les cinq sens. — Il est facile de classer nos sensations en deux groupes. Il y a, d'une part, les sensations qui correspondent indifféremment à tous les organes, comme la douleur causée par un coup, par une blessure; ce sont les *sensations générales*. Il y a, d'autre part, certaines sensations d'une nature toute spéciale, qui ne correspondent qu'à des organes parfaitement déterminés et construits pour procurer ces sensations : la *vue* d'un objet, par exemple, ne produira d'impression que sur notre *œil*; d'où une *sensation spéciale*. On compte cinq catégories principales de sensations spéciales: les sensations *visuelles, auditives, olfactives, gustatives, tactiles*; les organes qui les procurent sont l'*œil*, l'*oreille*, les *fosses nasales*, la *langue*, la *peau*; chacun de ces groupes de sensations forme un des *cinq sens* : la *vue*, l'*ouïe*, l'*odorat*, le *goût* et le *toucher*[1].

Le système nerveux. — Les impressions diverses produites sur l'œil, sur l'oreille, sur les fosses nasales, etc., sont ensuite transportées par des *nerfs*. Il en est de même de toutes les impressions, qu'elles viennent des parties les plus différentes du corps; les nerfs sont donc les agents conducteurs de la sensibilité. Mais il est temps de nous demander jusqu'où ils transmettent les impressions. Or la plupart des nerfs qui viennent des organes des sens aboutissent à une masse volumineuse de couleur grisâtre (*cerveau*), qui remplit toute la cavité crânienne, et qui reçoit encore un certain nombre d'autres nerfs. Cet organe se continue, à sa partie inférieure, par un long cordon de substance molle, blanche extérieurement, qui occupe toute l'étendue de la cavité rachidienne dans la colonne vertébrale : c'est la *moelle épinière*; elle reçoit tous les nerfs qui n'aboutissent pas au cerveau. Le cerveau et la moelle épinière forment des *centres nerveux*.

Si les nerfs servent à transmettre les impressions au cerveau ou à la moelle épinière, ils ont aussi une tout autre fonction : c'est de transporter, en sens inverse, de

---

1. L'étude des organes des sens est trop longue et trop compliquée pour être abordée en première année; voir le cours de 2ᵉ année.

ces deux derniers organes vers les différentes parties du corps les ordres qui mettent celles-ci en mouvement ou, d'une manière plus générale, en activité. Certains d'entre eux n'accomplissent que la première de ces deux fonctions; comme les impressions qu'ils transportent se dirigent vers les centres nerveux, on dit qu'ils sont *centripètes*. D'autres, au contraire, ne possèdent que la seconde fonction; comme les ordres qu'ils transmettent viennent des centres, ils sont dits *centrifuges*. Enfin il en est qui peuvent être, suivant les circonstances, centripètes ou centrifuges; on les appelle *nerfs mixtes*.

La réunion des centres nerveux et des nerfs forme le *système nerveux* (*fig.* 35); d'après ce qui précède, on voit

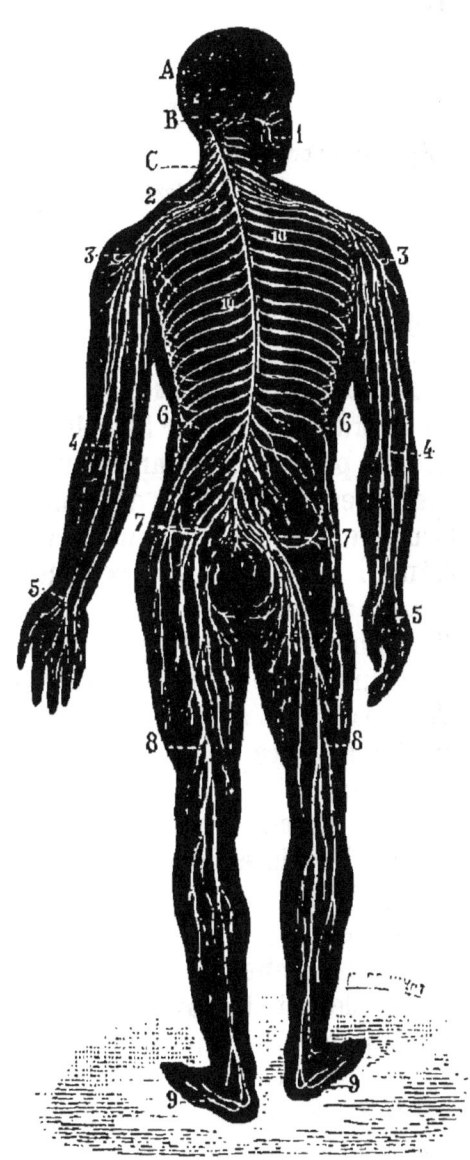

Fig. 35. — Système nerveux de l'homme. A, hémisphères cérébraux; B, cervelet; C, moelle épinière; 1, 2, 3,... 10, principaux nerfs issus du cerveau ou de la moelle épinière.

qu'il se compose des parties indiquées par le tableau suivant :

Système nerveux. { Centres nerveux....... { Cerveau. Moelle épinière. Nerfs.. { Centripètes. Centrifuges. Mixtes.

et qu'il contribue à la fois aux fonctions de sensibilité et de locomotion.

La moelle épinière. — La moelle épinière est un long cordon de couleur blanche divisé en deux parties symétriques par un sillon antérieur et un sillon postérieur; ce dernier est surtout très développé. Par son extrémité supérieure, qui s'enfonce dans le trou occipital de la base du crâne, la moelle épinière se soude au cerveau.

Le cerveau. — Dans le cerveau (*fig.* 36), on doit distinguer trois parties principales :

1° Une partie allongée et renflée en forme de massue, qui n'est pas autre chose que le prolongement immédiat de la moelle épinière dans le crâne : c'est le *bulbe* ou *moelle allongée*;

2° Un organe renflé, placé derrière le bulbe, divisé sur sa face dorsale en deux lobes symétriques, et dont la surface présente de nombreux sillons transversaux : c'est le *cervelet* (C);

3° Un organe beaucoup plus volumineux, qui recouvre le cervelet et le sommet du bulbe, et qui se partage en deux masses symétriques, séparées par un profond sillon : ce sont les *hémisphères cérébraux* (H), dont la surface présente des replis nombreux et contournés (*circonvolutions*), et que réunit une sorte de plancher transversal formé d'une substance blanche très résistante (*corps calleux*).

Le cerveau est séparé du crâne (B,B',B'') qui l'enveloppe

par trois membranes superposées, dont la plus profonde

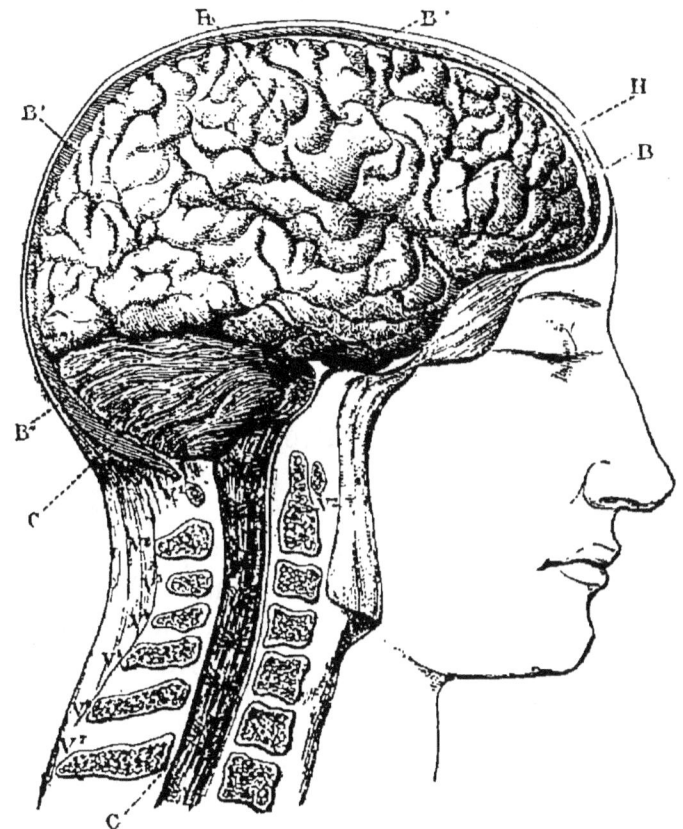

Fig. 36. — Le cerveau de l'Homme. — B, B', B",... crâne; H, hémisphère cérébral; C, cervelet; G, moelle épinière; V₁, V₂, V₃,... vertèbres cervicales.

suit toutes les circonvolutions des hémisphères (*méninges*)[1].

Les nerfs. — Sur toute la longueur de la moelle épinière, on voit se détacher des nerfs, dits *nerfs rachidiens*, disposés par paires à droite et à gauche. Ce sont des nerfs mixtes; car, si l'on vient à couper l'un d'eux après sa sortie du canal rachidien, on supprime à la fois, dans l'organe auquel il se rend, la sensibilité et le mouvement. Si on se contente de couper la racine antérieure du nerf, le mouve-

---

1. C'est l'inflammation de ces membranes qui produit la maladie appelée *méningite*.

ment seul est supprimé, la sensibilité persiste : une piqûre faite sur l'organe produit une douleur sans qu'il soit possible de le déplacer pour y échapper. Au contraire, la section de la racine postérieure supprime la sensibilité, sans empêcher le mouvement.

Du cerveau partent aussi des paires de nerfs, au nombre de douze : mais, parmi ces nerfs, il y en a de centripètes, comme le *nerf optique*, qui vient de l'œil; de centrifuges, comme le *nerf facial*, dont les rameaux se distribuent dans presque tous les muscles de la face; de mixtes enfin, comme le *nerf trijumeau*, dont les branches innervent l'œil, les deux maxillaires et la langue.

Les actes réflexes. — Pour étudier le fonctionnement du système nerveux, considérons d'abord les actes les plus simples que puissent accomplir nos organes, par exemple le mouvement instinctif de rétraction dont le bras est le siège, quand il vient de toucher un objet trop chaud : cet acte est produit en dehors de toute intervention de la volonté. Eh bien ! quelque simple que paraisse cet acte, quelque rapide qu'en ait été l'exécution, nous pouvons le décomposer en trois périodes successives : l'impression douloureuse éprouvée par la peau (S) a d'abord été transmise à un centre nerveux (C) par un nerf centripète; puis, dans ce centre nerveux, l'impression ressentie a été transformée en un ordre de mouvement; enfin, cet ordre a été transmis par un nerf centrifuge jusqu'au bras (M), qui s'est déplacé. La figure 37 (1) représente ce triple phénomène, qui porte le nom d'*acte réflexe* : il semble, en effet, que le centre nerveux soit comme un miroir qui réfléchit, en la transformant, l'impression qu'il a reçue.

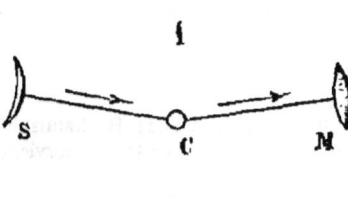
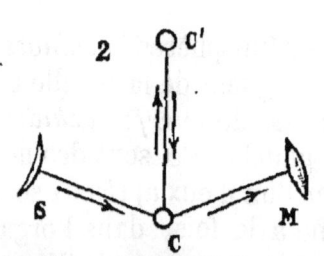

Fig. 37. — Figure théorique représentant des actes réflexes. S, élément impressionné; C, C', centre nerveux; M, muscle.

La question qui se pose immédiatement est de savoir quel est le centre nerveux qui intervient dans cet acte instinctif. Une expérience simple va nous le montrer. Coupons la moelle épinière d'une grenouille vers sa partie supérieure, en ménageant le plus possible les autres organes, et jetons cette grenouille dans l'eau ; nous la verrons exécuter, avec ses pattes postérieures, tous les mouvements nécessaires à la natation. Ce n'est donc pas le cerveau, détaché maintenant de la moelle épinière, et par conséquent des nerfs de la jambe, mais la moelle épinière seule, qui a transformé en un mouvement l'impression produite sur la peau de l'animal par le contact de l'eau. On peut varier cette expérience, en touchant, par exemple, une patte avec une baguette trempée dans un acide : on voit alors la patte s'agiter et se frotter contre l'autre comme pour se débarrasser de l'acide qui la blesse.

A côté de ces actes réflexes très simples, où la moelle épinière intervient seule, il en est de plus compliqués, auxquels sont mêlées l'intelligence et la volonté ; ce sont tous les mouvements que nous exécutons de propos délibéré. Ces actes comprennent un plus grand nombre de périodes et mettent en jeu le cerveau : l'impression éprouvée par un point (S) de la surface du corps, la main par exemple, est d'abord transportée jusqu'à la moelle épinière (C) ; celle-ci, à son tour, la renvoie vers le cerveau (C'), qui la reçoit et la transforme en un ordre de mouvement réfléchi et volontaire ; cet ordre est ensuite transmis par la moelle épinière jusqu'au nerf rachidien qui doit le porter à l'organe dont nous voulons faire usage (M). La figure 37 (2) représente un réflexe de cette seconde catégorie.

L'expérience que nous avons faite tout à l'heure peut nous permettre de constater le rôle du cerveau dans les actes réfléchis et volontaires. En effet, si la grenouille dont nous avions coupé la moelle épinière pouvait encore nager, elle le faisait en automate, incapable de diriger ses efforts vers un but déterminé, et ne s'arrêtait que lorsque sa tête heurtait un obstacle. Un pigeon, auquel nous aurions enlevé les hémisphères cérébraux, laissant intacte la moelle épinière, aurait aussi gardé la faculté de marcher, mais avec la même inconscience, et sans pouvoir davantage coordonner ni régler ses mouvements; incapable de chercher par lui-même sa nourriture, il se contenterait d'avaler les aliments que nous aurions eu soin d'introduire jusque dans son arrière-bouche. Le cerveau est donc l'organe nécessaire à l'exercice de l'intelligence et de la volonté.

Les muscles. — Cette étude du système nerveux et de ses fonctions nous l'a montré comme l'organe actif du mouvement : les ordres donnés par les centres nerveux sont transmis par les nerfs. Il nous reste à examiner les organes qui exécutent ces ordres; ce sont les *muscles*, dont la réunion constitue la *chair* ou la *viande* des animaux.

Un muscle, par exemple le *biceps* (*fig.* 38, *a*), qui ramène l'avant-bras sur le bras, a généralement la forme d'un fuseau : renflé vers le milieu, il s'amincit aux extrémités, qui se terminent par des cordons élastiques et nacrés appelés *tendons*; c'est à ceux-ci que, dans le langage courant, on donne improprement le nom de nerfs[1]. Ces tendons s'attachent généralement sur les os; les tendons supérieurs du biceps s'attachent à l'épaule, le tendon inférieur au radius. Or les muscles ont la propriété de *se contracter*, c'est-à-dire de se raccourcir en se gonflant dans leur partie moyenne. Il est évident que, si l'un des points d'attache du muscle reste fixe, le second s'en rapprochera; que, par exemple, la contraction du biceps aura pour effet de rapprocher de l'épaule le point du radius auquel s'insère le tendon opposé, d'où il suit que le radius se repliera sur

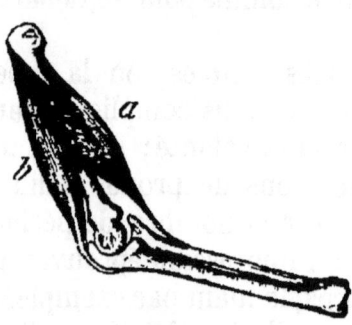

Fig. 38. — Muscles du bras. *a*, biceps ; *b*, muscle antagoniste (ayant une action opposée à celle du biceps).

---

1. Un nerf est un filament très délié, ramifié, peu résistant, souvent transparent, qui n'offre en un mot aucune ressemblance avec un tendon.

l'humérus, entraînant avec lui l'avant-bras tout entier.

Ainsi agissent tous les muscles de l'organisme : les uns rouges et soumis en général à l'action de la volonté, les autres blancs et soustraits à celle-ci ; ces derniers produisent les mouvements de l'intestin, de l'estomac et de la plupart des viscères renfermés dans la cavité générale.

RÉSUMÉ

L'homme éprouve deux sortes de sensations : *sensations générales* et *sensations spéciales*; ces dernières correspondent aux sens (*vue, ouïe, odorat, goût, toucher*) dont les organes sont l'*œil*, l'*oreille*, les *fosses nasales*, la *langue* et la *peau*.

Le *système nerveux* comprend deux parties : les *centres nerveux* et les *nerfs*.

Les centres nerveux principaux sont : 1° la *moelle épinière*, renfermée dans la colonne vertébrale ; — 2° le *cerveau*, renfermé dans le crâne, et comprenant le *bulbe*, le *cervelet* et les *hémisphères cérébraux*.

Les nerfs partent du cerveau ou de la moelle épinière ; on les distingue en *nerfs centripètes*, *nerfs centrifuges* et *nerfs mixtes*.

Les phénomènes qui se passent dans le système nerveux se ramènent tous à des *actes réflexes* ; dans un acte réflexe une impression sensitive, transmise à un centre (voie centripète), y est transformée en un ordre d'activité, et réfléchie vers un organe actif (voie centrifuge). Le cerveau est le centre des actes réflexes volontaires.

Les mouvements se produisent par l'intermédiaire des *muscles*, qui se contractent, c'est-à-dire qu'ils se raccourcissent de manière à rapprocher leur extrémité mobile de leur extrémité fixe.

NEUVIÈME LEÇON

Les Mammifères onguiculés.

Les Mammifères. — Les animaux qui offrent le plus de ressemblance avec l'Homme, et dont l'étude doit par conséquent nous occuper en premier lieu après celle de l'Homme lui-même, forment le groupe des *Mammifères* (Chat, Lapin, Bœuf, etc.). Ils présentent, dans l'ensemble de leur organisation, la symétrie bilatérale, et sont pourvus d'un squelette osseux interne dont la partie essentielle est une colonne vertébrale, ce qu'on exprime en disant qu'ils sont *vertébrés*. Ils mènent une vie généralement terrestre et respirent à l'aide de poumons. Leur corps est couvert en tout ou en partie de *poils*. Ils mettent au monde des petits tout formés, c'est-à-dire qu'ils sont *vivipares*; mais, comme généralement ces petits sont, à leur naissance, incapables de subvenir eux-mêmes aux besoins de leur existence, la mère les nourrit d'un liquide spécial, le *lait*, produit dans des *mamelles*, d'où leur nom de *Mammifères*. L'ensemble de leurs appareils est construit sur le même plan que ceux de l'Homme; leur cœur est pourvu de quatre cavités, et la *température* interne du corps est très sensiblement *constante*.

Les Mammifères forment une *classe* dans l'*embranchement* des Vertébrés.

Les Primates. — Si nous nous attachons à commencer l'étude des Mammifères par ceux qui se rapprochent le plus de l'Homme pour nous en éloigner ensuite par degrés insensibles, le premier *ordre* que nous rencontrons est celui des *Singes* (*fig.* 39). Pourvus de quatre membres dont les doigts, comme les nôtres, sont munis d'ongles plats et faibles, ils ont à peu près notre dentition, une dentition

Fig. 39. — Orang-outang.

d'*omnivores*[1]. La plupart des Singes se nourrissent de fruits. Mais tandis que les membres antérieurs seuls, chez l'Homme, ont un pouce opposable aux autres doigts, c'est-à-dire une *main*, les quatre membres des Singes en sont pourvus : en d'autres termes, l'Homme est *bimane*, et les Singes sont *quadrumanes*. Occupant la première place parmi les Mammifères, les Singes ont aussi reçu le nom de *Primates*[2].

Les Carnivores. — Avec les *Carnivores*, dont le Chat est un exemple, nous abordons un type tout différent. Aucun des quatre membres ne se termine par une main : il n'y a plus de pouce opposable; en revanche, les doigts, au lieu de porter de simples ongles, se terminent par des *griffes* souvent puissantes et redoutables. Les Carnivores, comme l'indique leur nom[3], se nourrissent de chair. Les maxillaires, comme chez l'Homme et chez les Singes, portent trois sortes de dents; mais celles-ci, par leur nombre et leur forme, répondent au régime carnassier de l'animal (*fig.* 40) : les incisives, peu développées (généralement six à chaque maxillaire), cèdent le pas aux canines, fortes et crochues (*crocs*), et les molaires

Fig. 40. — Tête de Panthère.

ont une couronne aiguë et tranchante, bien faite pour déchirer les tissus musculaires. Chacun des deux condyles du maxillaire inférieur, s'adaptant aussi au même régime, prend la forme d'un barreau transversal : il ne permet à la mâchoire inférieure que des déplacements verticaux ; ainsi elle peut saisir vigoureusement une proie.

Il y a des degrés parmi les Carnivores : tous ne sont pas également carnassiers ; et nous aurons une idée des différences qu'ils peuvent offrir à cet égard en fixant notre atten-

1. Du latin : *omnis*, tout ; — *vorare*, manger ; qui mange de tout, de la chair et des substances végétales.
2. Du latin *primus*, premier, parce que ce sont les premiers parmi les Mammifères.
3. Du latin : *caro, carnis*, chair ; — *vorare*, manger ; qui mange de la chair.

tion sur trois des principaux représentants de cet ordre : le *Chat*, le *Chien*, l'*Ours*.

Le plus féroce de tous est le *Chat*. Ses mâchoires sont courtes, et, par conséquent, ses molaires peu nombreuses ; elles sont, en revanche, très puissantes. Marchant sur l'extrémité des doigts, c'est-à-dire *digitigrade*[1], il possède quatre doigts aux membres postérieurs, un de moins qu'aux membres antérieurs : tous ces doigts se terminent par des griffes que des muscles spéciaux lui permettent d'abaisser ou de relever à volonté pour déchirer sa victime ou « faire patte de velours », des *griffes rétractiles* en un mot (*fig. 41*).

Fig. 41.
Griffe mobile du Lion.

Le *Chien* est déjà beaucoup moins carnassier. Ses mâchoires sont plus longues ; mais, si l'on compare leurs mou-

Fig. 42. — Loup commun.

vements à ceux d'une paire de ciseaux, il est facile de comprendre que leur puissance n'est pas pour cela plus grande que chez le Chat : ce n'est pas, en effet, entre les extrémités

---

1. Du latin : *digitus*, doigt ; — *gradi*, marcher ; qui marche sur le bout des doigts.

LES CARNIVORES.

d'une paire de ciseaux, mais au voisinage de leur articulation qu'on place un objet résistant quand on veut le couper plus facilement ; les molaires situées au fond de la bouche sont donc les seules qui agissent énergiquement pour déchirer la proie. Etant plus longues que celles du Chat, les mâchoires du Chien portent des molaires plus nombreuses : la dentition du Chat était de trente dents ; celle du Chien est de quarante-deux. Le Chien est encore digitigrade et pourvu de quatre doigts au membre postérieur, mais ses griffes ne sont plus rétractiles. Au genre Chien appartiennent le *Renard*, le *Loup* (*fig.* 42), le *Chien domestique* avec ses races nombreuses.

L'*Ours* (*fig.* 43) est le moins carnassier des trois ; on peut

Fig. 43. — Ours brun.

même dire de son régime qu'il est franchement *omnivore* : l'Ours brun se nourrit fréquemment de miel. Sa dentition est cependant la même que celle du Chien ; mais ses molaires sont moins tranchantes. D'ailleurs sa démarche est beaucoup moins vive : ce n'est plus en effet sur l'extrémité des doigts, mais sur le pied tout entier qu'il repose ; il est nettement *plantigrade*[1].

1. Du latin : *planta*, plante du pied ; — *gradi*, marcher.

Entre le Chien et l'Ours viennent se placer un certain nombre de genres intermédiaires : la *Marte* et la *Fouine* (*fig.* 44), dont les fourrures sont estimées, — le *Putois*, aux mœurs sanguinaires, qui ravage volontiers les basses-cours, — le *Furet*, qu'on utilise pour la chasse du Lapin, —

Fig. 44. — Fouine.

la *Belette*, petit carnivore hardi qui s'attaque surtout aux Taupes et aux Souris, — la *Loutre* aux pieds palmés et aux mœurs aquatiques, qui se nourrit surtout de poissons, — le *Blaireau*, dont l'alimentation omnivore et la démarche ne sont pas sans analogies avec celles de l'Ours; tous pourvus de trente-huit dents.

Aux Carnivores proprement dits, dont nous venons d'étudier rapidement les principaux représentants, nous rattacherons les *Insectivores* et les *Cheiroptères*, représentés par deux types : la *Taupe* et la *Chauve-souris* ordinaire.

Les Insectivores. — Supposons qu'un Carnivore, au lieu de s'attaquer à des Vertébrés, pourvus d'os et de muscles, prenne pour base de son alimentation les Insectes, dont le corps est couvert extérieurement d'une carapace dure; ses molaires se modifieront en vue de ce changement de régime : au lieu de rester tranchantes, elles deviendront broyeuses; au lieu d'avoir la couronne aplatie et coupante, elles l'auront tuberculeuse et déchiquetée. Si, de plus, cet *Insectivore* va poursuivre ses victimes jusque dans les profondeurs du sol, ses pattes, destinées à y creuser des galeries souterraines, à *fouir* en un mot, devront être courtes et fortes ; appelés à exécuter de part et d'autre du corps des

Fig. 45. — Taupe.

mouvements assez variés, ses membres antérieurs devront présenter un point d'appui solide : ils seront pourvus d'une clavicule qui manquait chez les Carnivores. L'ensemble de ces caractères se rencontre chez la *Taupe* (*fig.* 45), le Hé-

Fig. 46. — Hérisson.

risson (*fig.* 46) aux mœurs nocturnes, la *Musaraigne*, le plus petit mammifère connu, dont l'aspect extérieur rappelle celui de la Souris.

Les Cheiroptères. — Qu'un Insectivore, au lieu d'habiter la surface ou l'intérieur du sol, passe sa vie dans l'air : il devra présenter une série de modifications destinées à lui permettre de voler. Ses membres antérieurs, soutenus par de solides clavicules, ne se termineront plus par des mains courtes et trapues : tous les doigts, sauf le pouce, s'allongeront, de manière à former, à l'extrémité de l'avant-bras, quatre longues tiges articulées entre lesquelles pourra s'étendre une fine membrane attachée d'autre part aux parois du corps et jusqu'à la queue, courte et grêle. Le reste du squelette, formé de pièces très ténues, assurera au corps entier une extrême légèreté, et sur le sternum s'élèvera une crête saillante, servant de poin d'attache aux muscles moteurs du bras et de l'avant-bras. Telles sont les dispositions qui se trouvent chez les *Chei-*

Fig. 47. — Chauve-souris.

roptères ou Chauves-souris[1] (*fig.* 47), animaux nocturnes dont le régime est souvent insectivore.

Les Rongeurs. — Un ordre essentiellement différent de tous ceux qui précèdent est celui des *Rongeurs*. Se nourrissant de fruits, ou, d'une façon plus générale, de

---

1. On voit par ce qui précède combien est impropre le mot de *Chauve-souris* ; rien, dans l'organisation des Cheiroptères, ne rappelle celle des Souris, qui sera étudiée plus loin.

substances d'origine végétale, les Rongeurs ne peuvent être mieux caractérisés que par leur dentition : c'est chez eux que nous voyons pour la première fois disparaître les canines (voy. *fig.* 48). Chaque maxillaire ne porte que deux incisives, longues, taillées en biseau à leurs extrémités, par suite du frottement qu'elles subissent de la part des incisives du maxillaire opposé, et se régénérant sans cesse par la base; situées aux extrémités antérieures des maxillaires, ces incisives sont suivies d'un espace libre assez étendu, correspondant à l'absence constante de canines;

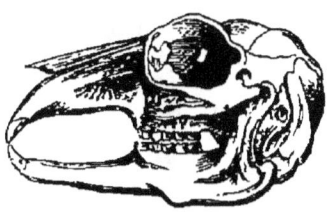

Fig. 48. — Tête de Lapin.

les molaires, peu nombreuses, ont une couronne aplatie, et, par leur réunion, forment une sorte de lime. A cette dentition toute spéciale répond une disposition du condyle du maxillaire inférieur : allongé d'avant en arrière, il ne permet à la mâchoire que les mouvements dans cette direction ou en sens inverse. La structure des membres est assez peu constante : on ne trouve de clavicules que chez les Rongeurs dont le mode d'existence, comme celui de l'Ecureuil, nécessite des mouvements étendus et variés; quant au nombre des doigts, il varie de cinq à trois.

Les principaux Rongeurs sont : la *Souris*, très ancienne dans nos pays; — les *Rats*, dont les différentes espèces n'ont fait leur apparition que du douzième au dix-huitième siècle; — les *Mulots*, très voisins des Rats et habitant les champs; — les *Campagnols* (parmi lesquels le *Rat d'eau*) qui en diffèrent par leur forme lourde, leur queue courte et velue, et leur régime omnivore; — l'*Ecureuil*, à la queue longue et très fournie de poils, au corps élancé, aux mouvements vifs et aisés; — la *Marmotte* (*fig.* 49), au corps lourd, qui habite les hautes régions des Alpes, se creuse une habitation souterraine et tombe dans un profond sommeil d'hiver qui dure sept mois; — le *Loir*, ressemblant à l'Ecureuil par sa queue fournie de poils et la vivacité de ses mouvements, mais dont le squelette se rapproche de celui de la Souris ; — le *Cochon d'Inde*[1] ou *Cobaye* ; — enfin

Fig. 49. — Marmotte.

les *Lièvres* et les *Lapins*, dont la mâchoire supérieure porte, par exception, quatre incisives, disposées sur deux rangées.

Les Onguiculés. — Entre les ordres que nous avons étudiés jusqu'ici il existe de profondes différences que cette étude a suffisamment mises en lumière ; un caractère fondamental permet cependant de les rapprocher dans un groupe commun : tous les animaux qui le forment ont des doigts terminés par des ongles ou des griffes ; ils sont *onguiculés*.

RÉSUMÉ

Les *Mammifères* sont des animaux terrestres, ayant un squelette osseux (*Vertébrés*), couvert de poils, vivipares, pourvus de mamelles, de poumons, de quatre cavités au cœur et à température constante.

Un premier groupe de Mammifères est celui des *Onguiculés*, dont les doigts se terminent par des ongles ou des griffes.

---

1. Encore un nom fort mal donné : il n'y a aucun rapport entre l'organisation du Cobaye et celle du Porc, qui sera étudiée plus loin.

LES ONGULÉS.

Les principaux ordres de ce groupe sont compris dans le tableau suivant :

ONGUICULÉS	pourvus de mains			*Primates*....	Singe.
	pas de mains	Trois sortes de dents ; régime	carnassier...........	*Carnivores*..	Chat.
			insectivore ; vie { terrestre.	*Insectivores*.	Taupe.
			aérienne.	*Cheiroptères*.	Chauve-souris.
	Deux sortes de dents...............			*Rongeurs*....	Rat.

DIXIÈME LEÇON

Les Mammifères (*fin*).

Les Ongulés. — Un second groupe fort important de Mammifères est celui des *Ongulés* : ils diffèrent des Onguiculés par la disposition de leurs pattes, où les extrémités des doigts sont protégées par des ongles volumineux qui les enveloppent complètement et qu'on désigne ordinairement du nom de *sabots*.

On peut dire que cette différence tient à leur régime alimentaire. Les Ongulés sont tous herbivores : forcés de chercher souvent au loin une nourriture qu'ils ne sauraient attendre à l'affût, il est de toute nécessité qu'ils soient organisés pour la marche, ou même pour la course, et que, dès lors, les extrémités par lesquelles ils reposent sur le sol y puissent prendre un solide point d'appui. Une autre disposition pourra favoriser encore cette aptitude à la course, c'est la réduction du nombre des doigts : moins un animal possède de doigts, plus sa démarche est rapide. Il va sans dire que ce que les sabots perdent en nombre, ils le gagnent en volume, et que ceux qui persistent atteignent des dimensions souvent considérables. Cette réduction dans le nombre des doigts s'étend quelquefois jusqu'aux os du métacarpe ou du métatarse, qui se soudent en une pièce unique, le *canon*.

Les Proboscidiens. — Le premier ordre qui nous occupera sera celui des Ongulés pourvus de cinq doigts ; ce sont les Eléphants (*fig.* 50), habitants de l'Asie et de l'Afrique. A la conformation de leurs pattes, ils ajoutent d'autres caractères importants. Leur peau très épaisse, presque nue, forme une enveloppe protectrice d'une grande efficacité ; comme beaucoup d'Ongulés jouissent du même avantage, le nom de *Pachydermes*[1], qui répond à cette disposition, avait été autrefois appliqué au groupe presque entier des Ongulés. Les fosses nasales se continuent par une longue *trompe*, organe très sensible dont les mouvements variés permettent à l'animal d'en faire en même temps un organe de toucher et de préhension. C'est la présence de cette trompe qui a valu aux Eléphants le nom de *Proboscidiens*[2]. Enfin la dentition est surtout remarquable par le développement énorme que prennent les deux incisives supérieures, fortes et recourbées (*défenses*), dont l'ivoire est recherché ; il n'y a pas d'incisives inférieures ; les canines font absolument défaut à l'une et l'autre mâchoire ; chaque maxillaire porte, sur chacune de ses moitiés, une molaire énorme, dont la couronne aplatie est ornée par des replis de l'émail, mais qui, s'usant perpétuellement par sa surface,

Fig. 50. — Éléphant d'Asie.

1. De deux mots grecs : *pakhus*, épais, — *derma*, peau.
2. D'un mot grec : *proboscis*, qui signifie *trompe*.

est remplacée de six à huit fois pendant la vie de l'animal.

Les Porcins. — Le type des *Porcins* est le *Sanglier*

Fig. 51. — Sanglier.

(*fig.* 51) ou le *Porc*. Il a une dentition d'omnivore, c'est-à-dire qu'il possède, comme l'Homme, trois sortes de

Fig. 52. — Tête de Porc.

dents à peu près également développées (*fig.* 52). Il a un

nombre pair de doigts à chaque membre : c'est un *paridigité* (*fig.* 53). Après les os du carpe (*a*) ou du tarse, succédant eux-mêmes à ceux de l'avant-bras ou de la jambe, viennent quatre métacarpiens (*b*) ou métatarsiens, dont les deux latéraux sont sensiblement plus grêles et plus courts que les moyens, mais qui, dans leur ensemble, forment un métacarpe ou un métatarse beaucoup plus allongé que ne l'était celui des Rongeurs, des Insectivores, ou même des Carnivores les plus agiles à la course. A chacun des os du métacarpe ou du métatarse succède un doigt (*c*, *d*) terminé par un sabot; les différences que présentaient les métacarpiens se retrouvent dans les doigts correspondants : ceux du milieu, très développés, touchent le sol; les deux latéraux, beaucoup plus courts, ne l'atteignent pas, et ne jouent aucun rôle dans la locomotion; c'est le premier doigt, correspondant au pouce de l'Homme, qui a disparu.

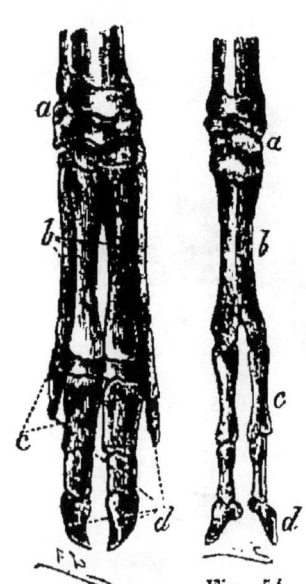

Fig. 53.
Patte de Porc.

Fig. 54.
Patte de la Chèvre.

a, carpe; *b*, métacarpe; *c*, phalanges; *d*, phalangettes.

Le Porc peut être considéré comme un descendant du Sanglier, dégénéré par la domestication.

Les Ruminants. — Le second ordre de la série des paridigités est celui des *Ruminants*, dont la Chèvre est un des représentants. Comme le montre la figure 54, la patte est ici terminée par deux doigts (*c*, *d*), et si de ces doigts, terminés chacun par un sabot, on remonte jusqu'à l'avant-bras ou à la jambe, on trouve un os unique (*canon*) au métacarpe ou au métatarse (*b*); mais, examiné de près, ce canon se montre creusé, sur chacune de ses faces antérieure ou postérieure, d'un sillon longitudinal, et terminé par deux têtes articulaires correspondant aux doigts, double indice de la soudure qui a réuni en une seule pièce deux os distincts à l'origine.

La dentition des Ruminants est, en général, beaucoup plus simple que celle des Porcins (voy. *fig.* 55) : il n'y a aucune canine, et les incisives manquent au maxillaire supérieur ; les molaires ont une couronne aplatie sur sa face supérieure, qui porte cependant des saillies contournées (*collines*) ; entre les incisives et les molaires est compris un espace libre appelé *barre*. En même temps le condyle du maxillaire inférieur, au lieu d'avoir la forme d'une tête renflée, comme dans les ordres que nous avons étudiés jusqu'ici, est plutôt concave

Fig. 55. — Tête de Mouton.

et porté par une saillie de la base du crâne, de manière à permettre à la mâchoire des mouvements très variés, en particulier de droite à gauche et de gauche à droite. A ces caractères de la dentition correspond une disposition spéciale du tube digestif : l'estomac, simple chez la plupart des Mammifères, est ici composé de plusieurs poches successives (*fig.* 56). Rappelons-nous la forme de l'estomac humain ; c'était à peu près celle d'une poire, dont le gros bout (*grosse tubérosité*) était tourné vers la gauche et le petit (*petite tubérosité*) vers la droite (voy. *fig.* 15). Supposons que l'étranglement peu marqué qui sépare les deux tubérosités s'accentue davantage et

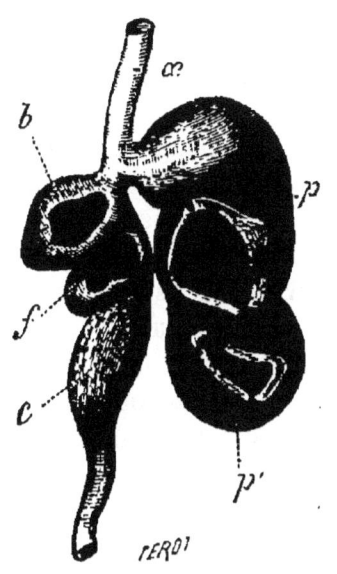

Fig. 56. Estomac de Ruminant. *p*, *p'*, panse ; *b*, bonnet ; *f*, feuillet ; *c*, caillette ; *œ*, œsophage.

finisse par diviser l'estomac en deux régions distinctes ; puis, que chacune de celles-ci se partage à son tour en deux cavités ; l'estomac unique de l'Homme sera dès lors remplacé par une série de quatre poches de grandeur et d'aspect divers ; c'est précisément ce qui arrive chez les Ruminants. Au cardia succède une première cavité, la plus vaste de toutes (*panse, p, p'*), dans laquelle viennent s'accumuler les bols alimentaires formés par l'animal après la mastication de l'herbe qu'il a broutée ; une seconde cavité rattachée à la première, mais plus petite, est le *bonnet* (*b*), où s'emmagasine l'eau introduite avec les aliments solides. La seconde partie de l'estomac est formée aussi de deux cavités : le *feuillet* (*f*) et la *caillette* (*c*), dont la première est, comme les deux précédentes, voisine du cardia, tandis que la dernière se termine au pylore : le feuillet est tapissé intérieurement de replis longitudinaux, juxtaposés comme les feuillets d'un livre[1] ; la caillette[2] est le véritable estomac, dont les parois sécrètent le suc gastrique. Lorsque l'animal a introduit, par déglutitions successives, la quantité d'aliments solides et liquides nécessaire à sa nutrition, il se couche sur le flanc ; les parois de la panse se contractent et chassent les aliments dans l'œsophage qui, à son tour, les fait remonter jusque dans la bouche, où ils subissent une seconde mastication ; on dit alors que l'animal *rumine*, et c'est cette propriété singulière qui a valu le nom de Ruminants aux paridigités pourvus d'un estomac composé. Au fur et à mesure que cette seconde mastication s'accomplit, les aliments ruminés redescendent le long de l'œsophage, passent dans le feuillet, puis dans la caillette, où ils subissent l'influence du suc gastrique, et continuent enfin leur trajet dans l'intestin grêle.

Un dernier caractère, commun à la plupart des Ruminants, est l'existence des cornes. La forme et la nature de ces appendices sont assez variables : ils peuvent, d'ailleurs, faire complètement défaut.

Le *Bœuf* peut être considéré comme le chef de file d'un groupe de Ruminants chez qui la corne, souvent très longue

---

1. C'est ce qui justifie son nom.
2. Ce nom vient de ce qu'on fait *cailler* le lait en y laissant macérer des morceaux de caillette de veau.

et contournée sur elle-même, est soutenue intérieurement par une sorte de tige osseuse, fixée aux os du crâne; ce sont les *Ruminants à cornes creuses*.

Un second type de Ruminants à cornes creuses est la *Chèvre*, reconnaissable à la double touffe de poils qui lui forment une sorte de barbe, et à ses cornes aplaties. On peut en rapprocher le *Mouton*, chez qui l'élevage a développé tour à tour les qualités les plus diverses : celles de la laine (moutons mérinos), ou de la viande (moutons South-Down), par exemple. Le Mouton domestique paraît descendre du *Mouflon*, à la queue courte, au poil raide, que l'on rencontre en Corse.

D'autres Ruminants, comme le *Cerf*, sont pourvus de cornes bien différentes de celles du Bœuf : ramifiées chez l'adulte et recouvertes, pendant leur développement, d'une membrane velue qui se continue avec la peau, elles sont dépourvues de cette cavité centrale où pénétrait un prolongement osseux, et tombent périodiquement pour se renouveler; on dit qu'elles sont *pleines* et *caduques*. Il est d'ailleurs à remarquer que la femelle en est généralement dépourvue.

Parmi les Ruminants à cornes pleines et caduques, citons : le *Cerf*; — le *Daim*, dont la robe, au lieu d'être uniforme, comme celle du Cerf, est semée de taches blanches; — le *Chevreuil*, petit de taille, dépourvu de queue et vivant en général sur la lisière des bois, au voisinage des terres cultivées.

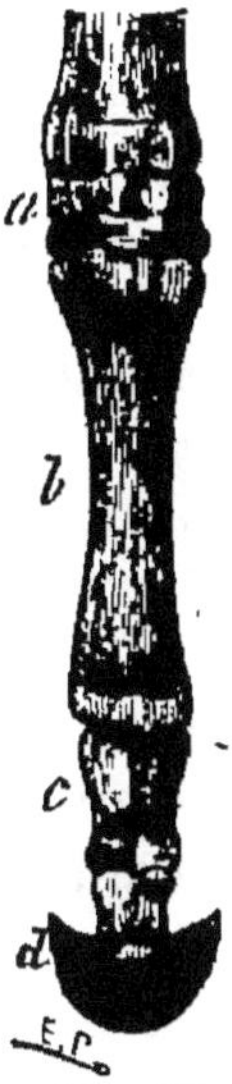

Les Jumentés. — La série des *imparidigités* n'est actuellement représentée que par l'ordre des *Jumentés*. Un seul doigt (*c, d*), recouvert par un sabot unique, termine la patte du Cheval (*fig.* 57); le canon (*b*) est formé d'une pièce volumineuse qui représente l'os du métatarse ou du métacarpe correspondant au doigt unique; de chaque côté de cette pièce médiane on remarque deux fines

Fig. 57. Patte de Cheval. *a*, carpe; *b*, métacarpe; *c*, phalange; *d*, phalangette.

aiguilles osseuses, soudées au canon : ce sont les vestiges des os qui correspondent aux deuxième et quatrième doigts, complètement disparus.

La dentition du Cheval (*fig.* 58) est complète; mais les canines sont peu développées, comme le veut le régime herbivore de l'animal, et ménagent au-devant des molaires un large intervalle ou *barre* qu'on utilise en y plaçant le mors; les molaires ont leurs faces supérieures aplaties et pourvues de collines, comme celles des Ruminants.

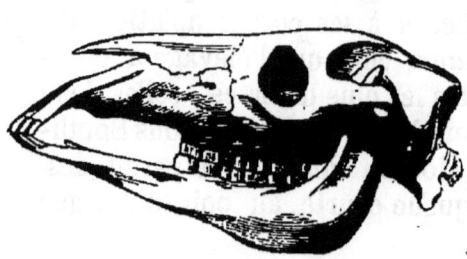

Fig. 58. — Tête de Cheval.

Le Cheval a depuis longtemps subi la domestication; elle a eu pour effet principal de décomposer l'espèce en un grand nombre de variétés, ayant chacune ses qualités particulières, développées en vue d'un usage spécial : le *cheval arabe* et le *cheval anglais*, propres à la course; — le *cheval limousin*, excellent pour la cavalerie légère, et le *cheval anglo-normand*, qui convient à la grosse cavalerie; — le *percheron*, cheval de trait qu'on attelle aux voitures et aux omnibus; — le *boulonais*, cheval de gros trait, etc.

Du Cheval il faut rapprocher l'*Ane*, qui s'en distingue par ses longues oreilles, et sa queue ne portant de crins qu'à l'extrémité; il paraît nous être venu d'Egypte, où il aurait été importé par les Hébreux et les Arabes.

Les Cétacés. — Les Mammifères que nous avons étudiés jusqu'ici, et qui composent les deux groupes des Onguiculés et des Ongulés, ont un caractère commun : leurs maxillaires, pourvus de dents, en possèdent toujours au moins de deux sortes différentes. Les *Cétacés* ont au contraire toutes leurs dents semblables entre elles, petites et coniques, comme le *Dauphin*; ou bien ils en sont entièrement dépourvus, comme la *Baleine*, chez laquelle les dents sont remplacées par des *fanons*[1], de nature cornée, serrés à la façon des dents d'un peigne.

Ce sont, de plus, des animaux aquatiques. Il suffit de

Fig. 59. — Baleine franche.

jeter les yeux sur une Baleine (*fig.* 59) ou un Dauphin (*fig.* 60) pour voir combien un pareil genre d'existence modifie l'organisation générale de ces animaux. Le corps prend la forme de fuseau qu'on observe dans celui des Poissons ; la tête énorme de la Baleine, celle du Dauphin, bien que plus petite, sont largement fixées à la partie antérieure du tronc sans que l'on puisse distinguer une région cervicale. Les membres antérieurs prennent l'aspect de nageoires : le

Fig. 60. — Dauphin.

1. Ce sont les fanons qu'on vend dans le commerce sous le nom de *baleines*.

bras et l'avant-bras, très courts, se terminent par une main aplatie en forme de palette, dans laquelle chaque doigt comprend un grand nombre de petites phalanges. Quant à la seconde paire de membres, on n'en trouve aucune trace extérieure; le corps se termine par une extrémité aplatie transversalement et bifurquée, une nageoire caudale. L'étude du squelette nous montrerait la disparition presque complète des membres postérieurs : réduit, chez les mieux partagés d'entre eux, à une ceinture osseuse qui représente le bassin, le squelette de ces membres n'est figuré, chez la plupart, que par deux stylets de très petite dimension, situés au voisinage de la colonne vertébrale. Simplification de l'appareil dentaire, réduction du nombre des membres, tels sont donc les deux caractères qui placent les Cétacés très bas dans la série des Mammifères.

Pouvant atteindre une longueur de trente-cinq mètres, pourvues d'yeux très petits placés dans les angles de la bouche, les *Baleines* possèdent sur le front deux orifices (*évents*), qui ne sont autre chose que les narines et par lesquels peut s'échapper, à la suite des mouvements d'inspiration, une double colonne d'air mélangé de vapeur d'eau. Le *Balénoptère* ou *Rorqual* se distingue de la *Baleine* proprement dite par une petite nageoire triangulaire dorsale. Traquées avec acharnement par les pêcheurs qu'attire l'appât de leurs fanons et de leur huile, dont le lard d'un individu peut fournir en moyenne 25 000 kilogrammes, les Baleines ont disparu complètement de nos mers et se sont réfugiées dans le voisinage des pôles.

Les Cétacés sont incontestablement des Mammifères. S'ils sont généralement dépourvus de poils, ils en possèdent cependant quelques-uns en certains points du corps, sur les lèvres par exemple ; leur cœur est creusé de quatre cavités ; ils respirent à l'aide de poumons, ce qui les oblige à se rapprocher fréquemment de la surface de l'eau ; ils sont enfin vivipares ; les femelles nourrissent de leur lait les petits qu'elles ont mis au monde tout formés.

RÉSUMÉ

Un second groupe de Mammifères est celui des *Ongulés*, dont les doigts se terminent par des sabots; il comprend les ordres suivants :

ONGULÉS
- pourvus de cinq doigts.................... *Proboscidiens*.. Eléphant.
- pourvus de moins de cinq doigts
  - Doigts en nombre pair (*paridigités*).
    - Estomac simple.. *Porcins*....... Sanglier.
    - Estomac composé. *Ruminants*.... Bœuf.
  - Doigts en nombre impair (*imparidigités*)................... *Jumentés*...... Cheval.

Les *Cétacés* sont des Mammifères aquatiques n'ayant que deux membres et une dentition simple.

ONZIÈME LEÇON

Organisation des Oiseaux.

Les Oiseaux. — La seconde classe d'animaux pourvus d'un squelette osseux interne ou Vertébrés est celle des *Oiseaux*. Le premier fait qui nous frappe lorsque nous étudions ces animaux, c'est qu'ils sont susceptibles de *voler*. Étudions l'organisation d'un Oiseau bien connu, du Coq par exemple, et nous constaterons facilement que la disposition de tous les appareils répond à ce mode particulier d'existence, ou que tous les organes ont subi, comme disent les naturalistes, une *adaptation* aux conditions dans lesquelles se passe la vie de l'animal. Chemin faisant, nous verrons apparaître les différences essentielles qui distinguent la classe des Oiseaux de celle des Mammifères.

Squelette. — Commençons par l'étude du squelette (*fig.* 64). Tandis que chez les Mammifères, comme chez l'Homme, le crâne reposait sur la colonne vertébrale par deux condyles occipitaux, ce qui en assurait la stabilité, nous ne trouvons plus ici qu'*un seul condyle*, ce qui permet à la tête (*a*) de pivoter beaucoup plus librement au sommet du cou (*d*). Les maxillaires, supérieur et inférieur, sont dépourvus de dents; celles-ci sont remplacées par deux étuis cornés qui recouvrent les maxillaires, et dont l'ensemble forme le *bec*; mais en revanche nous trouvons un organe nouveau entre le maxillaire inférieur (*b*) et la base du crâne : c'est une pièce osseuse, dite *os carré* (*c*), qui sert à l'articulation de la mâchoire et lui permet de s'ouvrir beaucoup plus largement que chez les Mammifères. La colonne vertébrale, dans son ensemble, est beaucoup moins mobile que celle de ces derniers. Il faut cependant faire exception pour la région du cou (*d*), qui, formée quelquefois de plus de vingt vertèbres, peut se replier et se dérouler au

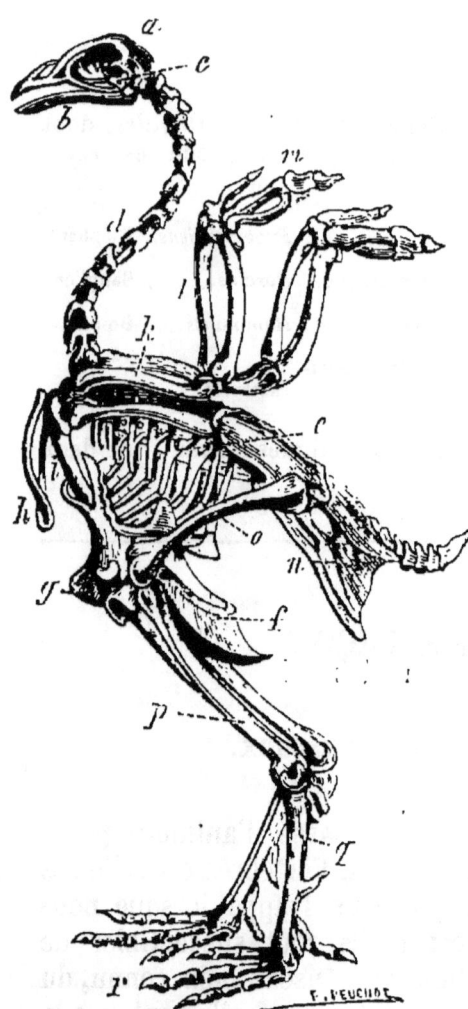

Fig. 61. — Squelette du Coq. *a*, crâne; *b*, maxillaire inférieur; *c*, os carré; *d*, vertèbres cervicales; *e*, côtes; *f*, sternum; *g*, bréchet; *h*, fourchette; *i*, os coracoïdien; *k*, humérus; *l*, avant-bras; *m*, doigt le plus développé de la main; *n*, bassin; *o*, fémur; *p*, tibia; *q*, métatarse; *r*, doigts du pied.

gré de l'animal, lui permettant de promener de tous côtés son bec en quête d'aliments. Les régions dorsale, lombaire et sacrée ont, au contraire, leurs vertèbres généralement soudées de manière à former un solide point d'appui pour les muscles qui servent aux mouvements des ailes. La région caudale (ou de la queue) est réduite à quelques vertèbres soudées les unes aux autres et formant ce qu'on appelle communément le *croupion*.

Le sternum (*f*), qui s'unit aux côtes (*e*) par des pièces réellement osseuses et non plus des cartilages, est bombé sur sa face antérieure et présente une crête saillante (*brechet, g*), semblable à la quille d'un navire, sur laquelle s'attachent de part et d'autre les muscles de la poitrine; ceux-ci, très développés, jouent un rôle considérable dans le mouvement des ailes.

Mais c'est surtout l'étude des membres qui va nous permettre de bien caractériser le squelette des Oiseaux. Tandis que chez les Mammifères les quatre membres, sauf de très rares exceptions, reposent sur le sol et servent à la locomotion, les membres postérieurs seuls de l'Oiseau sont consacrés à cet usage : les membres antérieurs sont transformés en une paire d'*ailes*, qui sont les organes du vol. A cette transformation fondamentale correspond une série de modifications dans la structure du squelette de ces membres.

Les deux clavicules, au lieu de s'attacher séparément au sternum, se réunissent à la partie supérieure de la poitrine en une pièce de la forme d'un V (*fourchette, h*), qui s'unit au brechet (*g*) par l'intermédiaire d'un ligament (non représenté sur la figure). De chaque épaule part un second os (*os coracoïdien, i*), qui s'articule directement avec le sternum. Le bras renferme un humérus (*k*); l'avant-bras (*l*) est soutenu par un radius et un cubitus; mais au carpe très réduit succède un métacarpe, formé généralement de deux os soudés par leurs extrémités, et sur lequel s'attachent trois doigts rudimentaires. Le premier, celui qui correspond au pouce, est formé d'une phalange unique partant de la base du métacarpe; le doigt moyen, le plus volumineux (*m*), comprend deux phalanges; le dernier est très réduit. Lorsque l'animal est au repos, les trois parties principales de l'aile (bras, avant-bras, main) sont repliées sur toutes les parties du corps : le bras et la main sont alors dirigés d'avant en arrière, l'avant-bras en sens inverse. En comparant cette structure de l'aile de l'Oiseau à celle du bras de l'Homme, on comprend combien la réduction ou la transformation de certaines parties peuvent modifier un organe : le membre supérieur de l'Homme, organe de préhension, est devenu l'aile de l'Oiseau, organe de la locomotion aérienne.

Les membres postérieurs sont beaucoup moins modifiés. A la région du bassin (*n*) qui, au lieu de former une ceinture osseuse complète, est ouvert à sa partie antérieure, succède de chaque côté un fémur court (*o*), auquel s'attache le tibia (*p*); le péroné, très réduit, forme une sorte de stylet soudé au tibia dans presque toute son étendue. Le tarse, peu volumineux, semble s'être divisé en deux parties : l'une s'est soudée et confondue avec le tibia, dont elle paraît former l'extrémité inférieure; l'autre s'est, au contraire, soudée au métatarse, qui forme lui-même un os unique, long et cylindrique, appelé le *canon* ou improprement le *tarse* (*q*).

La disposition des doigts (*r*) chez les Oiseaux est importante à étudier : elle varie, en effet, beaucoup avec le mode d'existence de l'animal. Chez les oiseaux qui, comme la Bécasse, la Cigogne, le Héron, sont portés sur de très longs tarses, et, lorsqu'ils ne volent pas, marchent à grandes enjambées, on trouve un doigt dirigé en arrière (il correspond au pouce), et trois doigts dirigés en avant, dont la longueur augmente du plus interne au plus externe; ajoutons que le nombre des phalanges y croît dans le même ordre : le doigt postérieur en a deux, le suivant trois, le troisième quatre et le dernier cinq. Chez le Canard, l'Oie, le Cygne, qui vivent le plus souvent dans l'eau, le doigt postérieur est très réduit, et on voit apparaître entre les doigts antérieurs des membranes qui transforment la patte en une véritable rame; on dit alors que la *patte* est *palmée*. Aux pattes du Coq, de la Perdrix, du Paon, on remarque trois doigts antérieurs assez longs, réunis vers leur base, et un doigt postérieur beaucoup plus court, se détachant du canon un peu plus haut que les premiers, et touchant à peine le sol. Chez l'Aigle, le Vautour, la Chouette, les doigts gardent leur disposition régulière ; mais ils sont fortement courbés, et se terminent par des griffes rétractiles (voy. p. 70) que l'animal enfonce dans la proie qu'il veut enlever (*serres*).

Plumes. — La présence des *plumes* à la surface du corps des Oiseaux est un caractère frappant et très constant. La plume de l'Oiseau (*fig.* 62) est, en général, d'une structure beaucoup plus compliquée que le poil du Mammifère : elle s'enfonce dans la peau par une sorte de racine (*a*) à laquelle succède la *hampe* (*b*) ; celle-ci se continue elle-même par un axe appelé *rachis* (*c*), qui porte de chaque côté des prolongements fins et flexibles (*d*) nommés *barbes* de la plume ; si on cherche à séparer les barbes, on voit qu'elles adhèrent entre elles assez fortement, et on reconnaît, en les examinant de plus près, que chacune d'elles porte à son tour une double rangée de petits appendices, plus fins encore, appelés *barbules*, qui se terminent en forme

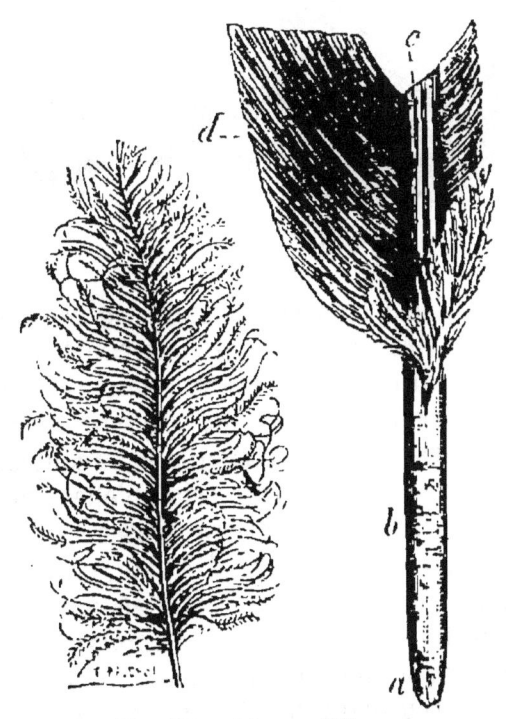

Fig. 62. — Plumes d'Oiseau.
a, racine ; *b*, hampe ; *c*, rachis ; *d*, barbes
(à gauche une plume du duvet).

de crochets et s'enchevêtrent par leurs extrémités, d'une barbe à la suivante.

Les plumes sont de deux sortes : il y a d'abord, sur toute la surface du corps, sauf quelques places qui, chez certains Oiseaux, restent nues, une couche de plumes courtes et fines, qui forment ce qu'on appelle le *duvet*. Il y a, en outre, sur des points particuliers, comme la queue et les ailes, des plumes de dimensions plus grandes, fortes et rigides, qu'on nomme les *pennes* : celles de la queue sont les *rectrices*, et par leurs mouvements jouent, pendant le vol de l'Oiseau, le rôle de gouvernail qu'indique leur nom. Celles de l'aile sont les *rémiges*. Elles sont très développées et l'aile tout entière se termine en pointe chez les oiseaux au vol puissant ou *bons voiliers* (*fig.* 63); au contraire, les rémiges sont courtes et l'aile a un contour arrondi chez les oiseaux *mauvais voiliers*.

Fig. 63. — Aile d'Aigle.

Chez les oiseaux qui passent leur vie dans l'eau, les plumes doivent protéger la peau contre le contact du liquide; il est nécessaire pour cela qu'elles soient constamment imprégnées d'une matière grasse qui les empêche de s'humecter elles-mêmes. Il existe, en effet, au-dessus du croupion, une glande spéciale sécrétant continuellement une substance huileuse que l'animal sait y trouver : tout le monde a vu les Canards, les Cygnes, etc., extraire avec leur bec le produit de cette glande et s'en servir ensuite pour lisser leurs plumes, qui deviennent ainsi, pour quelque temps, imperméables à l'eau.

Bec. — L'appareil digestif des Oiseaux diffère sensiblement de celui des Mammifères. La première différence qui doive nous arrêter est l'absence de dents; elles sont remplacées, nous le savons déjà, par deux étuis cornés recouvrant les maxillaires (*mandibules*) et dont la réunion forme le *bec*.

La forme du bec est très variable ; elle se modifie, comme celle des pattes, avec le genre d'existence que mène l'animal, et l'étude de ces modifications nous sera d'un grand secours quand nous voudrons établir des groupes parmi les Oiseaux, c'est-à-dire les classer. Chez les oiseaux de proie, par exemple, qui se nourrissent de chair, la mandibule supérieure, plus longue que l'inférieure, est recourbée vers elle en forme de crochet ; chez ceux qui se nourrissent d'insectes qu'ils vont chercher jusque dans leurs retraites, le bec est long et mince, à mandibules à peu près égales ; les *Moineaux*, les *Bouvreuils*, les *Pinsons*, et en général les oiseaux qui se nourrissent de graines, ont un bec court et conique ; enfin, lorsque l'animal porté sur de longs tarses (*Cigogne*, *Héron*, etc.) doit aller chercher sa proie jusque sur le sol, le bec est très long.

Tube digestif. — La langue, généralement sèche et dure, est plutôt un organe de préhension que de gustation ; souvent des muscles spéciaux permettent à l'Oiseau de la projeter très vivement en avant, à la poursuite des insectes : c'est ce qui arrive par exemple chez le *Pic*.

Les glandes salivaires sont peu développées ; il résulte de ce fait et de l'absence des dents, que les aliments arrivent à peine modifiés dans l'estomac où la digestion tout entière est encore à faire ; il ne faut donc pas s'étonner que cette cavité ne garde pas la simplicité qu'elle avait chez l'Homme et chez la plupart des Mammifères ; elle se subdivise (*fig.* 64) au contraire en trois poches successives :

1° le *jabot* (*j*), sorte de réservoir occupant la région du cou et s'ouvrant en avant de l'œsophage ;

2° le *ventricule succenturié*, simple renflement de la partie inférieure de l'œsophage, dont les parois sécrètent un suc gastrique ; on doit, par conséquent, le considérer comme l'estomac proprement dit ;

3° le *gésier* (g), poche volumineuse, dont les parois épaisses et musculaires peuvent se contracter de manière à broyer les matières alimentaires trop dures qu'elle renferme.

A l'intestin grêle (i), qui forme quelques circonvolutions et reçoit les produits de sécrétion du foie (f) et du pancréas (p), succède un gros intestin assez court, terminé lui-même par un rectum; au point où l'intestin grêle fait place au gros intestin, on y voit déboucher de chaque côté un cœcum volumineux (c, c'). Enfin, à la partie inférieure, le rectum, au lieu de s'ouvrir directement à l'extérieur, communique avec une sorte de vestibule commun appelé *cloaque*, où s'ouvrent également les deux uretères (u), portant l'urine au dehors, et le canal par lequel s'échappent les œufs ou *oviducte* (o).

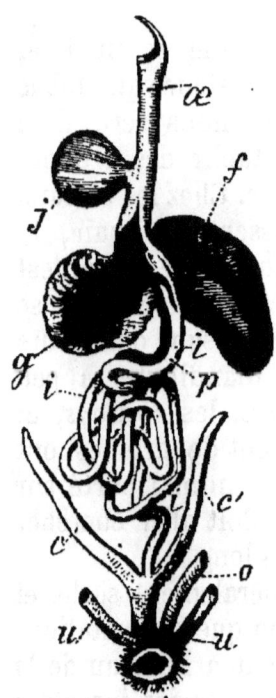

Fig. 61.
Tube digestif d'un Oiseau. œ, œsophage; j, jabot; g, gésier; f, foie; i, intestin grêle; p, pancréas; c, c', cœcums; u, uretères; o, oviducte.

Appareil respiratoire. — Les Oiseaux respirent, comme les Mammifères, à l'aide de deux poumons; mais cet appareil présente une modification remarquable. On se souvient que, chez les Mammifères, les dernières ramifications des bronches se terminent, sans exception, par de petits réservoirs clos de toutes parts; chez les Oiseaux, au contraire, un certain nombre de ramifications, au lieu de finir de la sorte, traversent l'épaisseur du poumon et viennent s'ouvrir à la surface de cet organe dans des sacs à parois très fines et transparentes (*sacs aériens*) qui s'étendent entre les différents viscères de la poitrine et de l'abdomen, et, sur certains points, parviennent jusque sous la peau (*fig.* 65). Lorsque l'oiseau respire, qu'arrive-t-il? L'air introduit dans le poumon se sépare en deux parties : l'une reste dans cet organe, entre en contact avec le sang noir auquel elle rend ses propriétés nutritives, et est ensuite rejetée au dehors ; l'autre ne fait que traverser le poumon et s'accumule dans les sacs aériens, où elle forme une sorte de réserve respiratoire ; la présence de cet air a encore pour effet d'alléger le corps de l'oiseau et de favoriser ainsi son vol. Mais il y a plus : si, prenant un oiseau vivant, un Coq par exemple, on lui coupe l'aile au niveau de l'humérus et qu'on plonge le membre blessé dans l'eau, on sera sans doute surpris de voir des bulles d'air se dégager de l'extrémité coupée, à chaque mouvement d'inspiration que fera l'animal ; c'est qu'en effet les sacs aériens eux-mêmes ne sont pas parfaitement clos, et que par toute

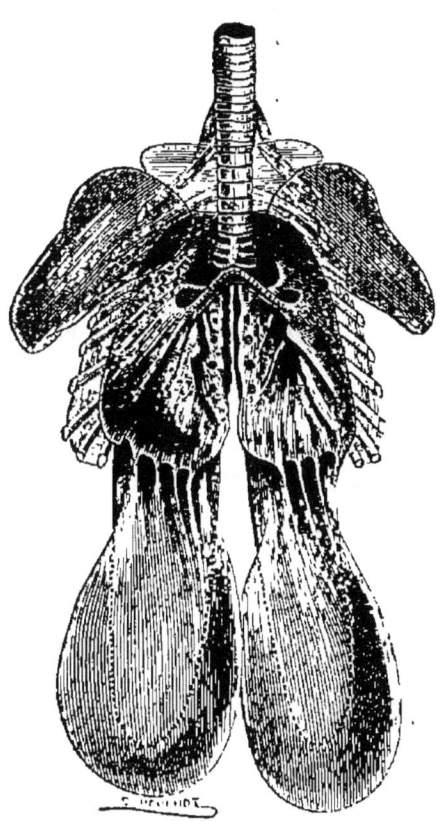

Fig. 65. — Sacs aériens d'un Oiseau.

leur surface ils communiquent avec des cavités qui pénètrent dans le corps entier de l'animal et jusque dans l'intérieur des os. Cette *pneumaticité* des organes de l'Oiseau est bien en rapport avec son existence essentiellement aérienne : on la caractérise souvent en disant que l'Oiseau a une *respiration double* ; elle est simple au contraire chez les Mammifères.

Appareil circulatoire. — L'appareil circulatoire des Oiseaux est à peu près semblable à celui des Mammifères ;

cependant la crosse de l'aorte, au lieu de se recourber à gauche à sa sortie du cœur, se recourbe à droite.

L'Oiseau, avec son existence active et remuante, produit une quantité de chaleur plus considérable que le Mammifère; la température moyenne de son corps atteint 41° et même 42°.

Œufs. — Enfin une différence essentielle entre les Mammifères et les Oiseaux consiste dans leur mode de reproduction. Le jeune mammifère naît tout formé, semblable dès sa naissance à ce qu'il sera toute sa vie, et n'ayant plus qu'à se nourrir, s'accroître et se fortifier; le jeune oiseau, au contraire, est d'abord enfermé dans un *œuf*, à l'intérieur duquel il se forme et se développe jusqu'au moment où il en sort, pourvu de pattes, d'ailes naissantes, d'un bec, et couvert de plumes (*éclosion*). On dit que les Mammifères sont *vivipares*; les Oiseaux, au contraire, sont *ovipares*.

L'œuf, au moment où il est pondu, se compose (*fig.* 66)

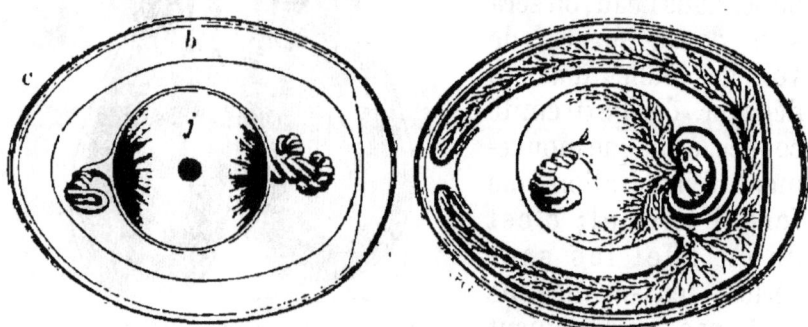

Fig. 66. — Œuf d'Oiseau, d'abord frais, ensuite couvé.
c, coque; *b*, albumen; *j*, vitellus.

d'une masse centrale, sphérique, le *jaune* ou *vitellus*, plongé au milieu d'un liquide transparent, visqueux, qui devient opaque et solide par l'action de la chaleur, le *blanc* ou *albumen*; ce dernier est lui-même enveloppé dans une double membrane, très fine, la *membrane coquillière*, qui tapisse intérieurement la *coque* de l'œuf; lorsque l'œuf a été pondu depuis quelque temps, les deux feuillets de la membrane coquillière se séparent vers le gros bout de l'œuf, en ménageant un espace rempli de gaz, dit *chambre à air*; des deux points de la surface du jaune les plus voisins des extrémités de l'œuf partent deux tortillons, appelés *chalazes*, qui semblent fixer le jaune vers le centre de l'albumen. Si l'on brise avec précautions une faible étendue de la coque, on aperçoit à la surface du vitellus une petite tache blanchâtre qui, grâce à la mobilité du jaune, se trouve toujours en haut lorsque l'œuf est couché sur le flanc ; c'est le *cicatricule*.

Abandonné à lui-même, l'œuf pourrit rapidement; si, au contraire, on le laisse *couver* par la femelle qui l'a pondu, ou, ce qui revient au même, si on le soumet à une température voisine de 35° ou 40°, on voit bientôt la cicatricule s'étendre à la surface du jaune, puis se développer en absorbant successivement le jaune et le blanc, et se transformer insensiblement en un jeune oiseau ; c'est donc la cicatricule qui est la partie fondamentale de l'œuf. Lorsque enfin le jeune oiseau est arrivé au terme de son développement, il commence à s'agiter à l'intérieur de la coque, et, à l'aide d'une sorte de dent que porte à ce moment sa mandibule supérieure, il brise les murs de sa prison.

Nous connaissons maintenant, au moins sommairement, les caractères principaux de l'Oiseau, et nous pouvons facilement le distinguer du Mammifère en disant que c'est *un Vertébré à sang chaud, ovipare, couvert de plumes, pourvu d'un cœur à quatre cavités et de poumons, et dont les membres antérieurs ont été transformés en ailes.*

RÉSUMÉ

Les *Oiseaux* forment la seconde classe de l'embranchement des Vertébrés.

Ils possèdent la propriété de *voler* : leur organisation est en rapport avec ce mode de locomotion.

Le sternum porte en avant une crête osseuse (*bréchet*) sur laquelle s'insèrent les muscles moteurs de l'aile.

Les membres antérieurs sont transformés en *ailes* : les deux clavicules sont réunies en une *fourchette*; il y a un *os coracoïdien* distinct; la main ne renferme que trois doigts dont un seul bien développé.

Aux membres postérieurs, une partie du tarse se soude avec le métatarse en un *canon* ou *tarse* plus ou moins long, qui se termine généralement par quatre doigts, dont un se tourne en arrière.

La peau est recouverte de *plumes*; il y en a de deux sortes : le *duvet* et les *pennes*; parmi celles-ci on distingue les *rectrices* ou plumes de la queue, et les *rémiges* ou plumes de l'aile.

Les mâchoires de l'Oiseau ne portent pas de dents; celles-ci sont remplacées par le *bec*, dont la forme varie avec le régime alimentaire.

L'estomac se divise en trois poches successives : le *jabot*, le *ventricule succenturié* et le *gésier*. L'intestin est pourvu de deux cœcums et s'ouvre dans un *cloaque*.

Certaines bronches, au lieu de se terminer dans les poumons, les traversent et s'ouvrent dans des *sacs aériens* qui se continuent jusque dans l'intérieur des os.

Le jeune, au lieu de naître tout formé, se développe à l'intérieur d'un *œuf*.

DOUZIÈME LEÇON

Principaux ordres d'Oiseaux.

Division de la classe des Oiseaux en ordres. — Parmi les Oiseaux, les différences d'organisation sont beaucoup moins sensibles que chez les Mammifères. Il est donc assez difficile de diviser la classe des Oiseaux en ordres naturels. Nous allons, toutefois, passer en revue les principaux ordres qu'on est convenu de distinguer.

Palmipèdes. — L'ordre des *Palmipèdes* renferme des oiseaux d'aspect très varié; le caractère qui permet de les réunir est la palmure des pattes (voy. p. 90).

Un premier type de Palmipèdes est le *Canard* : son bec, large et recouvert d'une peau molle, est garni sur ses bords de lamelles transversales qui lui permettent de laisser couler l'eau qu'il peut renfermer, en gardant les particules solides, produit de sa pêche. C'est un bon voilier. Originaire de la Laponie, de la Sibérie et du Groënland, le Canard sauvage a été fixé par la domestication et a fourni un grand nombre de variétés. Actuellement encore, les variétés sauvages sont sujettes

Fig. 67. — Cygne à collier.

à des *migrations* périodiques : on les voit au commencement de l'hiver traverser nos pays par longues bandes qui se disposent en forme de V, conduites par un chef de file qui en occupe le sommet.

Le Canard est le type de la famille des *Lamellirostres*[1], qui comprend aussi la *Sarcelle*, l'*Oie*, le *Cygne* (*fig.* 67), etc.

Fig. 68. — Mouette.

---

1. Ainsi nommés à cause de la disposition *lamelleuse* de leur bec ou *rostre*.

Les *Longipennes*[1] sont encore de bons voiliers, aux ailes très longues, mais chez qui les trois doigts antérieurs sont seuls palmés, le pouce pouvant faire complètement défaut. Les *Goélands*, les *Mouettes* (*fig.* 68), les *Hirondelles de mer* appartiennent à ce groupe.

Echassiers. — L'ordre des *Echassiers* comprend des Oiseaux aux canons ou *tarses* très longs. Nous ne trouverons pas moins de variété dans cet ordre que dans celui des Palmipèdes, et c'est la forme du bec qui nous permettra d'y établir quelques groupes secondaires.

Voici la *Cigogne*, au corps lourd, au bec long et épais ; la *Grue* (*fig.* 69), au bec plus court, au vol puissant, qui, par troupes de trois cents individus quelquefois, émigre en Asie et en Afrique pendant la saison des froids ; le *Héron* « au long bec emmanché d'un long cou ». Tous ont un bec fort et tranchant ; nous les réunirons dans la famille des *Cultrirostres*[2].

Fig. 69. — Grue de Mandchourie.

Voici au contraire des animaux dont le bec long et faible est généralement arqué et recouvert d'une peau molle : par exemple la *Bécasse*, la *Bécassine*, gibiers délicats. Ils formeront une autre famille, celle des *Longirostres*[3].

---

1. C'est-à-dire : aux longues plumes (ou *pennes*).
2. C'est-à-dire : au bec (ou *rostre*) en forme de couteau.
3. C'est-à-dire : au long bec.

Nous rangerons dans la famille des *Pressirostres*[1] les *Vanneaux*, les *Pluviers*, qui font entendre, à l'approche de l'orage, un sifflement caractéristique ; chez eux le bec est aplati. Enfin la famille des *Macrodactyles*[2] réunira ceux qui, avec le *Râle*, la *Poule d'eau*, le *Foulque*, ont des doigts très allongés, quelquefois ornés d'une membrane élégamment découpée, première ébauche d'une palmure, et dont le bec fort et court est généralement comprimé sur les côtés ; habitants des marais, où ils chassent la nuit, ils ont plus d'un trait de ressemblance avec les oiseaux de l'ordre des Palmipèdes.

Gallinacés. — Le type de l'ordre des *Gallinacés* est le *Coq*. Ses ailes courtes et arrondies ne lui permettent pas un vol bien puissant ; son bec, court et légèrement bombé, est mou et membraneux à sa base. Ses pattes, courtes et fortes, se terminent par quatre doigts, dont le postérieur s'attache un peu plus haut que les autres et touche à peine la terre ; les ongles qui les terminent sont aplatis et faits pour gratter le sol ; enfin le tarse porte, chez le mâle, une saillie très dure (*ergot*) qui lui constitue une arme redoutable.

Dans cet ordre viennent se ranger la plupart de nos oiseaux de basse-cour : le *Dindon* (*fig.* 70), la *Pintade*, etc. Chacun sait l'importance qu'ont prise les oiseaux de basse-cour dans l'alimentation de l'homme, autant par les

Fig. 70. — Dindons mâle et femelle.

qualités de leur chair que par celles de leurs œufs, très

---

1. C'est-à-dire : au bec comprimé (en latin : *pressum*, pressé).
2. C'est-à-dire : aux grands doigts (du grec : *makros*, grand ; — *daktulos*, doigt).

abondants pendant la période de la ponte ; une bonne poule pondeuse peut fournir un œuf par jour depuis le mois de février jusqu'au début de l'automne.

Le gibier à plumes est aussi bien représenté chez les Gallinacés : les *Faisans*, les *Coqs de bruyère*, les *Perdrix*, les *Cailles* appartiennent à cet ordre.

Colombins. — On a longtemps réuni les *Pigeons* aux Gallinacés. Ils en diffèrent cependant : leur bec est plus long et plus faible, ainsi que leurs pattes ; leurs ailes, au contraire, plus développées et moins arrondies du bout, sont mieux disposées pour le vol ; enfin, le pouce s'attache au même niveau que les autres doigts. Tandis que le jeune poulet, aussitôt sorti de l'œuf, est capable de marcher, le jeune pigeon en est totalement incapable, et reçoit de ses parents une sorte d'éducation : la mère lui fournit en même temps sa nourriture sous forme d'un liquide d'aspect laiteux que sécrète son jabot.

Pour ces diverses raisons, on a séparé les Pigeons des Gallinacés, et on en a fait un ordre spécial, celui des *Colombins*.

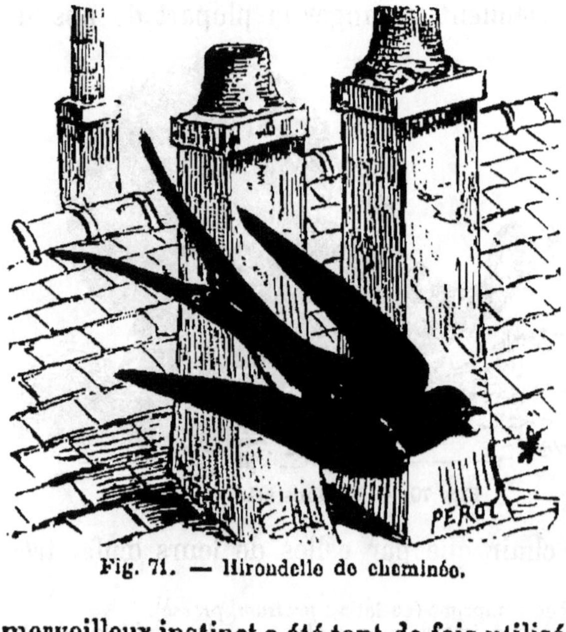

Les principales espèces de Pigeons sont : le *Biset*, ou Pigeon de roche, duquel descendent toutes les variétés domestiques ; le *Pigeon ramier* ; le *Pigeon voyageur*, dont le merveilleux instinct a été tant de fois utilisé ; la *Tourterelle*.

Fig. 71. — Hirondelle de cheminée.

Passereaux. — Voici un groupe exceptionnellement nombreux et varié, difficile à définir : l'ordre des *Passereaux* ; c'est, en quelque sorte, le rendez-vous des genres qui n'ont pu trouver place dans les ordres mieux caractérisés. La forme du bec nous permettra encore de les classer.

Les *Martinets*, dont les ailes sont si longues et les pattes si faibles que l'oiseau, posé à terre, éprouve des difficultés incroyables à prendre son essor, les *Hirondelles* (*fig.* 71) au vol rapide, etc., ont un bec aplati et très largement fendu ; ils le tiennent ouvert en sillonnant l'air et s'emparent ainsi des insectes dont ils font leur nourriture. On les réunit sous le nom de *Fissirostres*[1].

Fig. 72. — Pie.

Chez la *Pie-grièche*, la *Bergeronnette*, la *Grive*, le *Merle*, chaque bord de la mandibule supérieure présente à son extrémité antérieure une sorte de dent suivie d'une échancrure ; ce sont les *Dentirostres*[2].

Le *Corbeau* est le type de la famille des *Coracirostres*[3], dont le bec, de forme conique, se courbe un peu vers sa pointe sans être cependant crochu ; la *Corneille*, le *Choucas*, la *Pie* (*fig.* 72), le *Geai*, l'*Etourneau*, le *Pique-bœuf*, qui va sur le dos des Mammifères se repaître des larves de mouches que renferment leurs téguments, sont des oiseaux de ce groupe ; ils sont généralement insectivores ou carnassiers ; certains d'entre eux se complaisent dans la charogne en putréfaction.

1. C'est-à-dire : au bec fendu (en latin *fissum*).
2. C'est-à-dire : au bec denté.
3. C'est-à-dire : au bec semblable à celui des Corbeaux (en latin : *corax, coracis*).

Chez les *Conirostres*[1], comme la *Mésange*, l'*Alouette*, le *Pinson*, le *Moineau*, le *Bouvreuil*, le bec a une forme courte et conique.

Enfin les *Ténuirostres*[2] et les *Lévirostres*[3] ont un bec long et grêle ; ce sont les *Grimpereaux*, les *Martins-pêcheurs*, etc.

Cet ordre si nombreux des Passereaux ne mérite guère la haine acharnée que semblent lui avoir vouée les habitants de nos campagnes. Ils leur reprochent de ravager et de détruire les récoltes ; mais si quelquefois, en effet, les Passereaux sont granivores, combien de fois, au contraire, ne s'attaquent-ils pas aux insectes, à leurs larves et aux vers, qui causeraient à l'agriculture des dommages bien plus sensibles? Les services qu'ils rendent sous cette forme sont inappréciables et leur méritent en général une protection intelligente.

Rapaces. — Avec les *Rapaces*, nous arrivons aux véritables carnassiers : leur bec fort et crochu, leurs serres puissantes, leur vol rapide et soutenu, leurs yeux perçants, leur assurent la domination sur les autres ordres, faibles et généralement incapables de défense.

Il est facile de reconnaître parmi les Rapaces deux types principaux. Les uns pourvus d'une tête ronde portée par un cou très court, ont les yeux dirigés en avant et entourés d'un cercle de plumes soyeuses ; recouverts d'un plumage souple qui rend leur vol silencieux, ils craignent la lumière du jour et ne sortent de leurs gîtes que pendant la nuit ; ce sont les *Rapaces nocturnes*. Les autres, au contraire, ont une tête allongée, un cou plus élancé, des yeux latéraux, et se livrent pendant le jour à la chasse et à la pêche ; ce sont les *Rapaces diurnes*.

Les Rapaces nocturnes les plus connus sont l'*Effraie*, le *Chat-huant* (fig. 73), le *Hibou*, le *Grand-duc* ; redoutables pendant la nuit aux animaux de faible taille, comme les souris, les mulots, les petits passereaux, ils sont impuissants

---

1. C'est-à-dire : au bec conique.
2. C'est-à-dire : au bec grêle (en latin : *tenuis*).
3. C'est-à-dire : au bec lisse (en latin : *lævis*).

pendant le jour. Leur utilité est incontestable : l'Effraie, par exemple, que beaucoup de paysans chassent impitoyablement, l'accusant de tous les méfaits ou le considérant comme un message de mauvais augure, détruit un nombre véritablement prodigieux de Rongeurs nuisibles aux récoltes ; on devrait au contraire le protéger soigneusement, et même chercher à en multiplier l'espèce.

Les *Vautours*, qui forment un premier groupe parmi les Rapaces diurnes, ne sont pas encore, si l'on peut ainsi parler, des Rapaces parfaits; leurs doigts sont forts, mais les ongles qui les terminent sont arrondis ; ce ne sont pas encore de véritables chasseurs, et, se nourrissant géné-

Fig. 73. — Chat-huant.

Fig. 74. — Aigle royal.

ralement de charogne, ils n'osent pas s'attaquer aux animaux vivants. Le *Vautour ordinaire*, le *Condor*, le *Gypaète* appartiennent à ce groupe. Ils se distinguent généralement par leur tête et leur cou dépourvus de plumes.

Les *Aigles* (*fig.* 74) sont déjà de meilleurs chasseurs ; leur tête et leur cou sont emplumés, et leurs doigts se terminent par de véritables serres : il ne faudrait pas cependant s'exagérer leurs qualités, et, quoi qu'on ait pu raconter sur leur compte, les Aigles joignent la voracité à la lâcheté : ils ne dédaignent pas les charognes et n'attaquent généralement que des êtres plus faibles qu'eux.

C'est parmi les *Faucons*, tels que l'*Epervier*, le *Faucon commun*, la *Crécerelle*, l'*Emerillon*, qu'il faut chercher le modèle de la rapacité : vivant par couples dans des *aires* qu'ils construisent sur les rochers, ils ne s'attaquent jamais qu'à des proies vivantes. On sait quel parti la chasse a tiré de ces animaux au Moyen âge : la *fauconnerie* était encore la distraction favorite de Louis XIII.

Grimpeurs. — Si les Rapaces sont les plus redoutables des Oiseaux, les *Grimpeurs* en sont certainement les plus intelligents. Mauvais voiliers, et se nourrissant soit de graines, soit d'insectes, ils sont caractérisés par la disposition de leurs doigts qui leur permet de grimper aux arbres pour rechercher leur proie : le doigt antérieur le plus externe est rejeté en arrière comme le pouce et s'oppose avec lui aux deux autres doigts, de manière à saisir plus fortement les objets.

Fig. 75. — Pic épeiche.

La forme de leur bec sert à établir parmi eux une division

importante : chez les Grimpeurs proprement dits le bec est droit ou faiblement courbé ; chez les *Perroquets*, il est épais et recourbé en crochet ; ces derniers se distinguent, en outre, par la forme de leur langue, épaisse et charnue, et par l'usage qu'ils font de leurs pattes, véritables instruments de préhension.

Dans le premier groupe, on range le *Coucou*, qui dépose ses œufs dans les nids des autres oiseaux pour s'éviter la peine de les couver, et les *Pics* (*fig.* 75), dont la langue mince et dure va chercher les insectes jusque dans les cavités des troncs d'arbres.

Parmi les Perroquets on remarque les *Perruches*, à la queue longue, les *Cacatoès*, au plumage blanc et à l'aigrette jaune, enfin les véritables *Perroquets*, reconnaissables à leur queue courte et carrée : leur intelligence et leur instinct d'imitation sont réellement étonnants et ont fait dire que ce sont des « *singes ailés* » ; ils tiennent bien, parmi les Oiseaux, la place des Primates parmi les Mammifères.

RÉSUMÉ

Parmi les Oiseaux de nos pays on peut distinguer sept ordres, indiqués par le tableau suivant :

Doigts palmés..				*Palmipèdes*.	Canard.
Doigts non palmés	Tarses très longs..........................			*Echassiers*..	Grue.
	Tarses courts.	Un doigt en arrière	ongles...........................	*Gallinacés*.. *Colombins*... *Passereaux*.	Coq. Pigeon. Moineau.
			serres	*Rapaces*.....	Chouette.
		Deux doigts en arrière................		*Grimpeurs*..	Pic.

TREIZIÈME LEÇON

Les Reptiles.

Les Reptiles. — A la classe des *Reptiles*, qui suit celle des Oiseaux, se rattachent des animaux de formes assez variées, comme la *Tortue*, le *Lézard*, la *Vipère*, mais qui présentent cependant bien des caractères communs.

Caractères généraux des Reptiles. — Les Reptiles ont un squelette osseux interne. Comme les Oiseaux, ils pondent des œufs, dont l'enveloppe, il est vrai, est souvent molle et flexible. Comme eux aussi, ils respirent l'air atmosphérique à l'aide de poumons; mais, au lieu d'être creusés de canaux nombreux, ramifiés et enchevêtrés, qui leur donnent une structure spongieuse, ces poumons sont souvent de simples sacs dans lesquels débouchent les bronches primaires (*fig.* 76); leur surface interne présente seulement des cloisons plus ou moins rapprochées, ayant pour effet de multiplier les points de contact entre le sang et l'atmosphère : plus ces cloisons se compliquent, plus la structure du poumon le rapproche de celui des Oiseaux.

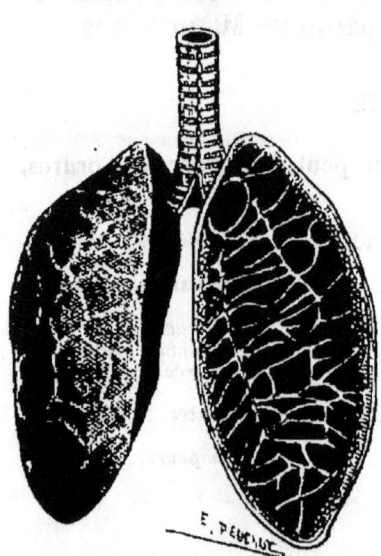

Fig. 76. — Poumons d'un Lézard.

La conformation du cœur (*fig.* 77) nous montre une différence beaucoup plus importante. Le cœur des Oiseaux et des Mammifères possède quatre cavités internes communiquant entre elles deux à deux. Celui de presque tous les Reptiles n'en présente plus que trois : les deux ventricules se sont réunis en un seul (c), qui reçoit par conséquent à la fois le sang artériel de l'oreillette gauche (b) et le sang veineux de l'oreillette droite (a). Il résulte de cette disposition que l'aorte (n), pourvue d'ailleurs d'une crosse droite (d) et d'une crosse gauche (e), et l'artère pulmonaire (f, g), qui partent du ventricule commun, renferment un mélange de sang rouge et de sang noir, de sorte qu'aucun organe ne reçoit de sang complètement oxygéné.

A cette disposition du cœur correspond un bon caractère de la classe des Reptiles ; la circulation étant en quelque sorte moins active, la température du corps, au lieu de demeurer constante, suit les variations de la température extérieure : elle s'abaisse en hiver, s'élève en été, et, pour cette raison, les Reptiles sont dits *animaux à température variable* ou *à sang froid*.

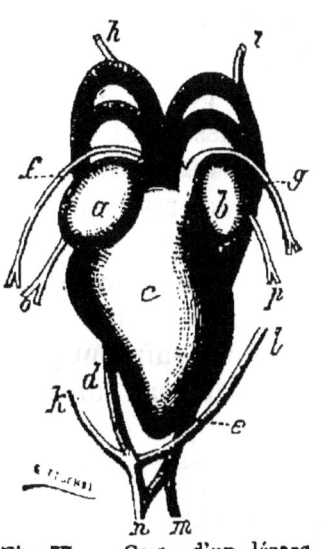

Fig. 77. — Cœur d'un lézard. *a*, oreillette droite; *b*, oreillette gauche; *c*, ventricule; *d*, crosse droite de l'aorte; *e*, crosse gauche de l'aorte; *f*, *g*, artère pulmonaire; *h*, *i*, artères carotides; *k*, *l*, artères sous-clavières; *m*, artère cœliaque; *n*, aorte; *o*, *p*, veines pulmonaires.

Si les Reptiles se rapprochent des Oiseaux par leur oviparité, ils s'en éloignent par la conformation de leurs membres, qui les rapprochent plutôt des Mammifères : quand ils ont des membres, comme les Lézards et les Tortues, ils en ont généralement quatre, disposés pour la marche ; quand ils en sont dépourvus, comme les Serpents, ils s'avancent sur le sol en y prenant des points d'appui et contournant leur corps pour en suivre les aspérités ; ils *rampent*, en un mot ; chez ceux même qui possèdent des membres, il y a toujours contact entre le sol et la face ventrale de l'animal, qui s'en fait un auxiliaire pour la progression, de sorte que la *reptation*[1]

1. Action de ramper; du latin : *repere*, ramper ; c'est la même étymologie que celle du mot « reptile ».

peut être considérée comme un des caractères de la classe des Reptiles.

Pourvus de dents ordinairement soudées aux maxillaires, les Reptiles ont un régime généralement carnassier : à l'exception de certains Lézards et de quelques genres de Tortues, ils se nourrissent de proie.

Leur peau est couverte de parties dures, résultant de l'épaississement de l'épiderme (*écailles*).

Classification des Reptiles. — Cet examen rapide des caractères généraux de la classe des Reptiles va nous permettre en même temps de distinguer des ordres parmi les Reptiles de nos pays : le nombre des membres et la présence bien connue chez les Tortues d'une carapace protectrice nous suffiront pour reconnaître trois ordres, résumés dans le tableau suivant :

REPTILES { pourvus de quatre membres. { ayant une carapace....... *Chéloniens*. Tortue.
dépourvus de carapace.... *Sauriens*... Lézard.
dépourvus de membres................ *Ophidiens*.. Vipère.

Les Chéloniens. — Tout le monde peut remarquer l'enveloppe solide qui recouvre le corps des *Chéloniens* : la partie dorsale, souvent très bombée (*carapace* proprement dite), est tapissée de plaques disposées comme les pièces d'une marqueterie ; elles sont formées d'une substance dure, susceptible d'être polie par le frottement, et que le commerce utilise (*écaille*) ; la partie ventrale, toujours plus aplatie, forme le *plastron* ; aux deux extrémités de la boîte ainsi constituée sont des orifices par lesquels l'animal peut sortir sa tête, sa queue et ses quatre membres. Si nous examinons ensuite le squelette de la Tortue (*fig.* 78), les vertèbres dorsales et les côtes, aplaties elles-mêmes, apparaîtront soudées à des plaques osseuses qui servent de support à la carapace écailleuse ; l'étude du développement de ces plaques montrerait qu'elles ont leur origine dans la couche profonde de la peau, ou derme, qui s'est épaissie et ossifiée ;

il y a donc dans la carapace d'une Tortue deux couches différentes et superposées : la couche osseuse ou profonde, d'origine dermique, et la couche écailleuse ou superficielle, qui a son origine dans l'épiderme.

Avec leur carapace si caractéristique, les Tortues se reconnaissent encore à la présence d'un *bec corné*, qui remplace les dents comme chez les Oiseaux et recouvre les deux maxillaires.

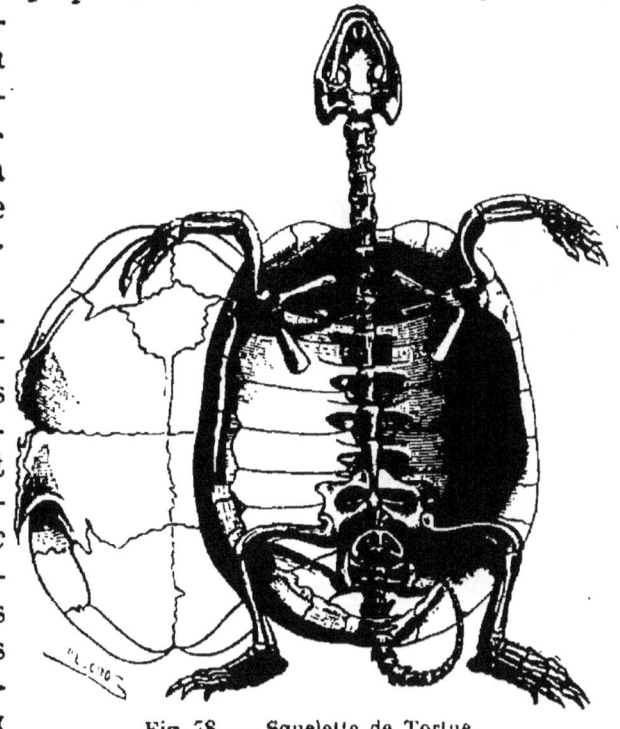

Fig. 78. — Squelette de Tortue.

Les mœurs et l'habitat des Tortues sont assez divers. On distingue par exemple : les *Tortues terrestres*, aux doigts courts et peu mobiles, soudés entre eux et terminés par des ongles bien développés, et dont la tête et le cou peuvent se retirer complètement à l'intérieur de la carapace, comme la *Tortue grecque*; — les *Tortues palustres* ou de marais, qui, ainsi que toutes les Tortues aquatiques, ont la carapace beaucoup plus aplatie que les premières, et dont les doigts, longs, mobiles, sont réunis par une membrane palmée (exemple : la *Cistude d'Europe*); — enfin, les *Tortues marines* (*fig.* 79), dont les doigts dépourvus d'ongles sont complètement enfouis dans les tissus de la patte, transformée en nageoire (exemples : la *Tortue franche*, la *Tortue caret*).

Les Sauriens. — Les *Sauriens*, dont le type est le

Lézard, forment un groupe de Reptiles beaucoup plus nombreux : ils portent sur la tête des écailles volumineuses (*plaques céphaliques*); leur langue, ordinairement allongée, bifurquée à son extrémité (*langue bifide*), est susceptible d'être projetée vivement au dehors. Menant généralement une existence terrestre, ils se nourrissent surtout de proie vivante, d'insectes le plus souvent, quelquefois même d'oiseaux ou de petits mammifères.

Fig. 79. — Tortue de mer.

Les *Lézards* proprement dits (*fig.* 80) sont assez répandus dans nos pays; ils appartiennent à quatre espèces principales : le *Lézard gris* ou *des murailles*; le *Lézard des souches*; le *Lézard vert*, qui habite dans les bois

Fig. 80. — Lézard.

ou le long des haies; le *Lézard ocellé*, vert aussi, mais

dont les deux côtés du corps portent une rangée de taches bleues bordées de brun.

Un Saurien intéressant est l'*Orvet* ou *Serpent de verre*, assez commun dans nos bois : dépourvu de membres, il ressemble beaucoup à un Ophidien, comme l'indique son nom. Comment alors reconnaître en lui un Saurien ? L'étude du squelette nous montrera toujours, sous la peau, des rudiments osseux de membres postérieurs qu'un arrêt de développement semble avoir retenus à l'intérieur du corps.

Les Ophidiens. — Ces membres internes et rudimentaires ont eux-mêmes disparu chez les *Ophidiens* ou Serpents. Dépourvus de membres, les Ophidiens n'ont d'autre moyen de transport que la reptation : la variété de mouvements qu'exige ce mode de progression entraîne, dans leur squelette, la disparition du sternum dont la présence pourrait s'opposer au libre jeu de la colonne vertébrale et des côtes : ces dernières, du reste, se prolongent sur toute la longueur du tronc.

Éminemment carnassiers, les Serpents s'attaquent souvent à des proies très volumineuses, qui ne pourraient pénétrer dans leur tube digestif si l'entrée de celui-ci n'avait la faculté de s'élargir considérablement : les pièces osseuses qui servent d'intermédiaires entre le crâne et le maxillaire inférieur, loin d'être soudées, sont en effet séparées les unes des autres, et, par leur mobilité, permettent à la bouche, au moment de l'introduction des aliments, de présenter une énorme ouverture. Les mâchoires sont d'ailleurs garnies de dents nombreuses et acérées, recourbées en arrière. A ces dents normales s'ajoutent, chez certains Ophidiens, des dents plus longues, plus aiguës, portées par le maxillaire supérieur ; à leur base, des glandes spéciales produisent un liquide venimeux ; elles constituent une arme souvent terrible de défense et d'attaque (*crochets*). Quelquefois, ce sont des dents fixes comme toutes les autres et creusées simplement sur une de leurs faces d'un sillon servant à l'écoulement du venin ; elles peuvent alors occuper soit la partie postérieure, soit la partie antérieure du maxillaire. Dans d'autres cas (*fig.* 81), elles sont mobiles autour de leur base et creusées d'un canal interne correspondant à la glande du venin; le mouvement qui produit l'ouverture des mâchoires entraîne en même temps le redressement des crochets, qui portent leur pointe en avant, et la sécrétion du liquide venimeux.

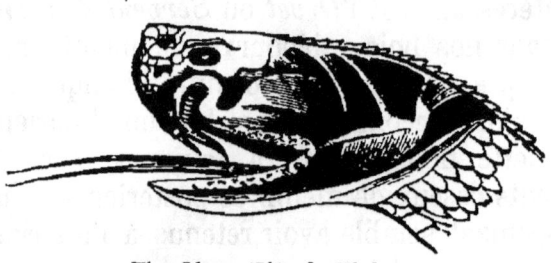

Fig. 81. — Tête de Vipère.

Parmi les Serpents pourvus de crochets mobiles et creux, on range les *Vipères* de nos pays, animaux dont les œufs se développent et éclosent dans le corps de la mère avant d'être pondus, ce qui fait dire quelquefois qu'ils sont vivipares.

Des crochets immobiles et simplement cannelés se présentent à la partie postérieure de la mâchoire chez la *Couleuvre de Montpellier*.

Enfin, les crochets sont complètement pleins et dépourvus de glandes à venin chez les *Couleuvres* ordinaires.

Pour résumer les notions que nous avons acquises sur les Reptiles, nous pouvons dire que ce sont des *Vertébrés à température variable, ovipares, couverts d'écailles, pourvus d'un cœur à trois cavités et de poumons, et dont la reptation est le moyen de progression le plus général.*

Les Batraciens. — Le groupe des *Batraciens*, dont la Grenouille (*fig.* 82) est le type, semble se rapprocher beaucoup de celui des Reptiles, avec lequel il a été longtemps confondu, formant simplement un ordre dans cette classe. Comme la Tortue, le Lézard ou la Couleuvre, la Grenouille est, en effet, ovipare, à température variable; son cœur se montre formé de trois cavités; elle respire l'air atmosphérique à l'aide de poumons.

Peau nue; respiration cutanée. — Il est cependant une première différence qui, dès longtemps, avait frappé les naturalistes : tandis que la peau des Reptiles est toujours couverte d'écailles, la peau de la Grenouille est parfaitement nue et recouverte d'un enduit visqueux sécrété par elle. Ce caractère avait fait donner aux Batraciens le nom de *Reptiles à peau nue*; il a plus d'importance qu'on ne pourrait le croire : l'absence d'écailles à la surface de la peau permet en effet au sang renfermé dans les petits vaisseaux qui la parcourent d'effectuer, à travers la faible épaisseur qui le sépare de l'atmosphère, les échanges gazeux dont le poumon est en général le siège, de prendre à l'air de l'oxygène, de lui rendre de l'acide carbonique, en un mot de *respirer*. Cette respiration par la peau est ce qu'on appelle la *respiration cutanée* : très faible chez les Mammifères, les Oiseaux et les Reptiles, où les poils, les plumes et les écailles lui constituent un obstacle, mais où il ne faut pas croire qu'elle fasse absolument défaut, elle devient assez active chez les Batraciens pour qu'une Grenouille, privée de ses poumons, puisse vivre longtemps encore, à la condition qu'elle soit plongée dans une atmosphère normalement chargée d'oxygène.

Fig. 82. — Grenouille adulte.

Développement. — Nous trouvons chez les Batraciens un caractère beaucoup plus important si nous étudions leur développement.

Le têtard. — Qui n'a vu, au printemps, sur le bord des ruisseaux et des marais, ces masses gélatineuses, transparentes, formées d'une quantité innombrable de petits corps arrondis, incolores, dont le centre est occupé par un point noir ? Ce sont des œufs de grenouille (*fig.* 83). Abandonnés à eux-mêmes au sein de l'eau, ils ne tarderont pas à changer d'aspect : la tache noire centrale augmentera; la substance incolore qui l'entoure diminuera, comme si elle servait à l'alimentation de la première; la masse gélatineuse dans laquelle les œufs sont plongés se détruira peu à peu, absorbée à son tour ; et si, à ce moment, nous suivons attentivement la marche du phénomène, nous pourrons avoir la bonne fortune d'assister à l'éclosion des œufs : de chacun d'eux sortira un être de dimensions bien inférieures à celles de la grenouille et de forme très différente (*fig.* 84) ; c'est

Fig. 83. — OEufs de Grenouille.

Fig. 84. — Métamorphoses de la Grenouille.

la tache noire centrale, grossie et développée. Muni d'une longue queue, dont les mouvements lui permettent de se déplacer au sein de l'eau, le *têtard* (c'est le nom qu'on lui donne) est totalement dépourvu de pattes ; de chaque côté de la tête, et sur les bords d'une série de fentes, sont des houppes de filaments plongeant dans l'eau ; chacun de ces filaments est une sorte de tube, fermé à son extrémité, recouvert d'une fine membrane, et à l'intérieur duquel cheminent des vaisseaux sanguins : une petite artère, apportant du sang veineux, une petite veine, emportant du sang artériel, et un système de capillaires établissant la communication entre l'une et l'autre. Un organe dans lequel le sang impropre à la nutrition reprend ses qualités nutritives est un organe respiratoire ; quand sa structure est telle que que le sang, apporté par des vaisseaux, attende, en quelque sorte, à la surface d'une cavité creusée dans le corps, le contact de l'air atmosphérique qui vient au-devant de lui, cet organe est un *poumon* ; quand, au contraire, le sang, amené dans des saillies de la surface du corps, semble aller au-devant de l'air dissous dans l'eau, on donne à cet organe le nom de *branchie* : le têtard, au sortir de l'œuf, a donc des *branchies externes*.

Mais ces deux groupes de branchies, si facilement visibles au début, ne tardent pas à disparaître : à la base de chacun d'eux se forme un bourrelet de la peau qui, se développant d'avant en arrière, finit par le recouvrir et l'envelopper dans une cavité, ne laissant plus à celle-ci qu'un orifice de communication avec l'extérieur. En même temps, les branchies ainsi recouvertes se flétrissent et sont remplacées par d'autres, qui, protégées par les replis de la peau, sont dites *branchies internes*. C'est vers cette époque qu'est apparue, à l'extrémité antérieure du corps, une bouche petite et arrondie : le têtard l'ouvre et la ferme sans cesse, introduisant dans son tube digestif l'eau chargée de particules alimentaires. Mais ces mouvements de la bouche ont aussi un autre but : un grossissement peu considérable nous permettra en effet de constater que l'eau sort continuellement par chacun des orifices qui, placés des deux côtés de la tête, donnent accès dans les cavités branchiales ; il suffira de jeter dans l'eau quelques grains très fins d'une poudre colorée qu'elle tiendra en suspension, pour apercevoir ce mouvement. L'eau introduite par la bouche a donc pénétré dans les cavités branchiales, où l'air qu'elle tient en dissolution a servi à la respiration de l'animal, et est sortie ensuite par les deux orifices (*spiracles*) visibles extérieurement.

Ses transformations. — Suivons le développement du têtard arrivé à ce point : placé dans des conditions favorables de chaleur et de lumière, nous le verrons se nourrir et s'accroître ; mais en même temps sa forme va changer. Vers la base de la queue, qui semble se réduire, apparaissent bientôt deux bourgeons qui s'allongent peu à peu et

7.

prennent l'aspect d'une paire de pattes dont chacune est pourvue de cinq doigts. Puis une seconde paire de pattes se forme par le même procédé à la partie antérieure du corps : plus tardive que la première, elle la suit à distance dans son développement, reste toujours moins volumineuse, et ne possède que quatre doigts.

Cependant la queue, diminuant progressivement de volume, comme si les substances qui la forment étaient utilisées pour l'accroissement des parties nouvelles, *se résorbant* en un mot, finit par se flétrir et disparaître complètement : l'animal a pris l'aspect d'une grenouille adulte. Il en possède aussi l'organisation interne ; car au développement des deux paires de pattes et à la disparition de la queue correspond la destruction de l'appareil branchial qui servait à la respiration du têtard ; mais en même temps se développe sur la partie antérieure du tube digestif, auquel il est de la sorte greffé, un double sac qui s'étend peu à peu dans la cavité générale du corps, et dans lequel il est facile de reconnaître un appareil pulmonaire. Les mouvements de déglutition, auxquels la grenouille adulte continue à se livrer comme le têtard, ont dès lors pour effet d'introduire l'air dans de véritables poumons.

Caractère général des métamorphoses. — Ainsi la Grenouille, avant d'atteindre sa forme définitive, passe par une série de formes intermédiaires : elle présente des *métamorphoses*.

La présence presque constante des métamorphoses chez les Batraciens nous montre qu'ils forment une classe intermédiaire entre celles dont la respiration est constamment aérienne (Mammifères, Oiseaux, Reptiles), et celle dont la respiration est constamment aquatique et qui devra nous occuper en dernier lieu (Poissons).

Classification. — Les Batraciens de nos pays peuvent être rapportés à deux types principaux : la *Grenouille*, pourvue de quatre membres et dépourvue de queue, type des *Anoures* ; — le *Triton*, ayant quatre membres et une queue, type des *Urodèles*.

Les Anoures. — Au groupe des Anoures appartiennent les *Grenouilles*, pourvues de dents, dont nos pays renferment trois espèces : la *verte*, la *rousse* et l'*agile*.

Il faut en rapprocher les *Crapauds*, dépourvus de dents, qui doivent un aspect repoussant à leur démarche lourde et à leur peau rugueuse. Très utiles à l'agriculture pour la chasse active qu'ils font aux insectes, aux limaces, hôtes nuisibles des jardins, ils sont considérés très souvent et bien à tort comme des animaux dangereux : ils possèdent en effet, à la partie postérieure de la tête, des glandes dites *parotides*, sécrétant un venin dont quelques gouttes inoculées à un chien ne tardent pas à amener la mort ; mais ce venin n'est jamais projeté au dehors.

Les *Rainettes*, dont une espèce (*Rainette verte*) est assez répandue dans nos pays, se distinguent à la forme de leurs

Fig. 85. — Tritons.

doigts, terminés par de petites pelotes dont l'animal se sert, comme de ventouses, pour se fixer aux supports.

Les Urodèles. — Les *Urodèles* sont pourvus toujours

d'une queue et généralement de quatre pattes; leurs œufs, au lieu d'être pondus par masses d'aspect gélatineux, comme chez les Anoures, sont abandonnés isolément.

C'est à ce groupe qu'appartient la *Salamandre terrestre*, dont la queue est arrondie, et à laquelle une fable ridicule attribue la propriété de pouvoir résister impunément à l'action du feu; la seule particularité curieuse qu'elle présente est de mettre au monde des petits presque complètement formés, et déjà munis de poumons : non pas qu'elle soit dépourvue d'œufs, mais ceux-ci subissent la plus grande partie de leur développement à l'intérieur du corps de la mère; on dit qu'elle est *ovovivipare*. Le *Triton* ou Salamandre aquatique (*fig.* 85) a la queue aplatie et disposée comme une rame verticale pour la natation; son dos présente, en outre, une crête très développée.

RÉSUMÉ

Les *Reptiles* sont des Vertébrés rampants, ovipares, respirant l'air atmosphérique à l'aide de poumons simples, pourvus d'un cœur à trois cavités, ayant une température variable.

On distingue parmi les Reptiles trois ordres principaux :

les *Chéloniens*, pourvus de quatre membres, d'une carapace et d'un bec corné (*Tortues*);

les *Sauriens*, pourvus de quatre membres et d'un cœur à trois cavités (*Lézard, Orvet*);

les *Ophidiens*, dépourvus de membres et de sternum, pourvus souvent de crochets venimeux (*Vipère, Couleuvre*).

Les *Batraciens* sont des Vertébrés qui se distinguent des Reptiles par leur *peau nue*, permettant la *respiration cutanée*, et par leurs *métamorphoses*. Le développement de l'œuf aboutit à la formation d'un *têtard*, pourvu d'une queue, dépourvu de membres, et respirant l'air dissous dans l'eau à l'aide de *branchies*. Ces branchies, d'abord externes, deviennent ensuite internes, puis sont remplacées par des poumons. En même temps la queue se résorbe et les membres apparaissent, paire par paire, pour constituer le Batracien adulte.

On distingue deux groupes parmi les Batraciens de nos pays :

les *Anoures*, dépourvus de queue, mais ayant quatre membres (*Grenouille, Crapaud*);

les *Urodèles*, ayant quatre membres et une queue (*Salamandre, Triton*).

QUATORZIÈME LEÇON

Les Poissons

Les Poissons. — Nous voici arrivés à la dernière classe des Vertébrés, celle des *Poissons*; c'est elle qui comprend, à proprement parler, l'immense majorité des Vertébrés vivant dans l'eau, au point que, dans le langage vulgaire, le mot de « poisson » est devenu à tort synonyme d' « animal aquatique ».

L'organisation entière des Poissons est en harmonie avec leur mode d'existence : la forme du corps, la nature des membres, la structure de l'appareil respiratoire, tout en eux indique une adaptation complète à la vie aquatique.

Ecailles. — Généralement allongé en forme de fuseau, et aplati sur les flancs, le corps du Poisson (*fig.* 86) est éminemment propre à la natation; il est, d'ailleurs, presque toujours protégé contre les atteintes directes de l'eau par une couche d'écailles ordi-

Fig. 86. — Perche.

nairement disposées comme les tuiles d'un toit, et qui proviennent d'un épaississement du derme. Chez la plupart des Poissons, ces écailles ont la forme de quadrilatères aux bords légèrement courbes, souvent festonnés, quelquefois bordés sur un côté de prolongements semblables aux dents d'un peigne ; c'est ce qui arrive par exemple chez la Perche.

Nageoires. — Les membres, chacun le sait, au lieu d'être disposés, comme chez les Vertébrés des classes précédentes, pour la marche, le saut, la reptation ou le vol, sont faits pour nager : ils sont réduits à l'état de *nageoires,* par une transformation dont l'étude du squelette (*fig.* 87) facilite l'intelligence. Rattaché aux os de la tête (*a*),

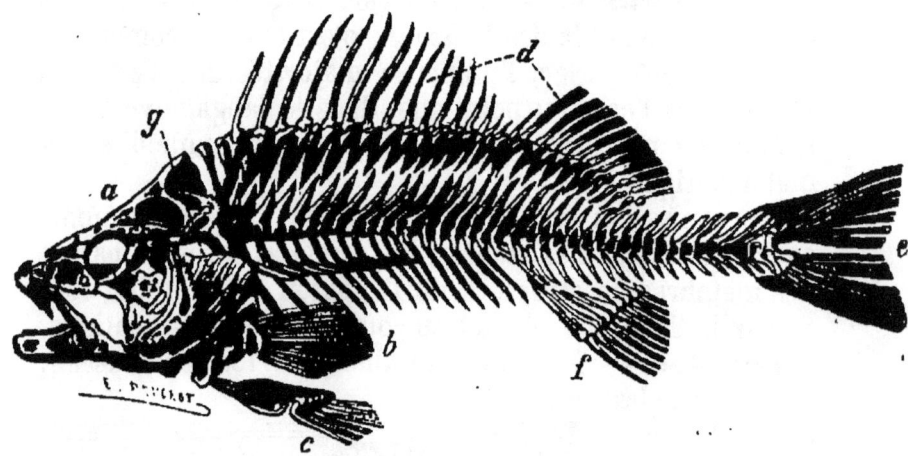

Fig. 87. — Squelette de la Perche.
a, tête; *b*, nageoire pectorale; *c*, nageoire abdominale; *d*, nageoire dorsale; *e*, nageoire caudale; *f*, nageoire anale; *g*, opercule.

chaque membre de la première paire, ou *nageoire pectorale* (*b*), se termine par une série d'osselets qui forment des rayons disposés comme les pièces d'un éventail; sur l'animal vivant, tous ces osselets sont recouverts par la peau et donnent à l'extrémité du membre l'aspect d'une palette. Les membres de la seconde paire ont des extrémités semblables, mais leur position n'est pas aussi constante : placées tantôt à l'extrémité postérieure du corps, comme chez la Carpe, tantôt au voisinage et même en avant des nageoires pectorales, comme chez la Perche, les *nageoires abdominales* (*c*) manquent quelquefois, chez l'Anguille par exemple, réduisant ainsi à deux le nombre des *nageoires paires.*

Mais il existe aussi, chez tous les Poissons, une seconde série de nageoires qui, placées dans le plan de symétrie de l'animal, ne se répètent pas en double sur chaque moitié du corps; ce sont les *nageoires impaires* : l'une occupe le dos, où elle se partage souvent en plusieurs faisceaux, portant parfois des épines plus ou moins saillantes (*nageoire dorsale, d*); une autre, divisée généralement en deux parties égales, termine le corps du Poisson, où elle lui sert en quelque sorte de gouvernail (*nageoire caudale, e*); enfin la troisième, ordinairement petite, est placée immédiatement derrière l'orifice postérieur du tube digestif (*nageoire anale, f*).

Appareil digestif. — L'appareil digestif (voy. *fig*. 88),

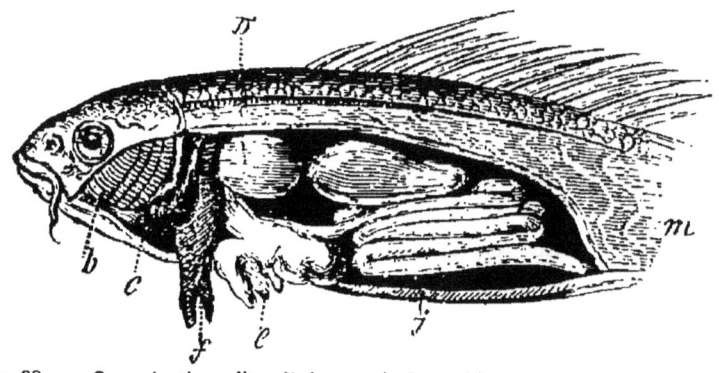

Fig. 88. — Organisation d'un Poisson. *b*, branchies; *c*, cœur; *e*, estomac; *f*, foie; *j*, intestin; *m*, muscles; *v*, vessie natatoire.

assez simple, dépourvu de glandes salivaires, muni cependant d'un foie volumineux (*f*), est surtout remarquable par le nombre des dents situées dans la partie antérieure : on n'en trouve pas seulement sur les maxillaires, comme chez les autres Vertébrés, mais aussi sur la langue, sur le palais, dans l'arrière-bouche et jusque sur les os qui soutiennent l'appareil respiratoire. Jamais elles ne sont fixées dans des alvéoles; elles sont simplement soudées à l'os qui les supporte.

Branchies. — L'appareil respiratoire est celui qui convient à une existence uniformément aquatique; c'est dire que pendant toute leur vie les Poissons respirent à l'aide de *branchies*.

Rappelons-nous la respiration de la jeune Grenouille pourvue de branchies internes : une série de fentes, séparées par des arceaux comparables aux barreaux d'une grille, et situées de chaque côté de l'arrière-bouche, faisait communiquer cette partie du tube digestif avec deux cavités latérales, placées symétriquement derrière la tête, et s'ouvrant elles-mêmes à l'extérieur ; l'eau, introduite par la déglutition, traversait ces fentes dont les bords étaient garnis de branchies, et s'échappait au dehors par les orifices latéraux, après avoir cédé au sang une partie de l'oxygène qu'elle tient en dissolution.

Cet état, qui n'était que passager chez la Grenouille, est définitif chez les Poissons. De chaque côté de la tête, il est facile, en effet, de remarquer deux plaques (*opercules, fig.* 87, *g*) qui se soulèvent et s'abaissent alternativement, de manière à ouvrir et à fermer deux fentes latérales (*ouïes*) par lesquelles s'échappe l'eau que l'animal, dont la bouche ne cesse de s'ouvrir et de se fermer, a introduite à l'aide de mouvements de déglutition. En levant ces opercules, nous trouverons au-dessous d'eux une masse de lamelles, d'une belle couleur rouge (*branchies, fig.* 88, *b*) ; elles sont disposées comme les dents d'un peigne sur quatre arcs osseux, dits *arcs branchiaux*, séparés par des fentes, et dont chacun porte une double rangée de branchies. N'avons-nous pas là, comme chez le têtard de la Grenouille, une chambre branchiale, protégée contre l'extérieur par l'opercule, communiquant avec l'arrière-bouche par les fentes branchiales, et s'ouvrant au dehors par les ouïes ?

Vessie natatoire. — Mais, de même que chez l'Oiseau, fait pour la vie aérienne, l'appareil pulmonaire se compliquait de sacs aériens pénétrant entre les différents viscères, ainsi la vie aquatique, à laquelle les Poissons semblent si complètement adaptés, entraîne chez beaucoup d'entre eux la présence d'un organe supplémentaire qu'on rattache quelquefois à l'appareil respiratoire : une poche souvent très volumineuse, dite *vessie natatoire* (*fig.* 88, *v*), est placée au-dessus du tube digestif, avec lequel elle communique chez certains Poissons. Toujours remplie de gaz et renfermant dans ses parois un grand nombre de vaisseaux sanguins, cette poche pourrait être, sans hésitation, comparée à un poumon, si le sang que lui apportent ces vaisseaux n'était du sang rouge, ayant déjà respiré ; elle paraît du moins avoir pour effet de modifier la densité du corps de l'animal, et de faciliter par suite son déplacement au sein de l'eau.

Appareil circulatoire. — L'appareil circulatoire est très simple : le cœur (*fig.* 88, *c*), placé au voisinage de la face ventrale, dans la région qui suit immédiatement la tête, et qu'on pourrait appeler région de la gorge, ne comprend que deux cavités principales : une *oreillette* et un *ventricule*. Le sang que l'oreillette reçoit est celui qui revient des diverses parties du corps après avoir servi à la nutrition ; le ventricule le lance dans quatre paires de vaisseaux en forme de crosses, qui le distribuent aux branchies ; quand il a repris, au contact de l'air dissous dans l'eau, ses qualités nutritives, il se rassemble dans une série de veines qui gagnent la région dorsale du corps et s'y réunissent en une *aorte* : celle-ci, par ses différentes branches, envoie le sang rouge à tous les organes, où il redevient veineux et reprend son parcours. Il résulte de là que le cœur du Poisson ne renferme jamais que du sang noir ; ne comprenant d'ailleurs qu'une oreillette et qu'un ventricule, on peut dire qu'il représente uniquement la partie droite du cœur de l'Homme ou des Vertébrés supérieurs.

La température interne du corps des Poissons est variable.

Les Poissons présentent un dernier caractère qu'ils possèdent en commun avec les trois classes précédentes de Vertébrés : ils pondent des *œufs*.

Nous pourrons, en résumé, appliquer à la classe des Poissons la définition suivante : *Vertébrés à température variable, ovipares, couverts d'écailles, pourvus d'un cœur à deux cavités et de branchies, et dont les membres sont transformés en nageoires.*

Classification. — Il existe un groupe, excessivement nombreux, de Poissons dont l'organisation tout entière est conforme au type que nous venons d'étudier, à celui de la Perche par exemple, et qu'il est par conséquent assez difficile de décomposer. On le désignait jadis du nom de groupe des *Poissons osseux*, parce que leur squelette est complètement développé.

On peut toutefois y distinguer deux formes principales : tantôt, comme chez la *Carpe*, les nageoires abdominales sont rejetées vers la partie postérieure du corps; tantôt, comme chez la *Perche*, elles sont reportées au voisinage des nageoires pectorales.

Auprès de la Carpe viendront se ranger les *Goujons*, les *Tanches*, les *Truites* (fig. 89), les *Saumons*, poissons marins,

Fig. 89. — Truite.

qu'un instinct curieux conduit à remonter les fleuves à l'époque de la ponte des œufs (époque du *frai*) : les jeunes, éclos dans l'eau douce, y passent les trois premières années de leur existence, puis redescendent vers la mer, et remontent tous les ans, à leur tour, jusqu'au point qui les a vus naître, pour y déposer leurs œufs. Le *Brochet*, le *Hareng*, la *Sardine*, l'*Anchois*, l'*Alose*, qui partage les habitudes du Saumon, sont du même groupe. Il faut y rattacher encore l'*Anguille* (*fig.* 90) au corps cylindrique et serpentiforme, bien qu'elle soit totalement dépourvue de

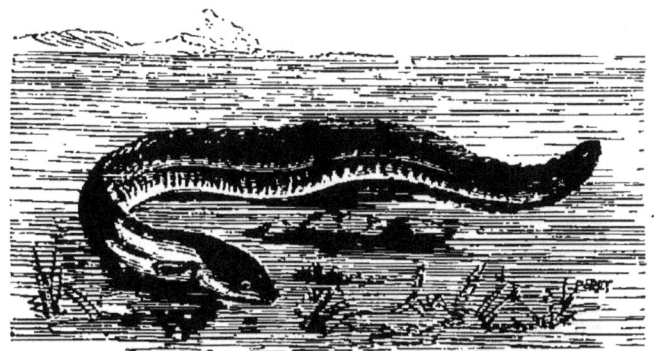

Fig. 90. — Anguille.

nageoires abdominales; un instinct contraire à celui du Saumon pousse ce poisson d'eau douce à descendre vers la mer à l'époque du frai.

Chez tous les poissons qui précèdent, les rayons de la nageoire dorsale sont divisés en un grand nombre d'articles mous, qui la rendent flexible.

Auprès de la Perche, au contraire, on trouve des formes à nageoire molle, comme la *Morue* (*fig.* 91), le *Merlan*, les

Fig. 91. — Morue.

Pleuronectes (Sole, Limande, Turbot, etc.) qui nagent au fond de l'eau, couchés sur le flanc, — et des poissons dont la nageoire dorsale est hérissée de rayons d'une seule pièce, durs et terminés en pointe aiguë. Ce sont : la *Perche*, le *Maquereau*, le *Thon*, le *Rouget*, etc.

Toutes les espèces de Poissons qui viennent d'être citées sont comestibles.

D'autres poissons ont un squelette imparfaitement développé : il reste à l'état cartilagineux, c'est-à-dire mou et flexible. On leur donne le nom de *Poissons cartilagineux*. Chez les *Squales* (Requin, Chien de mer, *fig.* 92) et les

Fig. 92. — Chien de mer.

Raies, la bouche, au lieu d'occuper l'extrémité antérieure du museau, forme une fente ouverte transversalement à la face inférieure de la tête ; au lieu d'être contenues de chaque côté de la tête dans une cavité commune que protège un opercule, les branchies, groupées deux à deux, y sont enfermées dans une série de cinq cavités distinctes qui s'ouvrent d'une part dans l'arrière-bouche, d'autre part à l'extérieur, par autant de fentes séparées dites *fentes branchiales*.

RÉSUMÉ

Les *Poissons* forment une classe de Vertébrés à température variable, ovipares, au corps couvert d'écailles dermiques, dont les membres sont transformés en nageoires, qui respirent à l'aide de branchies, et dont le cœur est formé de deux cavités principales.

On peut y distinguer deux groupes principaux :

les *Poissons osseux* (*Carpe, Saumon, Morue, Sole, Perche*);
les *Poissons cartilagineux* (*Squales, Raies*).

Classification des Vertébrés.

Le tableau suivant résume les notions que nous avons acquises maintenant sur l'organisation et la classification des Vertébrés, en négligeant les exceptions que nous avons signalées au passage :

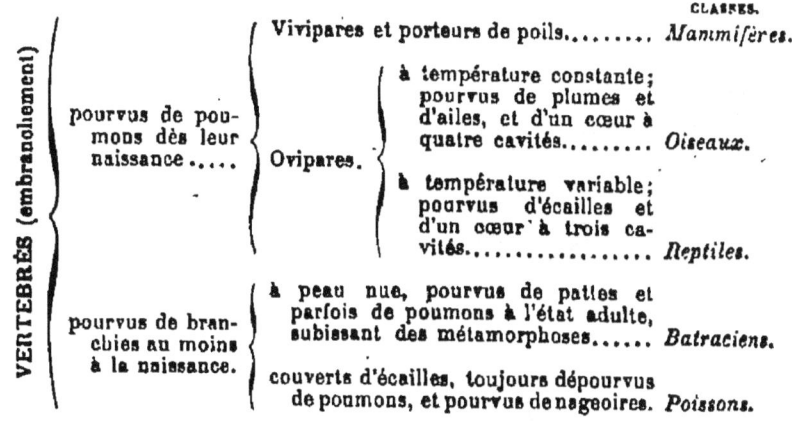

QUINZIÈME LEÇON

Organisation des Insectes.

Les Insectes. — Parmi les animaux dépourvus de squelette osseux interne, la première classe que nous ayons à étudier est celle des Insectes, animaux aériens dont la *Sauterelle*, la *Mouche* ordinaire, les *Papillons*, peuvent nous servir d'exemples. L'étude des caractères généraux du groupe doit nous retenir en premier lieu : elle nous permettra de mieux définir.

Organes extérieurs. — Le corps d'un Insecte, de la Sauterelle par exemple (*fig.* 93), se partage en trois parties : la *tête* (*a*), le *thorax* (*d, e, f*), l'*abdomen* (*m*), protégées par une sorte de carapace externe, qui remplace le squelette interne.

Au premier abord, la *tête* paraît formée d'une seule

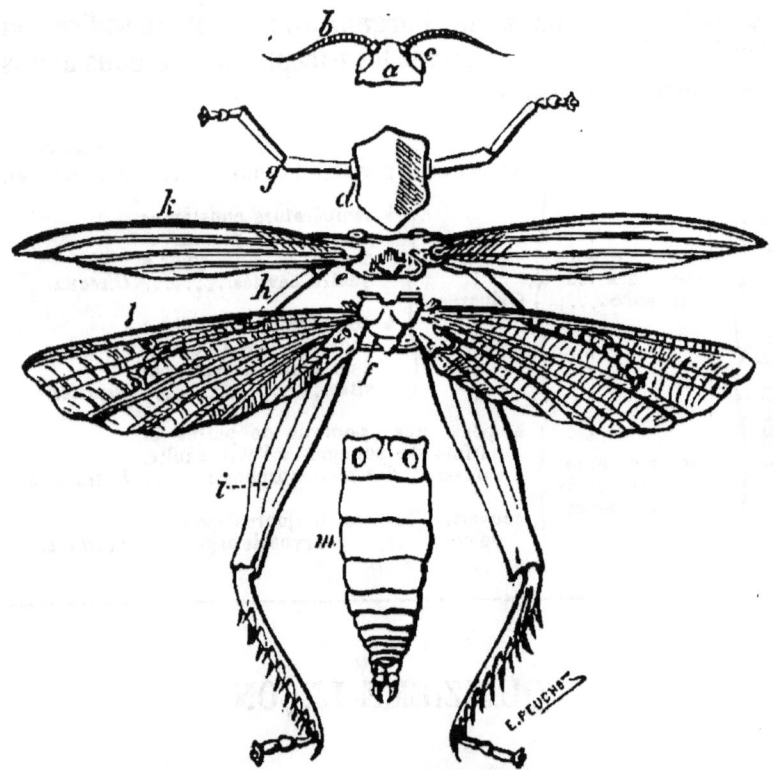

Fig. 93. — Corps de la Sauterelle désarticulé.
a, tête ; *b*, antenne ; *c*, œil ; *d, e, f*, les 3 anneaux du thorax ; *g, h, i*, les 3 pattes du côté gauche ; *k, l*, les deux ailes du même côté ; *m*, abdomen.

pièce ; de chaque côté sont placés les *yeux* (*c*) ; au bord antérieur s'attachent deux tiges très fines et mobiles, formées chacune d'une série de pièces articulées entre elles : ce sont les *antennes* (*b*), si facilement visibles chez le Hanneton, où elles se terminent par un groupe de petites lamelles disposées en éventail.

Dans le *thorax*, au contraire, il est aisé de distinguer trois pièces successives qu'on appelle des *anneaux* (*d, e, f*).

Chacun d'eux porte une paire de *pattes* (*g*, *h*, *i*); chaque patte se décompose en une série d'articles de forme et de dimensions variées. Les derniers anneaux du thorax portent, en outre, chacun une paire d'*ailes* (*k*, *l*); ce sont des appendices aplatis, généralement minces et transparents, parcourus par des lignes saillantes et ramifiées (*nervures*), et dont les mouvements rapides permettent les déplacements de l'animal dans l'air.

L'*abdomen* (*m*) se compose de neuf ou dix anneaux dépourvus d'appendices.

Mais revenons à la tête et examinons-la par sa face inférieure; nous verrons alors aisément qu'aux antennes et aux yeux, portés par la face supérieure, s'ajoutent de nombreux appendices disposés autour de la bouche, et dont l'étude aurait pu accompagner celle du tube digestif (*fig.* 94). C'est d'abord, au-dessus de la bouche, une pièce transversale, dite *lèvre supérieure* (*a*), qu'une crête médiane semble partager en deux parties. Puis vient de chaque côté un appendice simple, crochu, souvent dentelé sur son bord libre, la *mandibule* (*b*), se déplaçant de gauche à droite ou de droite à gauche, et saisissant les objets comme feraient les mors d'une pince; les mandibules constituent

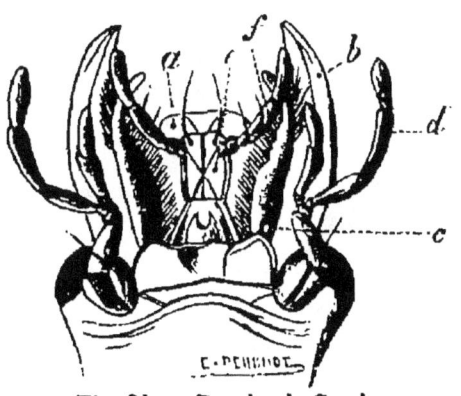

Fig. 94. — Bouche du Carabe, vue par sa face inférieure.
a, lèvre supérieure; *b*, mandibule; *c*, mâchoire; *d*, palpe maxillaire; *e*, lèvre inférieure; *f*, palpe labial. (La disposition des pièces de la bouche est à peu près la même chez la Sauterelle.

un premier appareil de mastication. Un second appareil, disposé de même, est formé par les *mâchoires* (*c*); moins simple que la mandibule, la mâchoire se compose d'une série de pièces articulées : un *article basilaire*, suivi d'une *tige*, qui supporte elle-même un *lobe interne*, un *lobe externe* et un *palpe maxillaire* (*d*), dont l'aspect rappelle celui de l'antenne; c'est le rapprochement des lobes internes qui permet la mastication. Enfin, le dernier appendice de la bouche est la *lèvre inférieure* (e), dans laquelle il est facile de retrouver deux parties symétriques imparfaitement soudées et homologues des deux mâchoires qui les précèdent; on y voit jusqu'à des *palpes labiaux* (f), qui représentent les palpes maxillaires.

De tout ceci que faut-il conclure, sinon que la tête des Insectes, simple en apparence, est en réalité formée d'anneaux soudés entre eux, ce qui augmente le nombre total des anneaux du corps.

Appareil digestif. — Nous connaissons maintenant assez l'aspect extérieur du corps de l'Insecte, pour chercher à pénétrer son organisation interne.

Commençant à la *bouche* et se terminant à l'*anus*, le *tube digestif* est plus ou moins compliqué suivant le régime alimentaire de l'insecte.

Parmi ses annexes, il faut surtout remarquer les appendices de la bouche. Nous avons vu sommairement leurs formes et leur disposition chez la Sauterelle; elles sont à peu près les mêmes chez tous les Insectes vraiment carnassiers. Au contraire, chez ceux qui se nourrissent du sang de leurs victimes ou du nectar des fleurs, et n'ont par conséquent qu'à sucer ou lécher leurs aliments, les appendices de la bouche se modifient de manière à déterminer au-devant d'elle une sorte de *trompe* : celle de la Mouche (*fig.* 95) est constituée par la lèvre inférieure, repliée sur elle-même en forme de canal, tandis que les mandibules et les mâchoires s'allongent à l'intérieur de la trompe, en stylets propres à percer la peau;

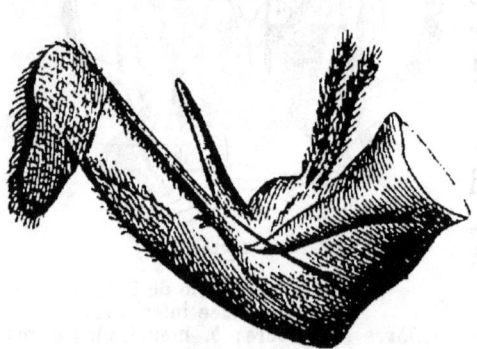

Fig. 95. — Trompe de la Mouche.

chez les Papillons (*fig.* 96), les deux lobes internes des mâchoires, très développés, se recourbent de manière à former deux gouttières dont la juxtaposition donne naissance à un long cylindre creux, que l'animal recourbe en spirale à l'état de repos, ou développe quand il veut chercher des aliments dans les corolles des fleurs.

Appareil respiratoire. — En mettant à nu l'appareil digestif, nous pourrions remarquer (*fig.* 97) que tous les organes internes sont recouverts et comme pénétrés par une multitude de tubes très ténus, d'un éclat argentin : ce sont les organes de la respiration ou *trachées*; formés d'une double membrane, dont la couche interne présente un épaississement en spirale, ces tubes se divisent à l'infini et vont, par leurs extrémités les

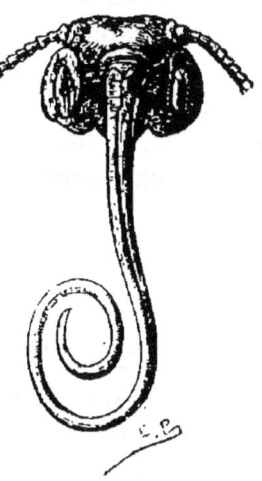

Fig. 96.
Trompe de Papillon.

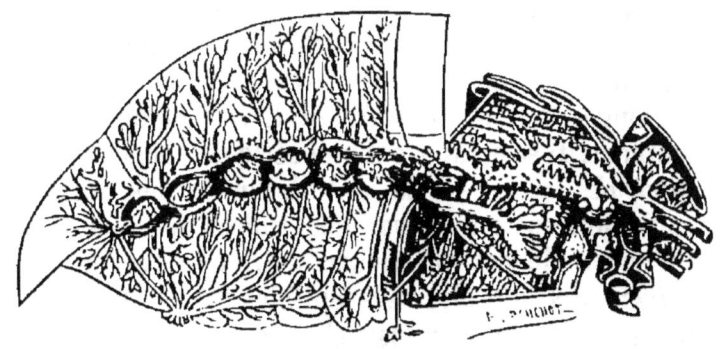

Fig. 97. — Trachées du Hanneton.

plus fines, porter en tous les points du corps l'air nécessaire à l'entretien de la vie.

Comment ces tubes entrent-ils en communication avec l'extérieur?

De chaque côté de l'abdomen on remarque une série

d'orifices régulièrement disposés par paires sur chacun des anneaux, et fermés par un système de paupières membraneuses tendues sur un cadre épais et consistant : ce sont les *stigmates*. A chacun d'eux aboutit une trachée principale, dite *trachée d'origine*, qui s'enfonce dans l'intérieur du corps, et par ses ramifications successives donne naissance aux *trachées de distribution*, répandues dans tous les organes.

L'air, que laisse pénétrer l'entrebâillement des stigmates, circule dans les trachées, et par elles arrive jusqu'aux tissus ; ainsi se trouve constitué un appareil de respiration aérienne bien différent de l'appareil pulmonaire, puisque le gaz nutritif, au lieu de s'accumuler en un point déterminé du corps, où le sang vient à son contact, se répand ici dans la totalité des organes et vient, au contraire, au-devant du sang.

Appareil circulatoire. — Organisé comme il l'est pour la respiration, quel besoin l'Insecte aurait-il d'un *appareil circulatoire* compliqué ? Ne nous étonnons pas de ne trouver chez lui ni artères, ni veines ; un cœur suffit à régler le cours du sang, généralement incolore. Situé dans la région du dos, où il est accolé aux téguments qui le laissent souvent voir par transparence, le cœur doit à sa forme allongée le nom de *vaisseau dorsal*, qu'on lui donne fréquemment. Il se compose d'une série de poches renflées, ou *ventricules*, placées à la suite les unes des autres, et communiquant entre elles par des orifices pourvus de valvules. Chacun de ces ventricules est, en outre, muni de deux ouvertures latérales, susceptibles d'être fermées par d'autres valvules, et par lesquelles le sang peut pénétrer de l'extérieur dans le vaisseau dorsal. Fermé à son extrémité postérieure, celui-ci se continue en avant par un long tube ouvert, l'*aorte* : le sang qui, par les orifices latéraux, a rempli les ventricules, et que les contractions de ces derniers ont chassé de proche en proche jusqu'à l'extrémité antérieure, s'échappe par l'aorte et tombe dans la cavité générale, où aucun vaisseau ne le retient. Il y suit cependant des voies déterminées : quatre courants principaux, l'un dorsal, immédiatement au-dessous du cœur, un autre ventral, et deux latéraux, le ramènent d'avant en arrière, et, sur leur trajet, le distribuent aux divers organes, aux pattes, aux ailes, etc. Après avoir accompli son œuvre de nutrition, il rentre dans les ventricules du cœur et reprend son parcours; chemin faisant, les trachées lui ont apporté l'air nécessaire pour le rendre nutritif, les parois du tube digestif lui ont transmis la partie utile des aliments.

Système nerveux. — Le *système nerveux* des Insectes (*fig.* 98) se compose de deux parties distinctes : l'une située au-dessus du tube digestif, dans la tête, et représentant le cerveau des Vertébrés, comprend deux petites masses nerveuses reliées par un cordon transversal (*ganglions cérébroïdes*, *a*); l'autre, rattachée à celle-ci par une sorte de collier nerveux entourant le tube digestif (*d*), forme au-dessous de ce dernier, au voisinage de la face ventrale de l'Insecte, une longue *chaîne* de ganglions qu'on ne peut apercevoir qu'après avoir débarrassé la cavité générale de tous les organes qu'elle renferme. Les ganglions cérébroïdes envoient des nerfs aux

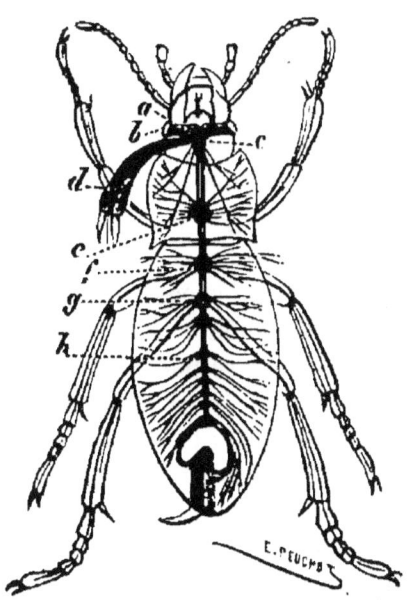

Fig. 98. — Système nerveux du Carabe. *a*, ganglion cérébroïde; *b*, œil; *c*, ganglion sous-œsophagien; *d*, tube digestif; *e*, *f*, *g*, ganglions thoraciques; *h*, ganglions abdominaux.

yeux (*b*) et aux antennes; le *ganglion sous-œsophagien* (*c*), le premier de la chaîne, en envoie aux annexes de la bouche (lèvres, mandibules, mâchoires); les trois ganglions suivants (*e*, *f*, *g*) correspondent aux trois anneaux du thorax et innervent les pattes et les ailes; les autres (*h*) sont des ganglions abdominaux. En examinant de près la chaîne et ses ganglions, on reconnaît qu'elle est formée en réalité de deux chaînes, l'une droite, l'autre gauche, confondues et soudées par le rapprochement.

Organes des sens. — Les *organes des sens* paraissent fort développés chez les Insectes. De chaque côté de la tête de la Sauterelle nous avons pu remarquer un œil volumineux : c'est une sorte de bouton saillant dont la surface, au lieu d'être arrondie, porte une multitude de facettes planes et brillantes ; chaque facette semble correspondre à un œil distinct ; de sorte que chaque côté de la tête paraît pourvu d'un grand nombre d'yeux simples, rapprochés et confondus en un œil multiple ou *œil composé*, dont la forme bombée permet à l'insecte de porter ses regards dans toutes les directions. Il existe d'ailleurs aussi chez certains Insectes des yeux simples.

Les Insectes entendent certainement ; mais il est assez difficile de fixer chez eux le siège de l'audition. Leurs antennes sont, à coup sûr, des organes du toucher : ils les meuvent sans cesse pour palper les objets extérieurs ; peut-être même leur servent-elles pour l'odorat, qu'on ne saurait leur refuser.

Métamorphoses. — Les femelles des Insectes pondent des *œufs* ; mais il ne faudrait pas croire que l'éclosion de ces œufs mette immédiatement en liberté des êtres semblables à ceux qui les ont produits. Ce qui sort d'un œuf d'Insecte, ce n'est pas un Insecte parfait ; c'est un corps mou et flexible, pourvu de trois paires de pattes lui permettant de se mouvoir librement, d'un tube digestif lui permettant de se nourrir ; c'est, en un mot, une *larve* qui, par une série souvent longue de *métamorphoses*, se transforme lentement en un Insecte pareil à celui qui lui a donné le jour.

Prenons un exemple (*fig.* 99). Il n'est personne qui n'ait entendu parler des ravages qu'exercent parfois les *vers blancs* ; vivant sous terre, ils s'attaquent aux racines qu'ils rencontrent et, pour peu qu'ils soient nombreux, il leur est facile de compromettre toute une récolte. Ces vers blancs (A, B), bien mal nommés, car ce ne sont pas des Vers, ne sont autre chose que les larves du Hanneton ; apparus vers la fin de

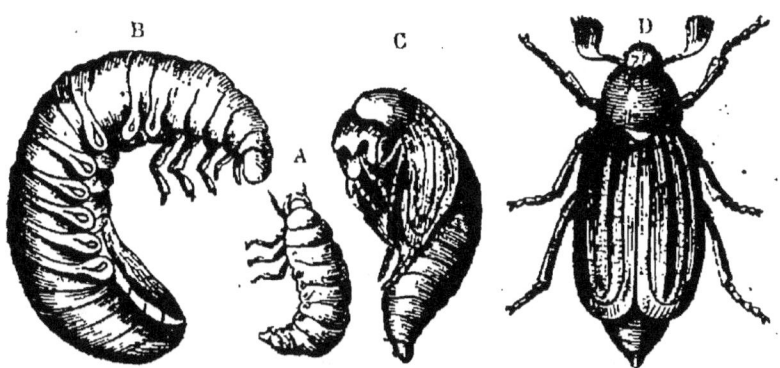

Fig. 99. — Métamorphoses du Hanneton.
A, B, formes successives de la larve ; C, nymphe ; D, hanneton adulte.

juillet, ils continuent pendant plus de deux ans à détruire les racines dont ils se nourrissent, augmentant sans cesse de volume, et subissant, à intervalles réguliers, des *mues* qui permettent à leur peau de suivre l'accroissement des parties molles qu'elle recouvre. Enfin, vers le début de la troisième année, on les voit ralentir leurs mouvements, et une dernière mue met en liberté des êtres recouverts d'une enveloppe opaque ou transparente sous laquelle se devinent les pattes et les ailes de l'insecte futur (C) ; incapables de se nourrir ni de faire aucun mouvement, ces *nymphes* ne pourraient être mieux comparées qu'à des momies, enveloppées dans leurs bandelettes : d'ailleurs on leur en donne quelquefois le nom. On conçoit qu'un tel état ne saurait durer ; en effet, vers les mois d'avril ou de mai de la troisième année, on voit se fendre l'enveloppe de la nymphe et sortir un Hanneton (D) pourvu de six pattes, de quatre ailes, constitué en un mot comme celui duquel provenait l'œuf ; c'est l'*insecte parfait*.

L'Insecte, au sortir de l'œuf, passe donc par trois formes successives : la *larve*, la *nymphe* et l'*insecte parfait*.

Les Insectes sont des Arthropodes. — On voit en résumé, que les Insectes, dépourvus de squelette osseux interne, ce qui les distingue des Vertébrés, ont cependant, comme eux, une symétrie bilatérale (voy. p. 21); leur corps, partagé en anneaux dans le sens de la longueur, porte des pattes articulées. On réunit dans l'embranchement des *Arthropodes* tous les animaux qui présentent les mêmes caractères. Les Insectes forment donc la première classe de l'embranchement des Arthropodes.

RÉSUMÉ

Les *Insectes* sont des animaux invertébrés dont le corps, protégé par une carapace externe, se partage extérieurement en trois régions : la *tête*, le *thorax*, l'*abdomen*.

La tête porte les *yeux*, les *antennes* et les annexes de la bouche, qui, chez les Insectes, comprennent : une *lèvre supérieure*, deux *mandibules*, deux *mâchoires* et une *lèvre inférieure*.

Le thorax est formé de trois anneaux dont chacun porte une paire de *pattes articulées*; les deux derniers portent, en outre, chacun une paire d'*ailes*.

Les Insectes respirent à l'aide de *trachées*. Les mouvements du sang sont réglés par un *vaisseau dorsal* contractile.

Le système nerveux se compose de deux *ganglions cérébroïdes*, reliés à une *chaîne ventrale* par un *collier* qui entoure le tube digestif. Les *sens* sont très développés.

Les Insectes subissent des *métamorphoses* : de l'œuf sort généralement une *larve* qui, après plusieurs *mues*, se transforme en *nymphe*, de laquelle sort l'*insecte parfait*.

Les Insectes forment la première classe de l'embranchement des *Arthropodes*.

SEIZIÈME LEÇON

Principaux types d'Insectes.

Nous connaissons maintenant l'organisation générale des Insectes; l'étude de quelques types communs va compléter nos connaissances sur ce point.

Coléoptères. — Chez le *Hanneton*, les annexes de la bouche sont faites pour broyer les aliments résistants; les ailes de la première paire ou *élytres* sont coriaces et forment une sorte d'étui protecteur pour celles de la deuxième paire quand elles sont au repos. Le Hanneton est le type de l'ordre des *Coléoptères*. Parmi eux on peut citer les *Scolytes*, qui attaquent et détruisent le bois; — les *Charançons* (*fig.* 100), qui se nourrissent de grains de blé, de graines de pois, etc.; — les *Dermestes*, qui s'attaquent aux peaux et aux fourrures, etc.

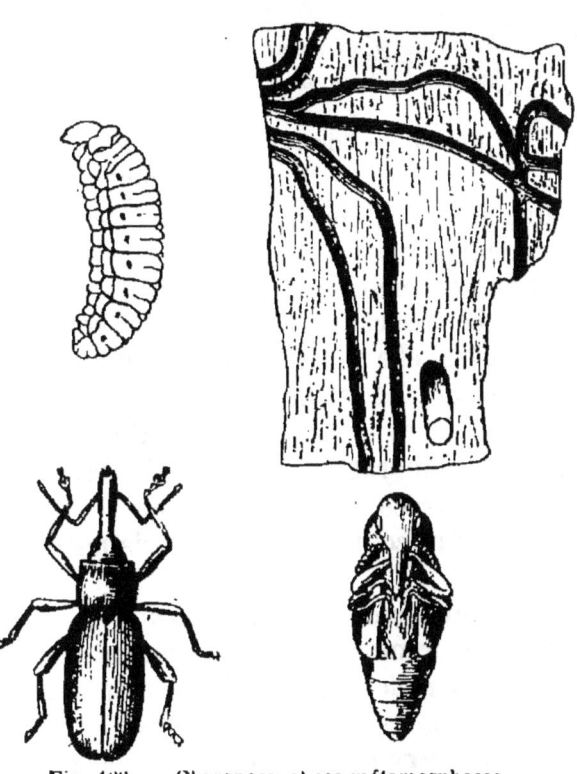

Fig. 100. — Charançon et ses métamorphoses.

Orthoptères. — Chez la *Sauterelle*, les ailes antérieures ont la consistance du parchemin, et protègent, à l'état de repos, les ailes postérieures minces, repliées en éventail. C'est un insecte broyeur. La Sauterelle est le type des *Orthoptères*. Parmi eux on peut citer : les *Blattes* ou *Cancrelats*, nombreux dans les boulangeries, et qui sont la plaie des habitations et des vaisseaux dans les pays orientaux ; ils répandent une odeur très désagréable ; — les *Criquets* (*fig.* 101), les *Sauterelles* et les *Grillons*, remarquables par les bruits plus ou moins stridents qu'ils produisent (les Criquets par le frottement des longues cuisses de leurs pattes postérieures contre une nervure des ailes supérieures, les autres par le frottement réciproque des deux élytres).

Fig. 101. — Criquet.

Une espèce de Grillon, la *Courtilière*, pourvue de pattes antérieures courtes et puissantes, rivalise avec la Taupe, dont on lui applique quelquefois le nom (*Taupe-grillon*), pour la construction de ses galeries souterraines; bien que carnassière, elle cause de grands dommages à l'agriculture en détruisant les racines qu'elle rencontre sur sa voie. Plus funestes encore sont les *Criquets* d'Afrique; voyageant par bandes innombrables qui voilent l'éclat du soleil, ils détruisent toute trace de végétation sur leur passage; c'est un terrible fléau contre lequel la résistance est difficile à organiser.

Névroptères. — Les *Névroptères*, comme les Libellules (vulgairement appelées Demoiselles), sont des Insectes broyeurs dont les quatre ailes sont minces, transparentes et parcourues par de fines nervures.

Hémiptères. — Chez la *Punaise des lits*, parasite désagréable qui habite les cloisons des vieilles constructions, les ailes antérieures sont épaisses et opaques à leur base; leurs extrémités seules restent minces et transparentes : ce sont des *demi-élytres*. La bouche, disposée pour la succion, se termine par une sorte de bec.

La Punaise est le type des *Hémiptères*. Parmi eux on remarque encore les *Cigales* et les *Pucerons*, dont les ailes sont moins nettement divisées en deux parties dissemblables.

Les *Cigales* (*fig.* 102), avec qui on a souvent le tort de confondre les Sauterelles, sont pourvues comme celles-ci d'un organe musical; mais il est absolument indépendant des membres et contenu tout entier de chaque côté du corps, dans la base de l'abdomen.

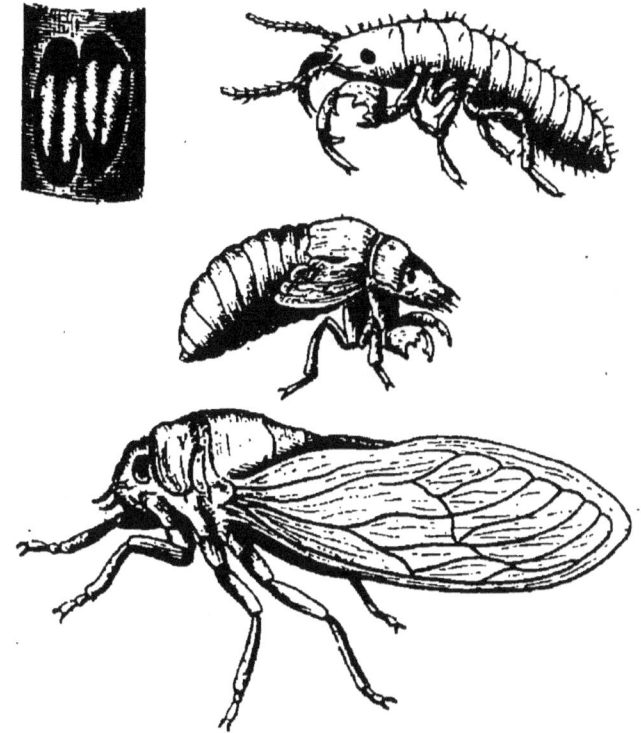

Fig. 102. — Cigale et ses métamorphoses.

Les *Pucerons* (*fig.* 103) se nourrissent des sucs des végétaux auxquels ils s'attaquent.

Fig. 103. — Puceron du rosier.

Enfin, n'oublions pas de rattacher aux Hémiptères les

142 COURS COMPLET D'HISTOIRE NATURELLE.

Poux, parasites qui peuvent infester le cuir chevelu de l'homme : ils ne possèdent jamais d'ailes ; mais la présence d'un bec au-devant de la bouche et l'absence totale de métamorphoses les placent incontestablement parmi les Hémiptères.

Diptères. — La *Mouche domestique* (*fig.* 104) est l'exemple le plus connu de l'ordre des *Diptères*. elle n'a qu'une paire d'ailes bien développée, la paire antérieure ; les ailes postérieures se réduisent à de petits filaments dont les extrémités se renflent en forme de boules (*balanciers*) ; la Mouche porte une trompe organisée pour sucer.

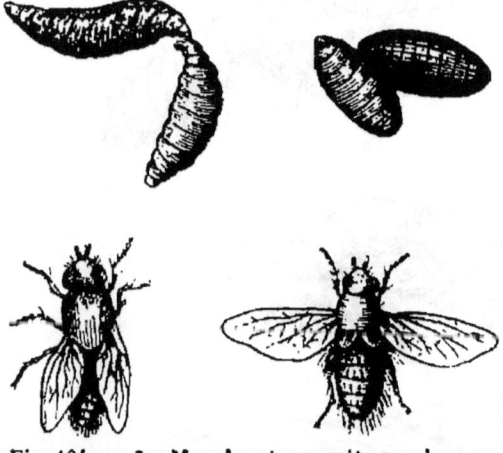

Fig. 104. — La Mouche et ses métamorphoses.

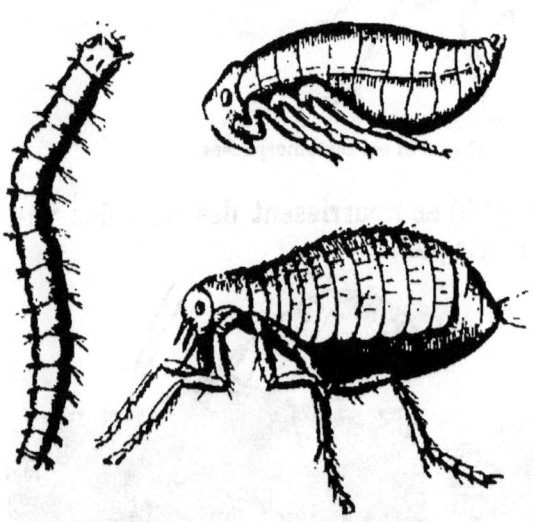

Fig. 105. — La Puce et ses métamorphoses.

Parmi les Diptères au corps effilé se trouvent les *Cousins* et les *Moustiques*, dont la piqûre irritante rend si pénible le séjour des pays chauds.

Certains Diptères sont entièrement privés d'ailes : telle est la *Puce*, parasite du corps humain (*fig.* 105).

Lépidoptères. — Les *Papillons* ou *Lépidoptères* possèdent deux paires d'ailes, recouvertes d'écailles fines et colorées, formant une poussière impalpable qui adhère aux doigts quand on saisit un Papillon par les ailes ; leur bouche porte une trompe disposée pour la succion. Leurs métamorphoses sont complètes. Les larves des Papillons ont reçu le nom particulier de *chenilles*; elles possèdent deux sortes de pattes : les pattes articulées ou *vraies pattes*, attachées au thorax, et les pattes membraneuses ou *fausses pattes*, qui dépendent de l'abdomen.

On peut, d'après leur mode d'existence, diviser les Papillons en trois groupes : les *Nocturnes*, qui ne volent que pendant la nuit; — les *Crépusculaires*, qui sortent au déclin du jour; — les *Diurnes*, qui volent en plein jour. Les premiers ont des ailes généralement sombres; les Papillons diurnes ont le privilège des couleurs éclatantes.

Les *Teignes*, dont les chenilles rongent et percent les étoffes et les tapisseries, sont des Papillons nocturnes.

Au même groupe appartiennent les *Bombyx* dont les larves, excessivement nombreuses et voraces, détruisent les feuilles des arbres de nos pays. Il existe cependant une espèce de Bombyx fort utile à l'homme, et dont l'élevage fait l'objet d'une industrie spéciale; c'est le *Bombyx du mûrier* : sa larve n'est autre chose que le *Ver à soie* (*fig.* 106).

Au sortir de l'œuf (A), le jeune ver à soie n'a guère que trois millimètres de long : son corps est noir et velu. Pendant le premier mois de son existence, il subit quatre mues successives, dans l'intervalle desquelles il ne cesse de se nourrir et de s'accroître ; chaque mue est elle-même suivie d'une augmentation sensible de volume, comme si la chenille donnait un libre essor à ses organes gonflés et retenus avec peine dans leur étroite prison ; mais aucune de ces mues n'enlève au Ver à soie ses caractères de larve (B, C, D). Au début du deuxième mois, la chenille, blanche depuis sa première mue, cesse de se nourrir; elle jaunit, devient transparente, et s'agite avec inquiétude ; elle choisit bientôt un point d'appui, s'y fixe et s'entoure de fils de soie étroitement enchevêtrés, qui ne tardent pas à lui former une enveloppe protectrice ovoïde, appelée *cocon* (F). C'est dans

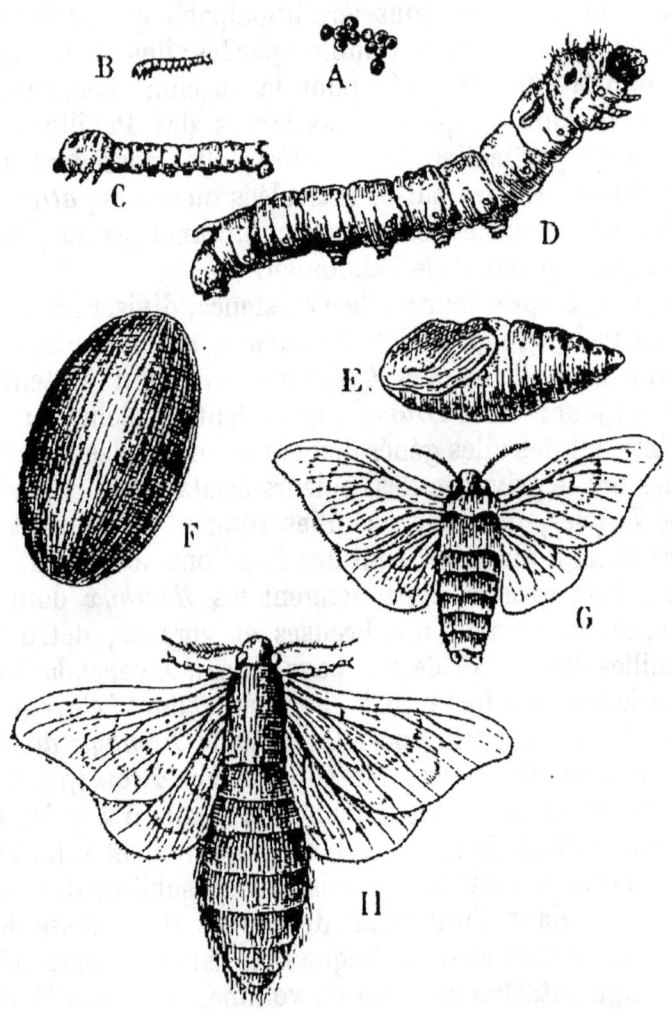

Fig. 106. — Ver à soie et ses métamorphoses. A, œufs; B, C, D, formes successives d'une larve; E, chrysalide; F, cocon; G, H, papillon.

l'intérieur du cocon que se produit la cinquième mue; le Ver à soie abandonne définitivement sa peau molle, et se transforme en nymphe ou *chrysalide* (E), être allongé, de couleur brune, dépourvu de pattes et sensiblement immobile. Enfin, quinze jours environ après la formation du cocon, on voit celui-ci se percer vers sa pointe, et de l'ouverture ainsi formée sort un Insecte parfait, le Papillon. Les Vers à soie, élevés dans les *magnaneries*, sont pour plusieurs départements du Midi une source abondante de richesses ; on a cherché vainement, jusqu'à ce jour, une soie plus fine et plus éclatante que celle dont le Bombyx du mûrier forme son cocon.

Citons encore, parmi les Papillons nocturnes, les *Cossus*, dont les larves détruisent le bois du Saule.

Hyménoptères. — Les *Hyménoptères*, par exemple les *Abeilles*, ont la bouche faite pour lécher : la lèvre supérieure et les mandibules y subissent peu de modifications ; mais les mâchoires forment un tube imparfait, quelque chose comme une trompe fendue sur toute sa longueur ; celle-ci contient une languette dépendant de la lèvre inférieure et qui a pour fonction de rassembler les matières dont se nourrit l'insecte. Les deux paires d'ailes sont transparentes et parcourues par de grosses nervures. L'abdomen de l'Abeille femelle porte un aiguillon qui lui permet d'introduire sous la peau de ses ennemis le venin sécrété par une glande voisine.

Une colonie d'*Abeilles* (*fig.* 107) ou *ruche* comprend trois sortes d'individus : une seule femelle, la *reine* (E, F) ; — des *mâles* (C) aussi volumineux qu'elle, mais plus élancés de forme ; — des *ouvrières* (D) très nombreuses, petites de taille, dont le rôle est de produire la *cire* nécessaire à l'édification du nid, de recueillir le pollen et le nectar des fleurs dont elles composent le *miel*, et de veiller à l'éducation des larves (A).

Les mâles n'ont d'autre rôle dans la colonie que d'assurer la conservation de l'espèce ; aussi voit-on, vers les mois de juillet et d'août, quand la reine a pondu un nombre suffisant d'œufs, les ouvrières attaquer les mâles et les tuer sans pitié comme des êtres devenus inutiles à la communauté. Les ouvrières, au contraire, redoublent alors d'activité. A l'aide d'*épines* que portent les pattes, elles rassemblent les lamelles de cire produites sous l'abdomen et les transportent entre les mandibules; celles-ci en font des

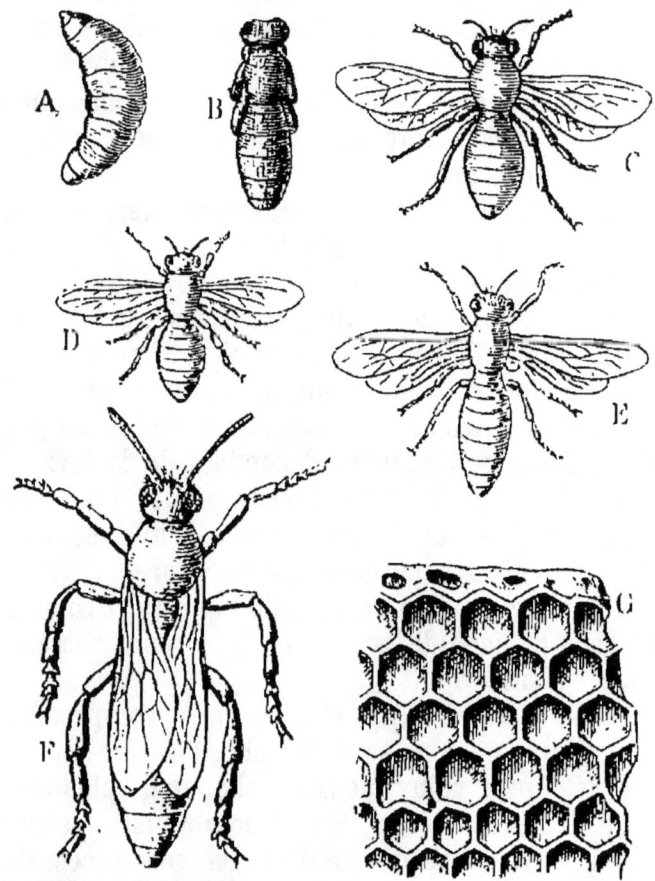

Fig. 107. — Abeilles. A, larve; B, nymphe; C, mâle; D, ouvrière; E, F, reine; G, alvéoles.

boulettes qui viennent s'accumuler avec une précision mathématique, pour former les cellules hexagonales régulières (*alvéoles*) qui servent de demeures aux larves (G). Elles vont aussi butiner sur les fleurs pour y puiser, à l'aide de leur trompe, le nectar qui forme la partie principale du miel, et qu'elles tiennent en réserve dans leur jabot. Enfin, des *brosses*, portées aussi par les pattes, recueillent le pollen que, dans cette visite aux fleurs, les poils de l'abdomen ont pu retenir, et le rassemblent dans des *corbeilles* situées sur les jambes ; mélangé au miel, ce pollen forme la pâtée dont les larves sont nourries. Les *alvéoles* qui doivent recevoir ces dernières sont construites avant la ponte des œufs, et présentent des dimensions ou même des formes assez différentes suivant qu'elles sont destinées à des larves d'ouvrières, de mâles ou de reines ; il semble donc (chose très curieuse) que la femelle puisse à volonté pondre des œufs de l'une ou de l'autre catégorie ; mais (fait plus remarquable encore) les ouvrières peuvent, en modifiant la forme d'un alvéole ou la nourriture de la larve qui l'habite, faire d'une ouvrière un mâle ou même une reine.

Il est bien évident que, sur les milliers d'œufs que pond la reine, un certain nombre doit donner naissance à des

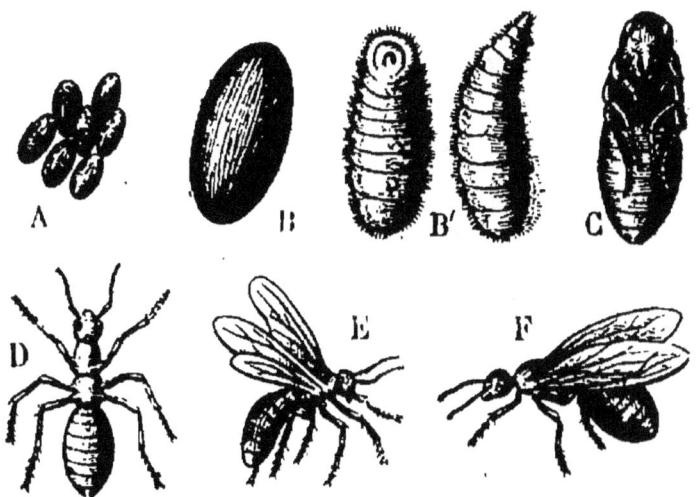

Fig. 108. — Fourmis. B', larves ; C, nymphe ; A, un groupe de cocons (à tort appelés « œufs de fourmis »), et dont chacun contient une nymphe ; B, un cocon plus grossi ; D, ouvrière ; E, mâle ; F, femelle.

larves femelles ; la reine tue celles-ci d'un coup de son aiguillon, avant qu'elles n'aient eu le temps de devenir abeilles ; ainsi s'explique la présence d'une seule reine dans la ruche. Il arrive cependant quelquefois que plusieurs reines se trouvent en présence : une bataille acharnée décide alors de la possession de la ruche; à moins que la vieille reine, suivie d'un certain nombre de mâles et d'ouvrières, n'aille chercher fortune ailleurs.

On sait quelle importance l'élevage des Abeilles et la récolte du miel ont prise dans diverses parties de la France.

Les *Fourmis* (*fig.* 108) ont peut-être des mœurs encore plus curieuses que celles des Abeilles. Chez elles les mâles seuls sont ailés (E), ou du moins les femelles, qui d'abord possèdent des ailes (F), les perdent avant la ponte; les ouvrières (D) en sont toujours dépourvues. Il serait trop long de citer ici les nombreuses manifestations de l'instinct des Fourmis. Quand on songe aux mille difficultés, souvent imprévues, que surmontent le courage et la sagacité de ces petits animaux pour atteindre tel ou tel but dont ils paraissent avoir pleine connaissance, on se demande si cet instinct ne serait pas plutôt de l'intelligence.

RÉSUMÉ

La division de la classe des Insectes en ordres peut être résumée par le tableau suivant :

INSECTES	broyeurs...	ailes supérieures transformées en élytres..................	*Coléoptères.*	Hanneton.
		ailes supérieures parcheminées.	*Orthoptères.*	Sauterelle.
		les quatre ailes membraneuses.	*Névroptères.*	Libellule.
	suceurs....	ailes supérieures transformées en demi-élytres.................	*Hémiptères.*	Punaise.
		ailes couvertes d'écailles colorées......................	*Lépidoptères.*	Papillon.
		deux ailes seulement..........	*Diptères.*	Mouche.
	lécheurs; ailes membraneuses...............		*Hyménoptères.*	Abeille.

DIX-SEPTIÈME LEÇON

Les Arachnides, les Myriapodes, les Crustacés et les Vers.

Les Arachnides. — La seconde classe de l'embranchement des Arthropodes (voy. p. 138) est celle des *Arachnides*, dont le type est notre Araignée commune. Bien que différant des Insectes par beaucoup de points de détail, les Arachnides s'en rapprochent assez par l'ensemble de leur organisation pour qu'une comparaison rapide entre les deux types suffise à nous faire connaître celui qui doit nous occuper maintenant.

Le corps d'un Insecte se divise en trois parties : la tête, le thorax, l'abdomen; celui d'une Araignée (*fig.* 109) n'en comprend que deux : la tête et le thorax sont soudés de manière à former un *céphalothorax*; l'abdomen, qui lui fait suite, et qui, chez l'Araignée commune, n'est pas divisé en anneaux, s'y rattache par une partie rétrécie.

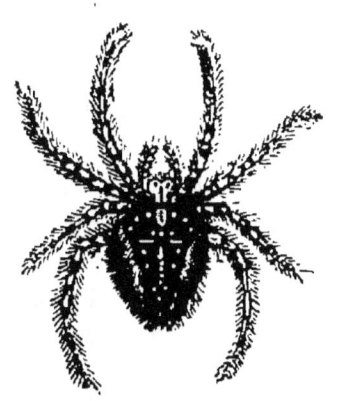

Fig. 109. — Araignée Epeire.

L'Insecte possède trois paires de pattes; l'Araignée en a quatre; elles sont, bien entendu, fixées à la face inférieure du céphalothorax. La plupart des Insectes adultes possèdent deux paires d'ailes; les Araignées en sont absolument privées, et, par suite, incapables de voler.

La disposition des annexes de la tête diffère aussi très sensiblement de ce que nous avons vu chez les Insectes. Les antennes, au lieu d'être formées d'une longue série d'articles courts, ne comprennent que deux segments : celui qui est fixé au céphalothorax, court et puissant, renferme une glande à venin avec son réservoir ; le second, aigu et grêle, renferme le canal excréteur de cette glande, qui s'ouvre vers sa pointe. Ainsi transformées, les antennes constituent pour l'animal une arme puissante ; on leur donne le nom de *chélicères*. Ensuite vient une paire unique de *mâchoires*; chacune est formée de cinq articles, dont le premier seul sert à la mastication : il est situé au voisinage de la bouche ; les quatre autres constituent un *palpe maxillaire*. La face supérieure de la tête porte les *yeux*.

L'*appareil respiratoire* de l'Araignée est sensiblement différent du système trachéen des Insectes; on voit bien, sur la face inférieure de l'abdomen, une ou deux paires de stigmates ; mais chacun d'eux donne accès dans une sorte de vestibule que tapisse un repli de la peau ; au fond de ce vestibule s'ouvrent des poches aplaties et empilées comme les feuillets d'un livre. Ces appareils ont reçu, assez improprement, le nom de *poumons*; il serait bien plus juste, malgré la distance qui semble les en séparer, de les comparer aux trachées des Insectes : il arrive, en effet, chez certaines Araignées pourvues de deux paires de stigmates, que la première seule donne accès à des poumons; la seconde correspond alors à un appareil respiratoire identique à celui des Insectes ; d'ailleurs beaucoup d'Arachnides respirent à l'aide de véritables trachées.

S'il est vrai que les Araignées produisent des œufs comme les Insectes, du moins ce ne sont pas des larves, mais des Araignées parfaites qui sortent de ces œufs; elles ont, à peu de chose près, l'organisation de l'animal adulte. En un mot, *il n'y a pas de métamorphoses*.

Tels sont les caractères principaux qui distinguent les Arachnides des Insectes.

Parmi les Arachnides on peut citer, à côté des Araignées, les *Faucheurs*, chez qui l'abdomen, aussi large que le céphalothorax, n'est plus uni à lui par un étroit pédicule ; il est, de plus, formé de six anneaux distincts; enfin les Faucheurs respirent par de véritables trachées.

C'est encore parmi les Arachnides que se place le *Sarcopte de la gale* (*fig.* 110) dont les œufs, déposés par la femelle dans l'épaisseur de la peau de l'Homme, y produisent, en se développant, la maladie dont cet animal porte le nom. Le corps du Sarcopte ne présente plus aucune trace de division en anneaux; c'est à peine si des plissements onduleux se remarquent à la surface des téguments; mais la présence de trachées à l'intérieur, et, à l'extérieur, de huit pattes terminées par des griffes ou des ventouses, ne laisse aucun doute sur la parenté éloignée du Sarcopte et de l'Araignée.

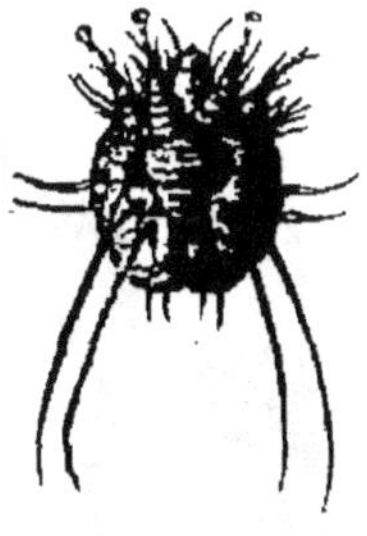

Fig. 110. — Sarcopte de la gale.

Les Myriapodes. — Une troisième classe d'Arthropodes est celle des *Myriapodes* ou Mille-pieds (*fig.* 111).

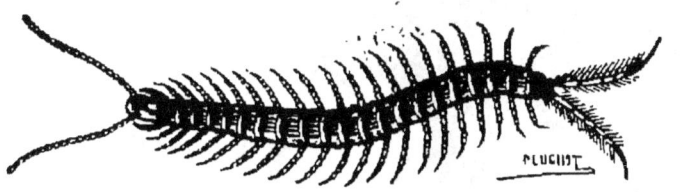

Fig. 111. — Scolopendre.

Les Insectes ont trois paires de pattes; nous en avons trouvé quatre chez les Arachnides; les Myriapodes en possèdent un nombre très grand, qui peut atteindre cent cinquante. Le nombre des anneaux qui composent le corps est, par suite, considérable, et, s'il est facile de distinguer une tête à la région antérieure, il est impossible d'établir, parmi les anneaux qui la suivent et portent tous des pattes, une division en thorax et abdomen.

On a fait deux groupes parmi les Myriapodes : celui des *Iules*, qui se nourrissent de matières végétales décomposées et que l'on rencontre fréquemment sous l'écorce pourrie des arbres; — et celui des *Scolopendres*, animaux carnassiers des pays chauds.

Les Crustacés. — Les Insectes, les Arachnides, les

152   COURS COMPLET D'HISTOIRE NATURELLE.

Myriapodes vivent à l'air libre, et possèdent des appareils respiratoires (trachées ou poumons), adaptés à ce mode d'existence. C'est au contraire dans l'eau que vivent les *Crustacés*; c'est à l'aide de *branchies* qu'ils respirent, quand ils ont un véritable appareil de respiration.

L'*Ecrevisse des ruisseaux* (*fig.* 112) pourra nous servir de type dans l'étude de cette nouvelle classe. Comme celui des Araignées, son corps se divise dans le sens de la longueur en deux parties : le *céphalothorax* et l'*abdomen*; ce dernier est formé de six anneaux, auxquels s'ajoute une dernière pièce (*telson*) entourée de deux lames latérales dont la réunion constitue la *nageoire caudale*.

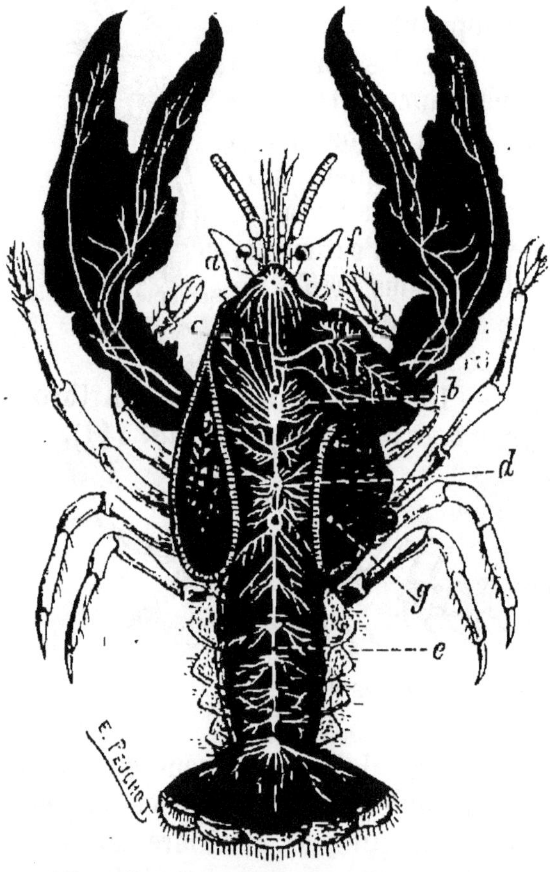

Fig. 112. — Ecrevisse des ruisseaux ; système nerveux. *a*, cerveau; *b*, ganglions sous-œsophagiens; *c*, collier œsophagien; *d*, *e*, chaîne ventrale; *f*, estomac; *g*, chambre branchiale.

Le céphalothorax porte deux *yeux* à facettes aux extrémités de deux tiges mobiles, puis deux paires d'*antennes*, dont les premières, plus grêles (*antennules*), sont bifurquées. A ces pièces succèdent les annexes de la bouche (*mandibules, mâchoires, pattes-mâchoires*). Viennent ensuite les véritables pattes dont le nombre est de cinq paires : la première paire constitue les *pinces*, organes de préhension et d'attaque ; les autres paires sont, à proprement parler, des *pattes ambulatoires*, c'est-à-dire servant à la marche.

L'abdomen ne porte que des appendices courts et grêles, servant à la natation, dont la dernière paire, fixée au sixième anneau abdominal, forme les lames de la nageoire caudale.

La carapace dure qui recouvre l'Ecrevisse présente un phénomène curieux ; elle tombe à intervalles réguliers, laissant à nu la peau molle de l'animal, qui se reforme ensuite une enveloppe protectrice. Cette *mue* se produit trois fois dans le cours de la première année ; elle devient ensuite annuelle.

L'appareil respiratoire de l'Ecrevisse est constitué par des *branchies* ; elles sont situées de chaque côté du céphalothorax dans deux vastes cavités que protège la carapace, et dont les limites y sont nettement marquées par deux sillons longitudinaux (*chambres branchiales, fig.* 112, *g*). C'est à la base des membres céphalothoraciques et plus spécialement des pattes-mâchoires et des pattes ambulatoires que sont fixées les branchies. La plupart s'insèrent sur les membranes articulaires qui relient les membres au thorax ; chacune se compose simplement d'une tige supportant un grand nombre de filaments, qui lui donnent l'aspect d'une plume. L'eau pénètre dans la chambre branchiale par l'extrémité postérieure, et sort par le bout opposé ; il suffit, pour en acquérir la preuve, de plonger l'Ecrevisse dans l'eau par l'abdomen jusqu'au tiers environ du céphalothorax ; on voit alors un jet liquide sortir, de chaque côté, au niveau des pattes-mâchoires, attestant le mouvement ascensionnel de l'eau à la surface des branchies.

Le *système nerveux* est peu différent de celui des Insectes. Un *cerveau* volumineux (*a*) est relié aux gros *ganglions sous-œsophagiens* (*b*) par un *collier* (*c*). Puis vient une *chaîne ventrale* (*d, e*), composée d'une partie thoracique (cinq paires de ganglions), et d'une partie abdominale que termine un *ganglion anal*[1] volumineux.

Au sortir de l'*œuf*, la jeune Ecrevisse subit peu de transformations ; on n'en saurait dire autant de la plupart des Crustacés, qui, par la multiplicité des modifications dont ils sont le siège, présentent de véritables *métamorphoses*.

Parmi les *Crustacés* viennent encore se ranger : le *Homard* ; — la *Langouste* ; — les *Crevettes* (rouge et grise) ;

Fig. 113. — Crabe.

— les *Crabes* (*fig.* 113) dont l'abdomen, court et faible, est naturellement replié sous le céphalothorax ; — le *Cloporte*, petit Crustacé qui vit à l'air libre, mais n'en est pas moins pourvu de branchies ; celles-ci sont constituées par les pattes abdominales, dont une série de prolongements externes forme de chaque côté du corps une sorte d'opercule pour l'appareil respiratoire ; c'est un curieux exemple de l'adap-

---

1. C'est-à-dire voisin de l'anus.

tation à la vie aérienne d'un animal que l'ensemble de son organisation semblait destiner à une existence aquatique; les Cloportes se roulent fréquemment sur eux-mêmes en boule.

Pour nous résumer, les Crustacés sont des *Arthropodes menant une existence généralement aquatique, pourvus le plus souvent de branchies rattachées aux appendices locomoteurs, et dont le corps est partagé en céphalothorax et abdomen.*

CLASSIFICATION DES ARTHROPODES

On peut résumer par le tableau suivant le groupement des diverses classes d'Arthropodes :

ARTHROPODES
- pourvus de trachées ou de poumons.
  - tête et thorax distincts.
    - Beaucoup de pattes. *Myriapodes.*
    - Trois paires de pattes. *Insectes.*
  - céphalothorax, quatre paires de pattes. *Arachnides.*
- pourvus de *branchies* et d'un *céphalothorax*..... *Crustacés.*

Les Vers. — Symétrie bilatérale et division longitudinale du corps à anneaux, mais absence de carapace dure et de membres articulés, tels sont les caractères de l'em-

Fig. 114. — Sangsue.

branchement des *Vers*. La *Sangsue* (*fig.* 114) pourra nous servir de type pour l'étude de ce groupe. On sait que cet animal est capable de se fixer à la surface de la peau de l'Homme, d'y produire une piqûre et de sucer le sang.

Le corps de la *Sangsue* est allongé et divisé extérieurement en une série très nombreuse d'anneaux courts et serrés. A l'extrémité antérieure on remarque une *ventouse*, au centre de laquelle s'ouvre la bouche (*ventouse buccale*); une seconde ventouse, plus large, occupe l'extrémité postérieure, immédiatement au-dessous de l'anus. Aucune saillie, aucune aspérité à la surface du corps : la Sangsue n'a pas de pattes. Lorsque la Sangsue s'est fixée par sa ventouse buccale en un point de la peau dont elle veut extraire le sang, trois mâchoires portées au fond de la bouche (*fig.* 115) l'entament à la façon d'une scie et ne s'arrêtent qu'après l'avoir traversée ; c'est alors que la ventouse aspire le liquide : de là vient la forme triangulaire des cicatrices que les Sangsues laissent sur la peau.

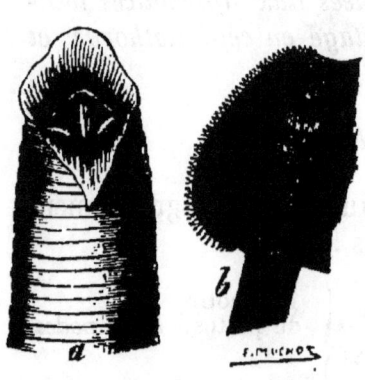

Fig. 115. — Bouche et mâchoire de la Sangsue. *a*, extrémité antérieure du corps; *b*, une mâchoire isolée.

Le *système nerveux*, très complet, est conforme au type général que nous avons trouvé chez les Arthropodes : *cerveau, collier œsophagien, masse sous-œsophagienne* volumineuse, longue *chaîne nerveuse* appliquée contre la face ventrale, rien n'y manque. Des *yeux* sont rangés en demi-cercle sur la face dorsale de l'anneau antérieur, et il est bien certain que le sens de la vue n'est pas le seul dont jouissent les Sangsues.

La Sangsue pond des œufs ; après avoir été pondus, ils sont renfermés dans un *cocon*, où ils éclosent ; les jeunes ne subissent pas de métamorphoses.

Les *Lombrics* ou Vers de terre portent huit soies rigides par anneau ; ces soies leur servent de points d'appui pour la locomotion. Pour se nourrir, ils avalent la terre qu'ils habitent, en extraient les particules alimentaires qu'ils absorbent, et rejettent par l'anus tout ce qui est inutile.

RÉSUMÉ

Les *Arachnides* sont des Arthropodes dont le corps se partage en deux parties : *céphalothorax* et *abdomen*. Ils sont munis de quatre paires de pattes et dépourvus d'ailes. Leurs antennes sont transformées en *chélicères*, et leurs mâchoires se réduisent à une paire. Ils respirent à l'aide de trachées, parfois modifiées en poumons. Ils ne subissent pas de métamorphoses. Ex. Araignée.

Les *Myriapodes* sont des Arthropodes pourvus d'un grand nombre d'anneaux et de pattes, et ayant une tête distincte. Ex. Iule.

Les *Crustacés* sont des Arthropodes aquatiques, respirant à l'aide de branchies, et dont le corps est partagé en céphalothorax et abdomen. Ex. Ecrevisse.

L'embranchement des *Vers* comprend des animaux entièrement mous, doués de symétrie bilatérale, partagés en anneaux dans le sens de la longueur, et dépourvus de pattes articulées. Ex. Sangsue, Ver de terre.

DIX-HUITIÈME LEÇON

Les Mollusques, les Echinodermes, les Cœlentérés, les Spongiaires et les Protozoaires.

Les Mollusques. — Les *Mollusques* forment un embranchement caractérisé, comme les trois premiers, par une symétrie bilatérale plus ou moins parfaite ; mais l'absence d'un squelette interne osseux les distingue des Vertébrés, comme l'absence de toute division du corps en anneaux les sépare des Arthropodes et des Vers. Le nom de Mollusques le dit assez clairement : ce sont des animaux essentiellement mous. Ajoutons toutefois que, dans bien des cas, ils sont protégés extérieurement par une enveloppe dure et calcaire, totalement indépendante des organes qu'elle recouvre, la *coquille*. Ce sont généralement des animaux aquatiques.

Beaucoup de Mollusques peuvent être rattachés à deux

types bien connus, mais assez différents entre eux : la *Moule* et l'*Escargot*.

La Moule. — La Moule et les Mollusques du groupe de la Moule sont remarquables pour la parfaite symétrie de leur organisation ; la figure 117 représente une Mye, mollusque qui vit enfoncé dans la vase au voisinage des embouchures.

Le corps est protégé par une coquille composée de deux parties symétriques ou *valves* (*fig.* 116). Ces deux valves

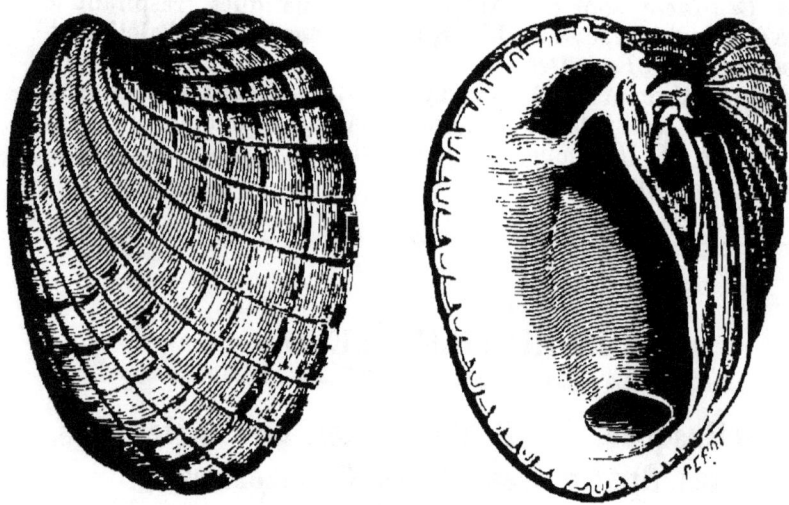

Fig. 116. — Coquille bivalve.

s'unissent, comme les deux moitiés de la couverture d'un livre, suivant une ligne qu'on appelle la *charnière*. La coquille est tapissée intérieurement par une double lame charnue qui se moule exactement sur elle, et qu'on nomme le *manteau* (*fig.* 117, *f*) ; chez la Moule, les deux *lobes* du manteau sont libres sur leurs bords, comme les valves de la coquille.

Quand on veut ouvrir la coquille d'une moule vivante, on rencontre une résistance énergique. C'est qu'en effet l'animal possède deux muscles puissants, étendus d'une valve à l'autre vers les deux extrémités de la coquille, et dont la contraction rapproche les deux valves ; ce sont les *muscles adducteurs* (*a* et *b*), qu'il est indispensable de déta-

LA MOULE.

cher d'un côté si l'on veut arriver à ouvrir la coquille. Certains Mollusques, bivalves comme la Moule, ne possèdent qu'un muscle adducteur ; l'*Huître* est dans ce cas.

Entre les deux lobes du manteau s'étend une masse proéminente que sa forme a fait comparer à la *bosse* de devant *de Polichinelle* (*h*), et qui renferme une bonne partie des viscères. A sa partie supérieure on remarque un prolongement saillant que l'animal contracte quand il est inquiété et qu'il peut, au contraire, développer jusqu'à le faire saillir entre ses valves; c'est le *pied* (*i*), qui prend chez la Moule la forme d'une languette brune.

De chaque côté de la masse viscérale s'étendent deux doubles lamelles superposées qui occupent presque toute la longueur du corps : ce

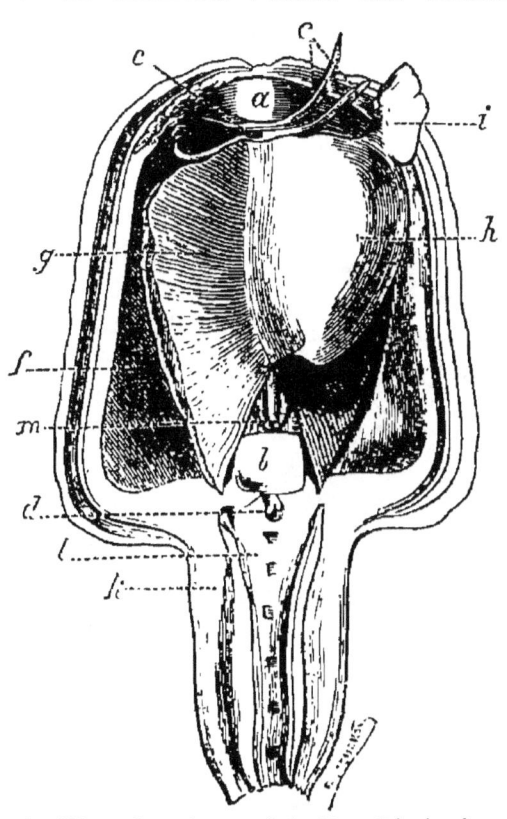

Fig. 117. — Organisation de la Myc. (L'animal est supposé extrait de sa coquille, et les deux lobes du manteau ont été écartés). *a*, muscle adducteur antérieur ; *b*, muscle adducteur postérieur; *c*, bouche; *d*, anus; *e*, palpes labiaux; *f*, manteau; *g*, branchies; *h*, masse viscérale; *i*, pied; *k*, *l*, siphons par lesquels entre et sort l'eau nécessaire à la respiration; *m*, ganglions viscéraux.

sont, en quelque sorte, les feuillets du livre dont la couverture était représentée par la coquille. Ces organes ne sont autre chose que des *branchies* (*g*) ; de là le nom de *Lamellibranches* donné aux Mollusques du groupe de la Moule. La surface des branchies paraît finement striée; c'est qu'en réalité elles sont formées d'une multitude de filaments juxtaposés.

Le *tube digestif* est muni de deux orifices placés aux extrémités opposées de l'animal (*c, d*) ; de l'un à l'autre il ne conserve pas une direction absolument rectiligne.

L'organe de la locomotion est généralement le *pied*. Il y a toutefois des Lamellibranches, tels que la Moule, qui se déplacent par des procédés différents. A la base du pied, une glande sécrète une matière comparable à la soie, mais se solidifiant au contact de l'eau ; la Moule, allongeant le pied, fixe un peu de cette matière au support qui lui convient, et retire son pied de manière à se filer un léger suspenseur. Un faisceau de filaments ainsi formés constitue le *byssus* de la Moule, et suffit à la retenir solidement à son rocher ; mais il lui permet aussi de se mouvoir lentement, en remplaçant le byssus ancien par un byssus nouveau, attaché plus haut.

Fig. 118. — Huître. *a*, muscle adducteur ; *b*, branchie ; *f*, foie ; *m*, manteau.

L'Escargot. — Le second type de Mollusques est l'*Escargot* (*fig.* 119). Ici la symétrie bilatérale, si nette

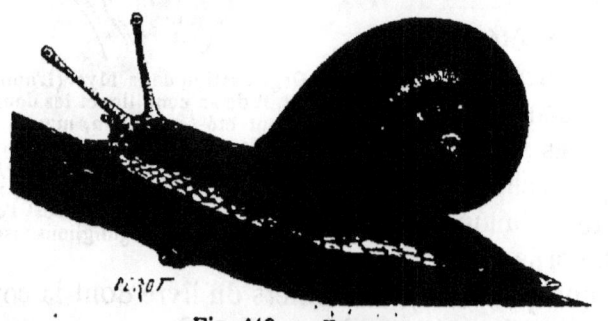

Fig. 119. — Escargot.

chez les Lamellibranches, est singulièrement compromise ; la coquille, dont la forme se moule à peu près sur celle du corps, au lieu d'être composée de deux valves exactement semblables, se réduit à une pièce unique, sorte de cornet enroulé sur lui-même en spirale et renfermant une partie des organes. Le pied subit aussi une importante modification : ce n'est plus cette languette aplatie sur les côtés, dont les Lamellibranches se servent en général pour écarter la vase dans laquelle ils vivent enfoncés ; c'est une large *sole*[1] par laquelle l'animal, sorti de sa coquille, s'applique sur son support et y rampe librement ; le pied semble s'étendre à la face ventrale tout entière, ce qui justifie le nom de *Gastéropodes*, appliqué généralement aux Mollusques du groupe de l'Escargot. On remarque enfin, réunies au devant de ce pied et au-dessus de la bouche, deux paires de *tentacules*, dont la seconde, mieux développée que la première, porte des yeux : c'est dire que cette région, dans laquelle se réunissent la partie cérébroïde du système nerveux et les organes des sens, prend les caractères d'une *tête* ; nous n'avons rien trouvé de semblable chez les Lamellibranches, qu'on peut appeler, pour ce motif, des Mollusques *Acéphales*.

L'*Escargot* a une coquille volumineuse ; dans la *Testacelle*, elle n'est plus qu'un capuchon fragile, à l'extrémité postérieure du corps ; chez la *Limace grise*, nous la voyons

Fig. 120. — Limace rouge.

s'enfoncer sous le manteau, qui la recouvre entièrement en arrière de la tête ; enfin, la *Limace rouge* (*fig.* 120) n'en présente plus que des traces disséminées sous les téguments à l'état de granules calcaires.

Les Echinodermes. — L'étude des Etoiles de mer ou *Astéries* (*fig.* 121) nous met pour la première fois en présence d'une symétrie bien différente de celle que nous

---

1. Par analogie avec le dessous du pied d'un Cheval, d'un Ane, etc., qui porte le nom de *sole*.

avons rencontrée avec toute évidence chez les Vertébrés, les Arthropodes, les Vers, et, avec quelques modifications, chez les Mollusques. La symétrie chez ceux-là est bilatérale, elle devient ici rayonnée ou *radiaire*. Le corps d'une Astérie comprend un disque central autour duquel rayonnent des bras, généralement au nombre de cinq; tout plan perpendiculaire à la surface du corps, et passant par l'un des cinq bras, partage le corps en deux parties offrant entre elles autant de ressemblance qu'un objet et son image dans un miroir plan. En d'autres termes, le corps d'une Etoile de mer se compose de plusieurs parties équivalentes distribuées autour d'un centre à la façon des rayons d'une circonférence.

Fig. 121.
Astérie, vue par sa face supérieure.

La peau qui recouvre extérieurement une Etoile de mer est résistante et incrustée d'éléments calcaires : en la coupant avec des ciseaux, on ébrèche son instrument. C'est

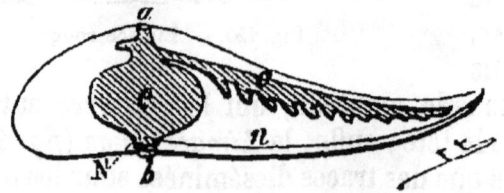

Fig. 122. — Organisation d'une Astérie (figure théorique). Le corps a été supposé coupé par un de ses plans de symétrie. *b*, bouche; *e*, estomac; *c*, un de ses prolongements; *a*, anus; N, collier nerveux; *n*, nerf.

là un caractère qu'on rencontre chez tous les animaux appartenant au même groupe que l'Etoile de mer. Chez certains d'entre eux la peau porte de plus à l'extérieur des piquants nombreux ; de là le nom d'*Echinodermes* qu'on donne à tous ces animaux.

Au centre de la face inférieure du corps d'une Etoile de

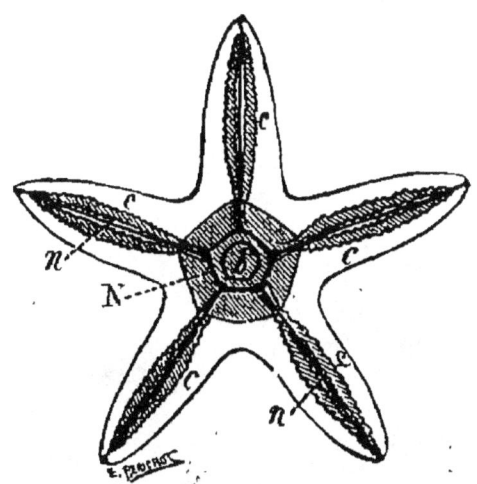

Fig. 123. — Organisation d'une Astérie vue par sa face inférieure, et supposée transparente. *b*, bouche ; *c*, prolongements de l'estomac ; N, collier nerveux ; *n*, nerf.

mer s'ouvre la bouche (*fig.* 122 et 123, *b*). Par un tube très court elle communique avec un estomac (*e*) qui envoie des prolongements (*c*) dans les bras ; à cet estomac succède ordinairement un intestin court qui vient se terminer par un anus (*a*) au centre de la face supérieure du corps. Le tube digestif ainsi constitué a des parois absolument distinctes de celles du corps.

A l'embranchement des Echinodermes appartiennent aussi les *Oursins* ou Châtaignes de mer, communs sur bien des points de nos côtes (*fig.* 124).

La forme générale du corps d'un Oursin est à peu près celle d'une sphère, couverte dans presque toute son étendue d'une épaisse forêt de *piquants* ; on peut cependant remarquer qu'au voisinage de ses pôles cette sphère est légèrement aplatie. L'un des pôles, par lequel l'animal repose toujours sur son support, est percé d'une ouverture qui est la *bouche* ; l'autre pôle, opposé au support, est occupé par un orifice plus étroit, l'*anus*. Ici encore il y a donc une symétrie rayonnée : la droite qui joint la bouche à l'anus est l'axe de symétrie.

Les Cœlentérés. — Les *Cœlentérés*, unis autrefois aux Echinodermes dans un embranchement commun (*Rayonnés*), sont comme eux des animaux à symétrie ra-

Fig. 124. — Oursin.

diaire; ils en diffèrent essentiellement par l'absence de cavité générale : chez l'Astérie, que nous avons prise pour type des Echinodermes, le tube digestif était suspendu librement à l'intérieur du corps, séparé de la peau par un espace que remplissaient divers organes; au contraire, dans l'*Actinie*, le *Corail*, la *Méduse*, représentants du type Cœlentéré, les parois du tube digestif se confondent avec celles de la cavité générale; pour mieux dire, l'animal tout entier n'est qu'une sorte de sac dont l'enveloppe sert par sa face extérieure de tégument protecteur, par sa face intérieure de muqueuse digestive.

Pour mieux apprécier cette organisation rudimentaire, étudions une de ces *Actinies* ou Anémones de mer, qui tapissent si élégamment les rochers sur certains points de nos côtes, et dont la ressemblance avec des fleurs a longtemps dissimulé la nature animale (*fig.* 125). Le terme de *Zoophytes* ou « animaux-plantes », par lequel les naturalistes ont souvent désigné la plupart des animaux inférieurs, rappelle la confusion qui, sur ces frontières du monde animal, semble exister entre les deux règnes.

Le corps d'une Actinie est formé d'une sorte de cylindre creux dont une base est fixée au rocher,

Fig. 125. — Actinie.

tandis que l'autre, parfaitement libre de toute adhérence, porte sur ses bords une série, souvent très riche, de bras ou *tentacules* mobiles. Au centre de l'étoile qu'ils forment s'ouvre un orifice légèrement allongé, la *bouche*.

La *cavité générale* dans laquelle s'ouvre la bouche, et qui se continue sur toute la longueur de l'animal, est divisée en *loges* par des *lames*, molles comme les parois du corps ; le nombre de ces lames et, par suite, celui des loges qu'elles déterminent, est le même que le nombre des tentacules, à l'intérieur desquels se prolongent les loges. Les particules alimentaires introduites par la bouche tombent immédiatement dans la cavité générale ; elles y sont rapidement digérées : la partie utile est absorbée par les parois mêmes de cette cavité, et la partie inutile est rejetée par la bouche. Quoi de plus simple qu'une telle organisation, où l'anatomie et la physiologie sont également impuissantes à distinguer le tube digestif et la cavité générale? On n'y reconnaît d'ailleurs ni appareil circulatoire, ni appareil respiratoire : la respiration est purement cutanée.

La sensibilité existe-t-elle chez les Actinies? On n'en saurait douter : la rapidité avec laquelle ces animaux savent se contracter à l'approche du danger montre même qu'elle est fort développée.

La motilité des diverses parties du corps n'est pas plus contestable; il est même facile de se convaincre que l'animal tout entier peut de lui-même se déplacer : si on observe avec patience une Actinie attachée par son pied à la paroi transparente d'un aquarium, on voit la base de ce pied, accolée comme une ventouse à la surface plane, glisser sur elle avec lenteur.

Les polypiers. — Les Actinies sont des animaux complètement mous. Il existe des Cœlentérés pourvus, comme elles, de lames internes et de tentacules, mais dont les parties molles sont soutenues par une sorte de squelette interne, de nature calcaire; la partie essentielle de ce squelette est un cylindre ayant la même forme que le corps et portant souvent vers l'intérieur une série de cloisons dures en nombre égal à celui des lames; mais il est important de remarquer que ces cloisons, au lieu d'être situées dans l'épaisseur même des lames, occupent, au contraire, les intervalles qui les séparent, c'est-à-dire les milieux des loges.

Un second caractère vient, le plus souvent, s'ajouter à la présence du squelette calcaire; il est rare, en effet, que l'animal ainsi constitué reste simple : après s'être fixé au sol, il produit en un de ses points une sorte de bourgeon, dont le développement finit par former un animal semblable au premier; de nouveaux animaux apparaissent sur ce dernier aussi bien que sur celui qui l'a produit, et, le même phénomène se répétant un grand nombre de fois, l'animal simple, issu d'un œuf, est remplacé par une agglomération d'êtres étroitement unis entre eux, une *colonie*. Chacun des animaux qui composent la colonie est un *polype*; leur réunion porte le nom de *polypier* (*fig.* 126). Dans le polypier comme dans chacun des êtres élémentaires qui le constituent, il faut distinguer deux choses : des parties molles, réellement vivantes, qui se détruisent après la mort de l'animal, et des parties dures, qui résistent à la corruption ; le squelette commun du Polypier tout entier présente alors à sa surface une multitude de cavités étoilées ou *calices*, dont chacune correspond à un polype.

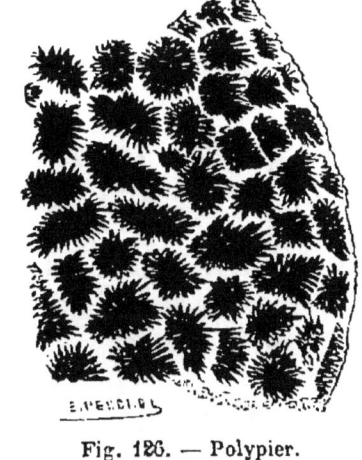

Fig. 126. — Polypier.

Le *Corail* (*fig.* 127), dont la nature animale a longtemps été contestée, forme des colonies arborescentes, soutenues par des axes calcaires d'une belle couleur rouge et ramifiés comme elles. Lorsque la colonie est vivante, le squelette est recouvert d'un tissu mou, bourré de corpuscules rouges et calcaires; à la surface se voient, de distance en distance, de petits polypes blancs : lorsqu'ils sont bien épanouis, ils offrent tout à fait l'aspect élégant de fleurs à huit pétales. Le squelette calcaire n'est pas creusé de calices à sa surface, par la raison qu'il ne forme pas de cloisons à l'intérieur des polypes. La pêche

Fig. 127. — Corail.

168 COURS COMPLET D'HISTOIRE NATURELLE.

du Corail, dont le squelette est fort recherché en bijouterie, est très active sur les côtes de l'Algérie et de la Tunisie, où il vit fixé à la surface inférieure des rochers.

Les *Méduses*, au corps gélatineux et transparent, sont encore des Cœlentérés, mais dont l'existence est libre.

Les Spongiaires. — Avec les Eponges (*fig.* 128), nous descendons encore un degré de l'échelle animale : ici plus de symétrie bilatérale ni radiaire; les seuls points de repère que nous trouvons à la surface irrégulière du corps sont des orifices, de nombre et de situation variables. Un examen un peu attentif nous permettra de distinguer parmi ces orifices deux catégories (*fig.* 129). Dans la première se rangent des ouvertures très nombreuses et de très petites dimensions, par lesquelles on voit pénétrer dans l'intérieur de l'animal l'eau chargée de particules alimentaires : ce sont les *pores inhalants*. Les ouvertures de la seconde catégorie, moins nombreuses, mais plus larges, et disséminées parmi les premières, servent de passage à l'eau qui sort du corps après l'avoir nourri : ce sont les *oscules*. Les oscules sont

Fig. 128. — Eponge.

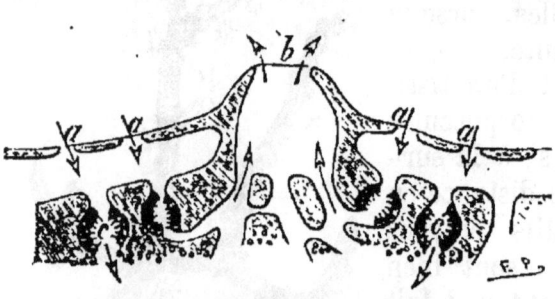

Fig. 129. — Structure d'une Eponge.
a, pores inhalants; *b*, oscules; *c*, corbeilles vibratiles.

unis aux pores inhalants par tout un système de fins canaux, enchevêtrés les uns dans les autres. La substance molle qui constitue l'Eponge vivante est généralement incrustée de particules dures et microscopiques (*spicules*), de forme ordinairement élégante et qui constituent un squelette : c'est ce squelette qui se conserve après la mort de l'animal. La pêche de l'Eponge usuelle, dont le squelette est employé comme objet de toilette, constitue, sur les côtes de l'Adriatique et de l'Archipel, une industrie fort importante : l'éponge est recueillie directement par des plongeurs sur des rochers peu profonds, à l'aide de dragues quand la profondeur devient considérable.

Les Eponges forment l'embranchement des *Spongiaires*.

Les Protozoaires. — Le dernier embranchement du règne animal est celui des *Protozoaires*, êtres d'une organisation excessivement simple. Le nombre et la variété de ces animaux, dont la plupart habitent l'élément liquide, sont infinis ; nous n'en citerons qu'un exemple.

Que l'on abandonne pendant quelque temps dans l'eau un bouquet fané ou une petite quantité de foin ; le microscope révélera bientôt dans une seule goutte de ce liquide la présence d'une foule d'organismes de dimension très faible, se déplaçant rapidement dans le milieu qui les nourrit à l'aide de cils très fins qui leur forment comme une toison et s'agitent continuellement dans l'eau (*cils vibratiles*) : habitant les infusions végétales, où ils semblent se développer spontanément, ces animalcules ont reçu le nom d'*Infusoires* (*fig.* 130). Inutile de dire que,

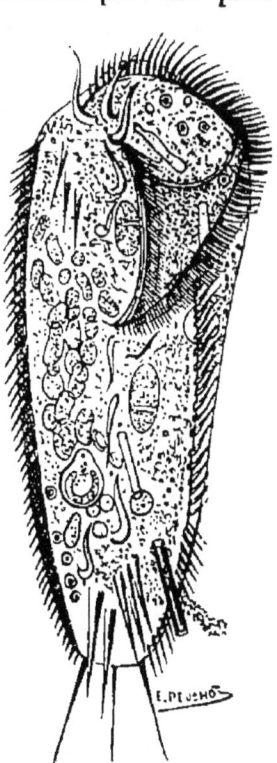

Fig. 130. — Stylonychie (Infusoire).

pas plus qu'aucun des animaux de grande taille qui nous ont occupés jusqu'ici, les Infusoires ne naissent librement : tout être vivant, quelque simple qu'il soit, est le produit d'un être vivant plus ancien que lui.

RÉSUMÉ

Les *Mollusques* sont des animaux mous, non divisés en anneaux, doués de la symétrie bilatérale, et possédant souvent une coquille (à deux valves chez la *Moule*, à une valve chez l'*Escargot*).

Les *Echinodermes* sont des animaux à *symétrie radiaire*, pourvus d'une cavité générale et d'un tube digestif distincts, et portant souvent des piquants. Ex. *Astéries*, *Oursins*.

Les *Cœlentérés* sont des animaux à symétrie radiaire, dont la cavité générale se confond avec le sac digestif. Ex. *Actinie*, *Corail*.

Les *Spongiaires* (*Eponges*) ont un corps mou, de forme irrégulière, soutenu par des *spicules* et parcouru par un système compliqué de canaux.

Les *Protozoaires* (ex. *Infusoires*) sont des animaux ordinairement microscopiques, d'organisation très simple.

RÉSUMÉ GÉNÉRAL

On peut résumer dans le tableau suivant la classification générale du règne animal :

ANIMAUX					
à symétrie bilatérale.		pourvus d'un squelette osseux interne (colonne vertébrale)		*Vertébrés*	Chat.
	non	Corps partagé en anneaux. *Annelés*.	pourvu de pattes articulées	*Arthropodes*	Sauterelle.
			non	*Vers*	Sangsue.
		non		*Mollusques*	Moule.
à symétrie radiaire. *Rayonnés*.		Tube digestif distinct des parois du corps		*Echinodermes*	Astérie.
		non		*Cœlentérés*	Actinie.
dépourvus de symétrie.		Corps volumineux, percé de nombreux trous		*Spongiaires*	Eponge.
		Corps microscopique, d'organisation simple		*Protozoaires*	Infusoires.

DIX-NEUVIÈME LEÇON

Les Organes de la Plante. — Racine, tige, feuille.

Les plantes. — La *Botanique* est la science des *Plantes* ou *Végétaux*, c'est-à-dire des êtres vivants dépourvus de sensibilité et de mouvement.

Les trois membres de la Plante. — Une plante d'organisation élevée possède trois membres principaux : la *tige*, qui s'élève dans l'air ; — la *racine*, qui s'enfonce en terre ; — la *feuille*, qui est portée par la tige.

C'est par l'examen de ces trois membres (racine, tige et feuille) que nous commencerons l'étude de la Botanique.

La racine. — La jeune racine est un organe généralement incolore, ou du moins elle ne présente presque jamais cette coloration verte qui appartient à beaucoup d'organes aériens de la plante.

Si on examine l'extrémité inférieure d'une racine extraite avec précaution du sol où elle s'est développée, on reconnaît (*fig.* 131) qu'elle présente généralement une coloration un peu plus foncée que celle du reste de l'organe ; elle est en effet recouverte d'une sorte de capuchon résistant qui s'use sans cesse par sa surface et se renouvelle par sa partie profonde, adhérente au corps de la racine ; on donne à cet étui protecteur le nom de *coiffe*.

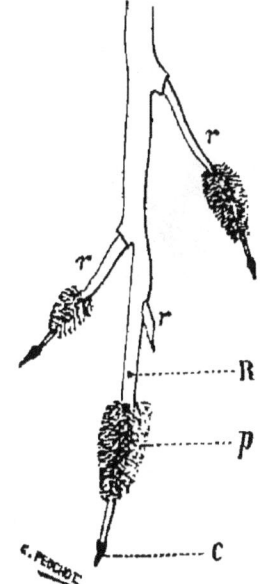

Fig. 131. — R, racine principale ; r, radicelles ; c, coiffe ; p, poils radicaux.

Dans sa partie immédiatement voisine de la coiffe, la

surface de la racine est lisse. Un peu plus loin apparaît un duvet qui lui donne un aspect velouté; ce duvet se montre, à la loupe, formé d'un grand nombre de poils, d'autant plus longs qu'on s'éloigne davantage de la coiffe; on les appelle *poils radicaux*. Après s'être poursuivi sur une longueur de 2 à 3 centimètres, ce manchon s'interrompt brusquement, rendant à la racine son aspect dénudé.

Quelquefois la *racine primaire*, c'est-à-dire celle qui est située dans le prolongement de la tige, demeure simple pendant toute son existence. En général, au contraire, elle ne tarde pas à se couvrir de ramifications, auxquelles on donne le nom de *racines secondaires* ou *radicelles*; celles-ci peuvent à leur tour se ramifier en racines tertiaires, quaternaires, etc.; de sorte qu'au bout de peu de temps la racine pénètre le sol dans toutes les directions.

On appelle *racines latérales* celles qui se développent sur les flancs de la tige, par exemple dans sa région inférieure : ainsi, quand un grain de Blé a germé à la surface du sol, la racine primaire qui en est sortie ne tarde pas à se flétrir et à disparaître; elle est remplacée par un faisceau de racines qui prennent naissance à la base de la tige.

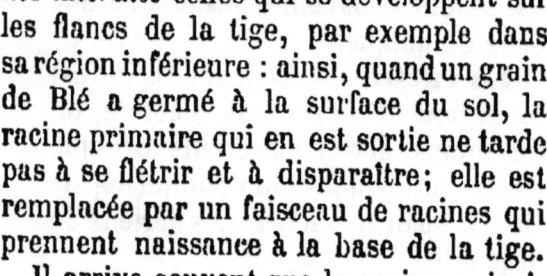

Il arrive souvent que la racine principale ou ses ramifications se gorgent de matières nutritives mises ainsi en réserve. C'est ce qu'on remarque dans la racine primaire de la Carotte, du Radis, de la Betterave, à laquelle on a donné le nom caractéristique de *pivot* (*fig.* 132). Dans ce cas on dit que la partie renflée forme un *tubercule*, et la racine est qualifiée de *tuberculeuse*.

Fig. 132.
Racine pivotante.

La tige. — La *tige primaire* (*fig.* 133) est la partie de l'axe de la plante qui s'élève verticalement dans l'air, à l'opposé de la racine.

Elle est presque toujours verte, du moins au début de

LA TIGE. 173

son développement : plus tard il peut arriver que cette coloration verte disparaisse, masquée par la formation de parties nouvelles (grises ou brunes).

Presque dès son apparition, elle porte des feuilles espacées de distance en distance; son sommet est occupé par un *bourgeon*, c'est-à-dire une agglomération de jeunes feuilles serrées les unes contre les autres; ce bourgeon, à cause de sa position, est appelé *bourgeon terminal*.

La limite de séparation entre la racine et la tige a reçu le nom de *collet*.

L'existence de feuilles à la surface de la tige permet d'y établir quelques points de repère. On appelle *nœuds* les points auxquels s'attachent une ou plusieurs feuilles, et *entre-nœuds* les espaces qui séparent deux nœuds consécutifs.

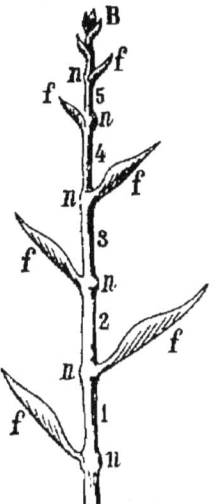

Fig. 133.— Jeune tige. B, bourgeon terminal; *f*, feuilles; *n*, nœuds, 1, 2, 4, 5... entre-nœuds.

La tige primaire reste quelquefois simple, comme la racine. Souvent aussi elle se ramifie à son exemple (*fig.* 134). Les ramifications qu'elle porte sont dites *tiges secondaires* ou *branches*. Elles peuvent apparaître soit dès la première année de l'existence de la plante, soit seulement à partir de la seconde année ou plus tard encore. Dans tous les cas, elles se manifestent d'abord sous forme de bourgeons. La position d'un bourgeon de cet ordre est digne de remarque : il occupe toujours l'*aisselle d'une feuille*, c'est-à-dire l'angle formé par une feuille et l'entre-nœud situé immédiatement au-dessus d'elle. A cause de leur posi-

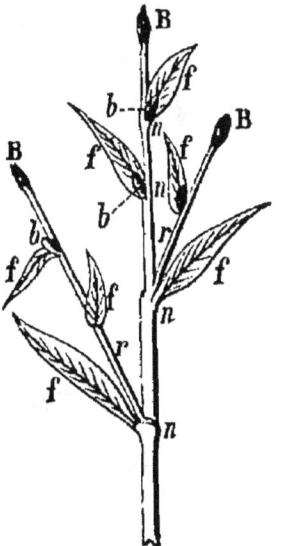

Fig. 134. — Tige ramifiée. B, bourgeons terminaux; *f*, feuilles; *n*, nœuds; *r*, branches; *b*, bourgeons axillaires.

10.

tion, ces bourgeons sont dits *latéraux* ou *axillaires*.

Les tiges secondaires peuvent à leur tour se ramifier, et ainsi de suite; de sorte qu'au bout d'un certain temps la tige, avec ses branches des divers ordres, atteint souvent une grande complication : c'est ce qu'on voit, par exemple, dans les arbres de nos pays. On peut aussi remarquer chez eux que chaque année les nouveaux bourgeons, axillaires ou terminaux, se forment pendant l'été, et passent l'hiver à l'état de repos; ce n'est qu'au printemps suivant qu'ils reprennent leur activité et s'épanouissent en autant de branches.

La consistance et l'aspect extérieur que prend la tige dans le cours de son développement sont très variables suivant les plantes que l'on considère.

Souvent il se forme à l'intérieur de la tige, et dès sa première année, des parties résistantes qui peuvent s'accroître pendant les années suivantes : elles constituent ce qu'on appelle le *bois*, et la tige est alors dite *ligneuse*.

Fig. 135. — **Arbre.**

On donne le nom de *tronc* à la tige ligneuse des arbres de nos pays (*fig.* 135), par exemple du Chêne, du Peuplier, du Tilleul, du Pin, etc. Elle s'épaissit pendant toute la durée de son existence, se ramifie plus ou moins abondamment, et développe chaque année des feuilles sur ses différentes branches.

Si l'on coupe transversalement un tronc ou l'une de ses branches (*fig.* 136), on voit immédiatement qu'il est formé de deux parties : l'une extérieure, appelée communément l'*écorce*; l'autre interne, constituée par la masse du bois, et qu'on peut appeler le *cylindre ligneux*. Lorsque la tige n'est pas très âgée, l'axe de ce cylindre est occupé par un tissu mou, auquel on donne le nom de *moelle*; dans une tige âgée la moelle a complètement disparu. Le bois se montre

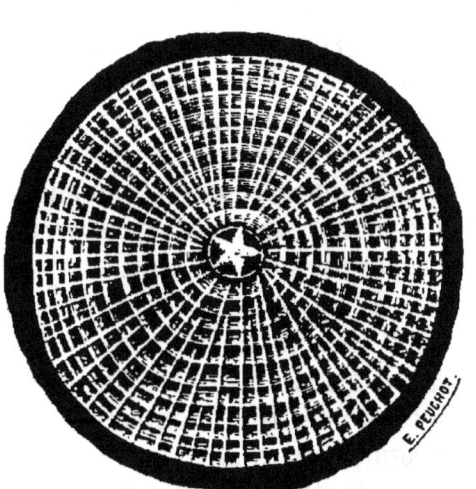

Fig. 136. — Coupe d'un tronc.

partagé par des lignes plus ou moins régulières en une série de couches concentriques; chacune d'elles, au voisinage de celle qui l'enveloppe, présente une zone plus compacte et plus dure; l'ensemble des couches voisines du centre est formé d'un bois foncé, résistant et sec (*cœur* du bois); les couches extérieures sont d'un bois plus clair, plus tendre, plus humide (*aubier*). L'écorce, qui dans les branches jeunes se sépare facilement du bois, est doublée intérieurement par une couche blanchâtre, souvent filamenteuse, qu'on appelle le *liber*. Elle est protégée extérieurement par une couche grise ou brune, souvent crevassée à sa surface ou se détachant par lambeaux, le *liège*.

Quand on compte le nombre de couches que renferme le bois d'un tronc dont l'âge est connu, on trouve toujours que ce nombre est égal à celui des années de l'arbre. C'est qu'entre le liber et le bois déjà existants se forme chaque année une couche nouvelle de bois, contribuant à épaissir le tronc en refoulant vers l'axe les couches plus anciennes : le bois le plus profond (cœur) est le plus vieux ; à la surface (aubier) se trouve le plus jeune. En même temps une nouvelle couche de liber se forme sous le liber plus ancien, qu'elle double intérieurement ; de sorte que dans le liber (à l'inverse de ce qui se passe dans le bois) les parties les plus profondes sont les plus récentes. La formation simultanée du bois et du liber débute au printemps de chaque année ; elle se poursuit pendant tout l'été et cesse pendant l'hiver. C'est de cette alternative régulière d'activité et de repos que résulte la disposition du bois en couches concentriques. On donne le nom de *couche génératrice* à la zone peu résistante qui sépare le bois du liber et qui fournit chaque année à l'un et à l'autre leurs nouveaux éléments.

On donne le nom de *tiges herbacées* à celles qui, ne durant qu'une année, restent vertes et flexibles.

Il existe des tiges souterraines ou *rhizomes*, qui peuvent au premier abord être confondues avec des racines. On distinguera toujours un rhizome d'une racine parce qu'il porte, au moins à une certaine période de son développement, des bourgeons ou des feuilles. Certaines tiges souterraines se renflent en *tubercules* et se gorgent de réserves nutritives. Tels sont les tubercules de la Pomme de terre, formés par des ramifications souterraines de la tige principale ; leur surface présente, au fond de quelques dépressions, des *yeux* ou bourgeons dont la présence ne permet aucune confusion entre les organes qui les portent et des racines, et qui peuvent en se développant donner naissance à de nouvelles pousses aériennes.

La feuille. — Les *feuilles* sont généralement des organes aériens, de forme aplatie, de couleur verte, portés de distance en distance par la tige.

La racine et la tige durent et s'accroissent aussi longtemps que la plante même à laquelle elles appartiennent. La feuille, au contraire, après s'être épanouie au printemps

LA FEUILLE.

et s'être accrue pendant tout l'été, cesse généralement de se développer aux approches de l'automne ; bientôt elle perd la coloration verte qui la caractérise pour prendre une teinte jaune ou rougeâtre ; elle se détache peu à peu par sa base de la branche qui la portait, et tombe sur le sol. En même temps s'est formé à son aisselle un bourgeon qui demeure fixé à la tige et qui, au printemps suivant, produira une nouvelle branche, chargée de nouvelles feuilles. La feuille est donc en général un organe *caduc* et elle est *limitée dans son accroissement*.

Une feuille se compose souvent (*fig.* 137) de deux parties : 1° une lame verte, aplatie (*limbe*) ; — 2° une sorte de prolongement qui rattache le limbe à la tige, et que dans le langage courant on appelle la queue de la feuille (*pétiole*).

Fig. 137.
Feuille pétiolée.

Fig. 138.
Feuille
de Giroflée.

Toutes les feuilles ne possèdent pas un pétiole : celles de la Giroflée (*fig.* 138), de l'Iris, en sont dépourvues. Alors le limbe s'attache directement et par une large étendue à la surface de la tige.

Souvent la base de la feuille, pourvue ou privée de pétiole, s'élargit en une *gaine* enveloppant plus ou moins complètement la tige, à laquelle elle forme comme un fourreau (Carotte, Ciguë, etc.). La feuille du Blé, celle du Maïs (*fig.* 139), etc., qui manquent de pétiole, ont une longue gaine, qui entoure complètement la tige sur tout l'espace d'un entrenœud, de sorte que la feuille qui paraît se détacher d'un nœud vient en réalité du nœud situé au-dessous ; cette gaine volumineuse est facile à séparer de la tige ; car elle est fendue dans toute sa longueur, sur sa face opposée au limbe de la feuille dont elle fait partie.

Enfin certaines feuilles portent, de part et d'autre de la base de leur pétiole, deux petites lames vertes appelées *stipules*; c'est ce qu'on verra facilement sur les feuilles du Rosier, du Pois, de la Fève, etc.

De toutes ces parties le limbe est la plus importante; c'est d'ailleurs celle qui manque le plus rarement; la feuille la plus simple est celle qui se réduit à son limbe, comme celle de la Giroflée ou du Pin : on dit que c'est une *feuille sessile*.

Fig. 130. — Feuilles engaînantes du Maïs.

On aperçoit généralement, au milieu du tissu vert de la feuille, des filaments plus résistants dont la ramification très riche forme une sorte de réseau à mailles serrées; ce sont les *nervures* : les plus volumineuses, facilement visibles, sont surtout saillantes à la face inférieure; les plus fines se distinguent très nettement quand on examine la feuille par transparence en l'exposant à la lumière. Lorsque la feuille possède un pétiole, il se continue souvent dans le limbe par une grosse nervure qui en occupe la ligne médiane (*côte de la feuille*), et de laquelle se détachent avec une grande régularité des nervures secondaires (Orme, Châtaignier, etc.). Lorsque le pétiole manque, il arrive souvent qu'au lieu d'une nervure principale ramifiée on trouve dans le limbe une nombreuse série de nervures d'égale valeur, courant parallèlement les unes aux autres d'une extrémité à l'autre de la feuille (ex. : Blé, Maïs, Jacinthe, etc.); il est alors facile de déchirer celle-ci en longs rubans.

Certaines feuilles portent, sur un pétiole commun, des fractions séparées de limbe (*fig.* 140). Ces feuilles sont dites *composées*, et les fractions de limbe dont se compose chacune d'elles s'appellent *folioles*.

La disposition des feuilles sur la tige est toujours la même dans une espèce donnée de plantes; mais elle varie beaucoup d'une plante à l'autre.

Le plus souvent chaque nœud ne porte qu'une feuille; comme les feuilles sont alors attachées alternativement sur diverses faces de la tige, on les appelle *feuilles alternes*; on les désigne aussi du nom de *feuilles éparses*. C'est ce qu'on voit sur le Blé, le Lin (*fig.* 141), l'Orme, le Platane, etc.

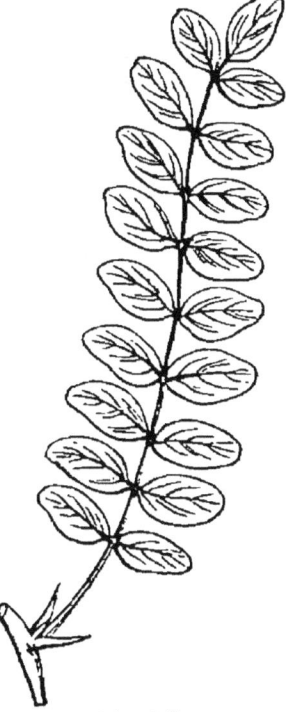

Fig. 140.
Feuille de Robinia.

Fig. 141. — Feuilles du Lin.

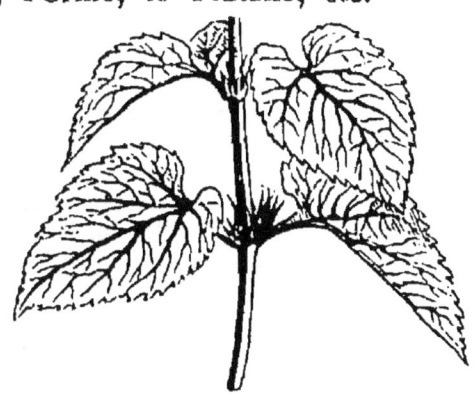

Fig. 142. Feuilles de la Menthe.

Dans certaines plantes, comme la Menthe (*fig.* 142), le

Lilas, l'Erable, etc., chaque nœud porte deux feuilles placées exactement l'une en face de l'autre : on dit alors que les feuilles sont *opposées*.

Enfin, lorsque plus de deux feuilles, attachées au même nœud, forment à la tige une sorte de couronne ou *verticille*, on dit qu'elles sont *verticillées* : telles sont les trois feuilles, qui, de distance en distance, se fixent au même point de la tige du Laurier-Rose (*fig.* 143).

Fig. 143. — Feuilles verticillées du Laurier-Rose.

RÉSUMÉ

La *Botanique* est la science des plantes, c'est-à-dire des êtres vivants dépourvus de sensibilité et de mouvement.

Une plante d'organisation élevée comprend trois membres : la *racine*, la *tige*, la *feuille*.

La *racine*, généralement incolore, se termine par une *coiffe*, et porte, au voisinage de cette coiffe, un manchon de *poils radicaux*. Ses ramifications sont dites *radicelles*.

La *tige*, généralement verte au moins à ses débuts, et séparée de la racine par le *collet*, soutient les feuilles; elle porte à son sommet le *bourgeon terminal* et aux aisselles des feuilles les *bourgeons latéraux*. Ses ramifications ou *branches* viennent de ces derniers.

On distingue des *tiges ligneuses*, dont certaines (*troncs*) s'épaississent par des couches concentriques de bois, et des *tiges herbacées*.

Les tiges souterraines sont appelées *rhizomes*.

La *feuille* est un organe généralement vert, aplati, limité dans son accroissement.

Elle comprend : le *limbe*, le *pétiole*, la *gaine* et les *stipules*. Le limbe est ordinairement parcouru par des *nervures*.

La disposition des feuilles sur la tige permet de distinguer des feuilles *alternes*, *opposées* et *verticillées*.

VINGTIÈME LEÇON

Nutrition de la plante.

Transpiration. — Si on place une plante vivante et pourvue de feuilles développées, par exemple un pied de Géranium en pot, sur un disque bien plan, et qu'on le recouvre d'une cloche de verre exactement adhérente au disque par son bord inférieur, on ne tarde pas à voir les parois de la cloche se couvrir intérieurement de fines gouttelettes d'eau. La présence de cette eau à l'intérieur de la cloche s'explique facilement en admettant que les feuilles de la plante ont exhalé de l'eau à l'état de vapeur, qui s'est ensuite condensée sur les parois. *La feuille transpire.*

On peut le montrer encore par une autre expérience. Disposons sur un des plateaux d'une balance notre pied de Géranium sans le recouvrir d'aucune cloche; puis établissons l'équilibre à l'aide d'une tare quelconque placée sur le plateau opposé. Au bout d'une heure ou deux, l'équilibre sera rompu; le plateau porteur du pot de fleurs sera relevé et par conséquent allégé. Il suffira de noter quel poids on doit ajouter à côté du pot de fleurs jusqu'au rétablissement de l'équilibre, pour savoir approximativement le poids de vapeur d'eau que les feuilles ont exhalé pendant la durée de l'expérience.

Assimilation chlorophyllienne. — En même temps que la feuille transpire, elle est le siège d'un autre échange gazeux avec le milieu aérien ou liquide qui l'entoure.

Prenons des feuilles vertes, de préférence aquatiques; disposons-les (*fig.* 144) dans un flacon (A) rempli d'eau, communiquant par un tube de verre recourbé (B) avec une éprouvette (C) pleine d'eau et retournée sur la cuve à eau;

puis exposons le tout à la lumière ; nous ne tarderons pas à voir se former sur toutes les feuilles des bulles gazeuses qui se rassembleront ensuite au sommet de l'éprouvette. Quand le gaz ainsi formé sera en quantité suffisante, nous pourrons le recueillir et constater qu'il possède toutes les propriétés de l'oxygène : il rallumera, par exemple, une allumette ne présentant plus qu'un point en ignition. *En présence de la lumière les feuilles vertes rejettent donc de l'oxygène.*

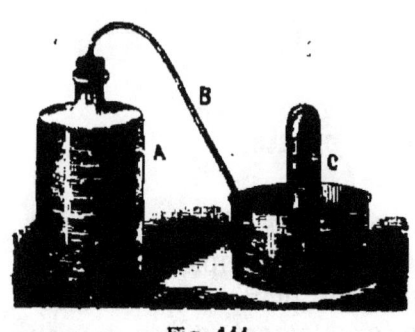

Fig. 144.

Où prennent-elles les matériaux nécessaires à sa formation ? Pour trouver une réponse à cette question, remarquons que l'expérience précédente marchera beaucoup plus vite, que l'oxygène se formera en quantité bien plus considérable, si nous avons eu soin de mélanger à l'eau ordinaire un certain volume d'eau de Seltz, riche en acide carbonique ; de plus, quand l'oxygène cessera de se dégager en bulles pressées, l'eau de Seltz aura perdu presque tout son acide carbonique. La feuille absorbe donc l'acide carbonique et le décompose en ses deux éléments : l'oxygène, qu'elle rejette, et le carbone, qu'elle garde et *s'assimile* pour former diverses substances nutritives dont la plante a besoin pour son développement. Tel est le phénomène de l'*assimilation*[1].

Trois conditions sont essentielles pour que la feuille assimile le carbone : elle doit être *vivante*, *verte* et soumise à l'action de la *lumière*. L'assimilation s'arrête avec la vie. Elle n'existe pas dans les organes dépourvus de coloration verte, tels que les racines ; comme on a donné le nom de *chlorophylle* à la matière colorante verte des feuilles, on dit que l'assimilation du carbone est une *fonction chlorophyllienne*. Enfin l'assimilation cesse de se manifester quand l'organe, même vivant et vert, est placé à l'obscurité.

1. On dit : *assimilation*, pour abréger, au lieu de : *assimilation du carbone*.

Respiration. — Qu'arrive-t-il dans ce dernier cas ?
L'assimilation cessant, tout échange gazeux n'est pas suspendu. Mais la feuille se comporte comme un animal : au lieu d'absorber de l'acide carbonique et rejeter de l'oxygène, elle absorbe de l'oxygène et rejette de l'acide carbonique ; en un mot elle *respire*. Si une plante verte est placée dans l'obscurité sous une cloche soigneusement fermée, au voisinage d'une soucoupe contenant de l'eau de baryte (voir page 42), celle-ci, primitivement transparente, ne tarde pas à devenir laiteuse par la formation d'un précipité de carbonate de baryte.

De là vient qu'on a longtemps attribué aux feuilles vertes deux modes de respiration absolument différents : la *respiration diurne*, qui est à peu près l'assimilation chlorophyllienne, et la *respiration nocturne*, qui est la véritable respiration. En réalité *la plante verte respire pendant toute sa vie, aussi bien à la lumière qu'à l'obscurité* ; mais en présence de la lumière se manifeste un second phénomène, l'assimilation, qui est inverse de la respiration et la masque aux yeux de l'observateur : l'acide carbonique formé par la respiration est décomposé par l'assimilation. Si on soustrait imparfaitement la plante à l'action de la lumière, en la plaçant par exemple à l'ombre, on diminue simplement l'intensité de l'assimilation sans la supprimer complètement, et on peut constater un léger dégagement d'acide carbonique.

La *respiration* n'est pas spéciale à la feuille. C'est une fonction commune et indispensable à toutes les parties de la plante, vertes ou non vertes, aériennes ou souterraines. Comme elle existe aussi chez tous les animaux, on peut dire qu'elle fournit un caractère essentiel de la vie : *tout être vivant absorbe de l'oxygène et rejette de l'acide carbonique*. Pour revenir à la plante, il serait facile de montrer que la racine, aussi bien que la tige ou la feuille, est capable de respirer ; disons plus : la racine ne se développe bien que si elle trouve un milieu assez meuble pour laisser pénétrer l'air nécessaire à sa respiration ; une terre trop compacte lui est nuisible.

La *transpiration* est aussi une fonction générale, commune à tous les membres aériens de la plante : grâce à elle l'organisme perd sans cesse, à l'état de vapeur, une partie de l'eau qu'il renferme.

Fonctions de la Racine. — Quelles sont les fonctions de la Racine?

D'abord elle sert à *fixer la plante* au sol.

Une seconde fonction de la Racine est d'*absorber les liquides nutritifs* que peut renfermer le sol. Tout le monde sait en effet que, pour soustraire une plante aux effets mortels d'une sécheresse prolongée, il faut l'*arroser*, c'est-à-dire imprégner d'eau la terre qu'elle habite : cette eau dissout les substances alimentaires que contient la terre et les fait pénétrer dans la racine.

Ce n'est ni par la coiffe, ni par la partie âgée de la racine, c'est uniquement par les poils que se fait l'absorption : pour ce motif, on leur donne souvent le nom de *poils absorbants*.

Les liquides introduits dans la racine par les poils, et dont l'ensemble constitue ce qu'on appelle la *sève brute*, n'y demeurent pas stationnaires : ils sont transportés de bas en haut vers la tige. Si l'on coupe transversalement une racine dont les extrémités inférieures restent plongées dans la terre, on voit en effet perler sur la tranche des gouttelettes liquides qui se renouvellent chaque fois qu'on les a essuyées avec un morceau de papier buvard : ce sont des gouttelettes de sève brute.

Fonctions de la Tige. — Les fonctions essentielles de la Tige sont au nombre de trois.

Elle sert d'abord, au moins dans ses parties aériennes, de support aux feuilles.

Elle transporte jusque dans les feuilles la sève brute que lui a transmise la racine. On peut se rendre compte de ce transport ascendant en plongeant les racines d'une jeune plante ligneuse dans un liquide coloré, par exemple dans une solution de fuchsine[1] : en coupant, au bout de quelque

---

1. Matière colorante, rouge (de la couleur du vin), extraite des goudrons de houille.

temps, la tige vers sa partie moyenne, on voit les parties extérieures du bois, c'est-à-dire les plus jeunes, colorées en rouge. Cette observation permet de dire que l'ascension de la sève brute se fait par les éléments jeunes du bois.

Mais il existe aussi dans la tige un autre courant de sève : des parties élevées de la plante, chargées de feuilles, revient un liquide épais et coloré qui fournit des substances directement assimilables aux organes jeunes, en voie de développement ; c'est ce qu'on appelle la *sève élaborée*. Comme dans les régions inférieures de la plante, et surtout dans la racine, cette sève circule de haut en bas, on l'appelle fréquemment aussi *sève descendante*.

On admet généralement que la circulation de la sève élaborée a pour siège la couche blanche située au-dessous de l'écorce et que nous avons appelée *liber*.

Elaboration de la sève. — C'est dans les feuilles que s'accomplit la transformation de la sève brute en sève élaborée : l'*élaboration de la sève* est la fonction principale de la feuille.

Cette élaboration est la conséquence de deux phénomènes principaux que nous connaissons maintenant : la transpiration et l'assimilation chlorophyllienne. L'effet de la transpiration est de priver d'une partie de son eau la sève brute distribuée aux feuilles par la tige, et par conséquent de l'épaissir. L'effet de l'assimilation est d'accumuler dans la sève des substances riches en carbone. C'est donc en la privant d'une partie de son eau et en l'enrichissant de substances carbonées que la feuille transforme la sève brute en sève élaborée.

Circulation de la sève. — On voit par ce qui précède que la plante vivante est le siège d'une foule d'échanges et de transformations dont l'ensemble constitue la nutrition : ce perpétuel va-et-vient de substances se résume assez exactement en une sorte de *circulation* (*fig.* 145), que l'on peut dans une certaine mesure comparer à celle du sang dans le corps des animaux.

Par sa racine la plante absorbe à l'état liquide les aliments que le sol contient, et dont la réunion forme la sève brute ; c'est donc la racine qu'on pourrait grossièrement comparer à l'appareil digestif des animaux supérieurs.

La sève brute monte par le bois jeune de la tige et de ses diverses branches jusque dans les feuilles, où les nervures la répandent dans le tissu vert du limbe. Là, sous l'influence de la transpiration et de l'assimilation chlorophyllienne, elle se transforme, *s'élabore*.

La sève quitte alors le limbe, conduite par les nervures dont chacune renferme, avec un cordon de bois destiné au passage de la sève brute, un cordon de liber réservé à la sève élaborée. Elle se répand dans le liber jeune de la tige, qui la distribue à tous les organes jeunes, dont l'accroissement sollicite une abondante nutrition : elle descend en particulier, par le liber que contient aussi la racine, jusque dans les plus fines extrémités des radicelles où, à l'abri des coiffes, elle contribue à la formation des parties nouvelles nécessaires à leur allongement.

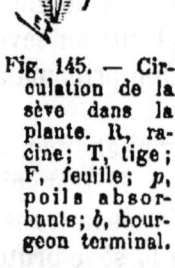

Fig. 145. — Circulation de la sève dans la plante. R, racine ; T, tige ; F, feuille ; *p*, poils absorbants ; *b*, bourgeon terminal.

Réserves. — Quelquefois la plante *met en réserve*, comme l'animal, les substances nutritives qu'elle a reçues ou formées en excès : c'est ainsi que les racines pivotantes de la Carotte, du Navet, les tubercules de la Pomme de terre, etc., constituent pour la plante qui les possède une sorte de magasin. Plus tard, quand la plante en sent le besoin, elle consomme ces réserves : ainsi, quand on place un tubercule de Pomme de terre dans un milieu chaud et humide, on voit les bourgeons qu'il porte à sa surface se développer en autant de rameaux feuillés, pendant que le tubercule se ride et se flétrit, perdant toutes les matières nutritives qui s'y trouvaient emmagasinées.

RÉSUMÉ

Toutes les parties vivantes d'une plante sont capables de *respirer*, c'est-à-dire d'absorber de l'oxygène et d'expulser de l'acide carbonique.

Les parties aériennes de la plante sont, de plus, capables de *transpirer*, c'est-à-dire de rejeter de la vapeur d'eau.

Les organes verts (chargés de *chlorophylle*) décomposent, sous l'action de la lumière, le gaz acide carbonique, en rejettent l'oxygène et fixent le carbone, qu'ils emploient à la formation de substances nouvelles (*assimilation chlorophyllienne*).

La *sève brute*, empruntée au sol par les poils radicaux, est portée par le bois jeune de la tige et des nervures foliaires jusque dans le tissu vert des feuilles. Grâce à la transpiration et à l'assimilation chlorophyllienne, elle s'élabore; la *sève élaborée* revient par le liber des nervures et de la tige, qui la répand dans tous les organes en voie d'accroissement.

La plante peut mettre en *réserve* des substances nutritives qu'elle utilise plus tard au fur et à mesure de ses besoins.

VINGT ET UNIÈME LEÇON

La Fleur. — Sa fonction principale.

La Fleur. — A un moment donné, généralement au printemps ou en été, on voit apparaître aux extrémités de certains rameaux des organes ordinairement colorés de teintes vives, les *fleurs*. Il suffit de suivre le développement de quelques fleurs pour voir qu'au bout d'un certain temps la partie centrale de la fleur, dont tous les autres éléments se sont flétris, se transforme souvent en un *fruit*, qui contient intérieurement des *graines*. Tombées sur le sol, celles-ci peuvent *germer* et *reproduire*, à la suite de lentes modifications, des plantes plus ou moins semblables à celle qui portait la fleur. La fleur est donc l'organe de la *reproduction*.

La fleur est ordinairement portée à l'extrémité d'une branche spéciale, qu'on appelle son *pédoncule*.

Les parties de la fleur. — Si on examine les diverses pièces qui forment une fleur de Lin, par exemple (*fig.* 146), on voit qu'elles sont fixées au sommet légèrement renflé du pédoncule ou *réceptacle*, sur une série de circonférences concentriques; les pièces qui appartiennent à chaque circonférence constituent un *verticille*.

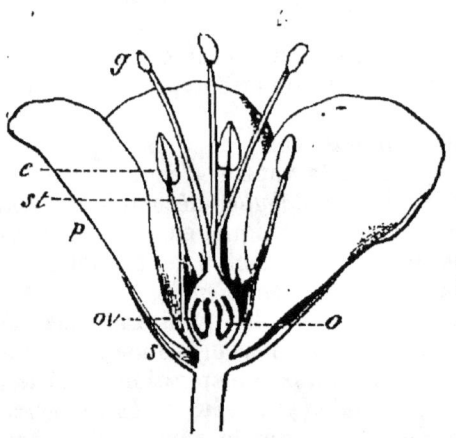

Fig. 146. — Coupe de la fleur du Lin. *s*, sépale; *p*, pétale; *e*, étamine; *ov*, ovaire; *st*, style; *g*, stigmate; *o*, ovule.

Un premier verticille, le plus extérieur, comprend cinq pièces vertes, d'aspect foliacé, qu'on nomme *sépales*; le verticille entier est le *calice*.

Un second verticille, plus voisin du centre, comprend cinq pièces situées en face des intervalles qui séparent les sépales; elles ont encore à peu près la forme des feuilles sans en avoir la coloration : ici leur teinte est bleue; on les appelle *pétales*, et le verticille entier est la *corolle*.

On réunit souvent le calice et la corolle sous le nom d'*enveloppes florales* ou *périanthe*.

A la corolle succède un troisième verticille, l'*androcée*; il est formé de cinq pièces, alternant avec les pétales et par conséquent placées en face des sépales; chacune d'elles, appelée *étamine*, comprend une sorte de filament grêle (*filet*) attaché au réceptacle, et une extrémité renflée (*anthère*) qui, arrivée à maturité, s'entr'ouvre pour mettre en liberté une poussière jaune dite *pollen*.

Enfin le centre de la fleur est occupé par un organe appelé *pistil* ou *gynécée*, qui constitue le dernier verticille.

Dans sa partie inférieure, il présente une petite masse arrondie : l'*ovaire* (*ov*). Coupé transversalement, ce dernier se montre creusé de cinq loges opposées aux pétales et séparées par autant de cloisons qui rayonnent du centre vers la surface. Chaque loge contient deux petits corps arrondis, attachés à ses parois : ce sont des *ovules*. L'ovaire est surmonté de cinq prolongements effilés, appelés *styles*, dont chacun correspond à une loge de l'ovaire et se termine à son extrémité libre par un renflement nommé *stigmate*. Si par la pensée on réunit chaque loge de l'ovaire au style et au stigmate qui la surmontent, on décompose le pistil en cinq pièces, dont chacune porte le nom de *carpelle*.

Ainsi, dans son ensemble, une fleur complète est généralement composée de quatre verticilles concentriques, dont les pièces alternent d'un verticille au suivant : le *calice* formé de *sépales*, — la *corolle* formée de *pétales*, — l'*androcée* formé d'*étamines*, — le *pistil* formé de *carpelles*.

L'étamine. — L'androcée et le pistil, qui sont les seules parties réellement importantes de la fleur, demandent une étude spéciale.

Une *étamine* (*fig.* 147), arrivée au terme de son développement, se compose en général de deux parties. Une sorte de colonnette, ordinairement blanche, la fixe au réceptacle : c'est le *filet*. Au sommet aplati du filet (*connectif*) se trouve un renflement de couleur ordinairement jaune ou brune : l'*anthère*. Celle-ci se décompose elle-même presque toujours en deux moitiés ou *loges*, distribuées symétriquement de part et d'autre du connectif. Chaque loge contient une petite masse de *pollen*, sorte de poussière constituée par un grand nombre de grains microscopiques (*grains de pollen*). Il se forme au début, de chaque côté du connectif, deux *sacs polliniques* (quatre en tout) ; puis, en se développant, les deux sacs de chaque côté se réunissent en une seule cavité ou loge.

Fig. 147.
Étamine.

L'anthère mûre s'ouvre pour abandonner le pollen qu'elle renferme ; c'est le phénomène de la *déhiscence de l'anthère.* Le plus souvent on voit se former sur chacune des loges une fente longitudinale dont les bords ne tardent pas à se

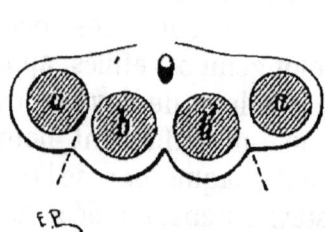

Fig. 148. — Coupe transversale d'une anthère jeune. *a, b,* les deux sacs qui formeront la première loge ; *a', b',* ceux qui formeront la seconde ; les traits pointillés indiquent la position future des lignes de déhiscence.

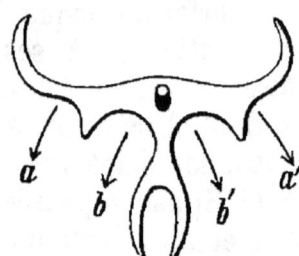

Fig. 149. — Coupe transversale d'une anthère après la déhiscence. — Les flèches indiquent la direction prise par les masses de pollen.

relever sous l'influence de la sécheresse. Il suffit alors du moindre mouvement imprimé à l'étamine pour que la loge expulse son contenu. C'est en face de la cloison primitive de séparation entre les deux sacs polliniques qu'apparaît la fente de déhiscence ; elle est en général tournée vers le pistil, et l'étamine est alors dite *introrse.*

Pistil. — Nous savons déjà que le pistil peut être considéré comme formé par la réunion de pièces appelées *carpelles.* Le nombre des carpelles qui entrent dans la composition du pistil varie suivant les plantes que l'on considère ; tantôt il est très élevé, tantôt il s'abaisse beaucoup : le pistil le plus simple que l'on puisse concevoir est un pistil formé d'un seul carpelle, par exemple celui du Pois, du Haricot, etc.

Si d'une fleur de Pois on arrache successivement le calice vert, la corolle violacée, l'androcée terminé par des anthères jaunes à la maturité, il reste au sommet du pédoncule un organe vert, allongé, coudé vers son milieu comme la fleur tout entière : c'est le *pistil* (*fig.* 150). Sa partie inférieure, attenante au réceptacle floral, est légèrement renflée : c'est l'*ovaire*. Au coude qui termine l'ovaire, commence un prolongement grêle relevé vers la partie supérieure de la fleur : c'est le *style*. Ce dernier se termine à son sommet par une sorte de renflement en massue couvert d'un fin duvet : c'est le *stigmate*.

Coupons transversalement l'ovaire dans sa partie moyenne suivant la direction *ab* : nous verrons qu'il contient un grand nombre de petits corps arrondis, des *ovules*. Ils sont fixés à ses parois, sur deux lignes parallèles très rapprochées qui

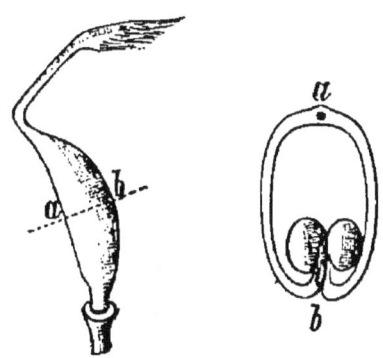

Fig. 150. — Carpelle du Pois, à gauche entier, à droite coupé transversalement au niveau de l'ovaire.

courent d'une extrémité à l'autre de l'ovaire le long de sa face supérieure : ces deux lignes forment deux bourrelets légèrement saillants vers l'intérieur, qu'on appelle *placentas*. Sur la face opposée ou inférieure de l'ovaire, on remarque extérieurement une ligne saillante parallèle aux placentas, une sorte de nervure.

Un pistil formé d'un seul carpelle, comme celui que nous venons d'étudier, est dit *pistil simple*.

On appelle au contraire *pistils composés* tous ceux qui comprennent plusieurs carpelles.

Ces carpelles peuvent rester complètement libres entre eux : il est alors facile de les distinguer et au besoin de les compter. C'est ce qui arrive dans les Renoncules ou Boutons d'or, chez qui le réceptacle floral porte un grand nombre de petits carpelles à styles très courts et contenant chacun un seul ovule, — ou dans l'Ancolie, chez qui le pistil comprend cinq carpelles groupés autour de l'axe de la fleur et tournant vers lui leurs placentas, chargés chacun d'une rangée d'ovules. Dans ce cas, le pistil comprend évidemment autant d'ovaires, de styles et de stigmates qu'il y a de carpelles libres.

Mais il est bien plus commun de voir les carpelles unis entre eux soit par leurs ovaires seulement, soit en totalité.

Chez le Lis (*fig.* 151), les trois carpelles sont unis dans toute leur étendue, par leurs ovaires, par leurs styles, par leurs stigmates. Il est évident que dans ce dernier cas le pistil composé peut paraître simple extérieurement, et on le décrit ordinairement comme formé d'*un* ovaire (*o*), d'*un* style (*s*) et d'*un* stigmate (*t*) : en réalité, il renferme autant d'ovaires, de styles et de stigmates qu'il y a de carpelles.

Ovule. — Ce qu'il y a d'essentiel dans le pistil, c'est l'ovule.

Un *ovule* (*fig.* 152) est un petit corps arrondi, ordinairement ovoïde, comme l'indique son nom, et qui s'attache au placenta par un filament court appelé *funicule*. Il se compose d'une masse charnue, dite *nucelle*, que protège extérieurement un *tégument*; d'une part ce tégument se confond avec le funicule; de l'autre il s'interrompt en un point et ménage ainsi une sorte de puits microscopique, appelé *micropyle*, qui met à nu la surface du nucelle.

Fig. 151. — Pistil du Lis. *o*, ovaire; *s*, style; *t*, stigmate.

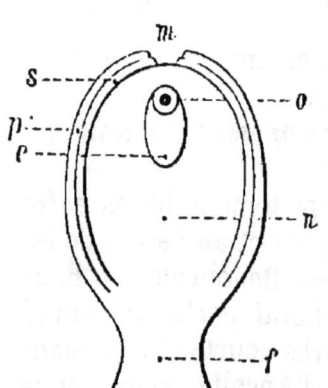

Fig. 152. — Coupe longitudinale d'un ovule droit, très grossie. *f*, funicule; *p*, *s*, tégument; *m*, micropyle; *n*, nucelle; *e*, sac embryonnaire; *o*, oosphère.

Au sein du nucelle, dans le voisinage du micropyle, on remarque, à l'aide d'un fort grossissement, une sorte de sac allongé, à parois fines, à contenu clair, qu'on appelle le *sac embryonnaire*; enfin ce sac renferme à son tour, au sommet le plus voisin du micropyle, un globule microscopique formé d'une substance plus dense que le contenu général du sac : il est pourvu lui-même d'un noyau volumineux et réfringent. Ce globule porte le nom d'*oosphère*; il constitue l'élément le plus important de l'ovule.

Fonction de la fleur. — La fonction spéciale de la fleur est d'assurer la reproduction de la plante par la formation du fruit et des graines. Il est facile de voir, quand la fleur est passée, que c'est l'ovaire qui est devenu le fruit, pendant que les ovules se sont transformés en graines. Le pistil et l'ovule sont donc indispensables à la reproduction de la plante. Quel est le rôle des autres parties de la fleur? Des expériences simples vont nous répondre.

Rôle des enveloppes. — Dans un Géranium dont les fleurs viennent de s'épanouir, détachons de chaque fleur toutes les pièces du calice et de la corolle, en laissant intacts les étamines et le pistil : les ovaires se transformeront en fruits absolument semblables à ceux qui se seraient produits si nous n'avions touché ni au calice ni à la corolle. Les enveloppes de la fleur ne sont donc pas directement utiles à la reproduction : elles servent uniquement, dans la fleur à l'état de bouton, à protéger les étamines et le pistil imparfaitement développés.

Rôle du pollen. — Coupons, au contraire, dans les fleurs épanouies, toutes les étamines au-dessous de leurs anthères, avant que celles-ci n'aient mis en liberté le pollen : aucun fruit ne se formera[1]. La plante ne peut donc se reproduire que si son pollen a été mis en liberté. Puisque, d'autre part, c'est le pistil qui se transforme en fruit, il est naturel de supposer que le pollen doit venir toucher le pistil en quelque point de sa surface.

Effectivement, si nous déposons à la surface de chacun des stigmates une goutte de cire ou de vernis avant la déhiscence des anthères, nous pourrons voir le pollen couvrir la gouttelette solidifiée de sa fine poussière ; mais l'ovaire ne se transformera pas en fruit. Si, par contre, nous avons laissé quelques stigmates intacts, le contact du pollen avec ces stigmates sera bientôt suivi de la formation des fruits. *Il est donc*

---

[1]. Il faut prendre la précaution d'isoler le pied de Géranium soumis à l'expérience de toute autre plante de même espèce ou d'espèce voisine.

nécessaire, pour que l'ovaire devienne le fruit, que le pollen, mis en liberté, soit déposé sur la surface intacte du stigmate.

Pollinisation. — Le transport des grains de pollen de l'anthère au stigmate, ou *pollinisation*, peut être très simple. Quand une fleur est *complète*, c'est-à-dire qu'elle renferme, ainsi que nous l'avons supposé jusqu'ici, des étamines et un pistil, et quand ces deux sortes d'organes arrivent en même temps à maturité, le poids du pollen, porté par l'anthère mûre au-dessus du pistil, suffit ordinairement pour l'amener sur le stigmate.

Mais il arrive souvent que l'anthère mûre est placée au-dessous du sommet du pistil : il faut alors qu'un léger mouvement imprimé par le vent à la fleur entière projette le pollen sur le stigmate.

Il peut se faire aussi que les étamines et le pistil n'atteignent pas en même temps leur maturité : il faut alors, pour qu'un ovaire se transforme en fruit, que le pollen venu d'une fleur à anthères mûres soit entraîné par le vent sur le stigmate d'une fleur à pistil mûr.

Ce transport d'une fleur à l'autre est incontestablement nécessaire lorsque la plante possède deux sortes de fleurs : les unes pourvues d'étamines, mais ne contenant pas de pistils (*fleurs staminées* ou *fleurs mâles*) ; les autres pourvues de pistils, mais ne contenant pas d'étamines (*fleurs pistillées* ou *fleurs femelles*).

RÉSUMÉ

La *fleur*, organe de la reproduction, portée par un *pédoncule*, comprend quatre *verticilles* concentriques :
1º le *calice* (*sépales*) ;
2º la *corolle* (*pétales*) ;
3º l'*androcée* (*étamines*) ;
4º le *pistil* (*carpelles*).

Une *étamine* mûre comprend : 1º le *filet* ; — 2º l'*anthère*, composée elle-même de deux *loges*, renfermant le *pollen*. Celui-ci est mis en liberté par la *déhiscence de l'anthère*, généralement longitudinale.

Un *carpelle* comprend : 1º l'*ovaire*, qui contient les *ovules*; — 2º le *style*; — 3º le *stigmate*.

On distingue des *pistils simples* et des *pistils composés*.

Un ovule contient une *oosphère* au voisinage d'une ouverture ménagée dans son tégument (*micropyle*).

La fonction principale de la fleur est de reproduire la plante : l'ovaire se transforme en *fruit* et les ovules se transforment en *graines*.

Dans cette transformation, le calice et la corolle ne jouent aucun rôle ; il faut, pour qu'elle s'accomplisse, que le pollen soit porté de l'anthère sur le stigmate (*pollinisation*).

VINGT-DEUXIÈME LEÇON

Le Fruit et la Graine. — Développement de la plante.

Transformation de l'ovaire en fruit. — Le *fruit* n'est autre chose que l'ovaire agrandi et transformé de manière à contenir les ovules grossis et transformés en graines : les parois du fruit mûr portent le nom de *péricarpe*.

Le péricarpe est quelquefois *charnu* (grain de Raisin, Groseille, etc.). Quand un fruit charnu est arrivé à maturité, il tombe sur le sol ; en général il ne s'ouvre pas pour mettre en liberté les graines qu'il renferme, et ce n'est qu'après la destruction du péricarpe que les graines entrent en contact avec la terre.

Dans d'autres fruits, comme ceux de la Pivoine, du Pois, de la Giroflée, le *péricarpe* est *sec*. Arrivés à maturité, on voit souvent les fruits à péricarpe sec s'ouvrir d'une façon régulière sous l'influence de la sécheresse et donner ainsi la liberté aux graines qu'ils contiennent ; le *péricarpe* est alors *déhiscent*, et le fruit est qualifié de *capsule*. C'est souvent par une série de fentes longitudinales que s'ouvre une capsule, et ces fentes décomposent le péricarpe en fragments appelés *valves*.

Un certain nombre de fruits secs ont un *péricarpe in-*

déhiscent, comme la plupart des fruits charnus; ils renferment en général une graine unique, et reçoivent alors le nom d'*akènes*; exemple : les fruits du Sarrasin ou Blé noir (*fig.* 153).

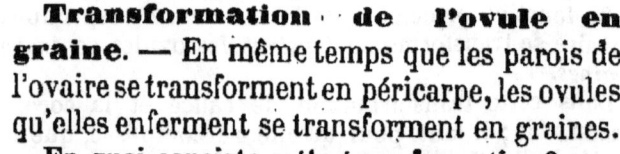

Fig. 153. Fruit du Sarrasin. *t*, *f*, téguments du fruit et de la graine; *a*, albumen; *e*, embryon.

Transformation de l'ovule en graine. — En même temps que les parois de l'ovaire se transforment en péricarpe, les ovules qu'elles enferment se transforment en graines.

En quoi consiste cette transformation ?

D'abord la graine est presque toujours plus volumineuse que l'ovule. Mais à cet accroissement de volume s'ajoutent des changements profonds à l'intérieur de l'ovule.

Nous nous rappelons qu'au moment de la pollinisation l'ovule, fixé au placenta par le funicule, comprend, sous son tégument, une petite masse charnue dite nucelle; à l'intérieur du nucelle, au voisinage d'une ouverture du tégument appelée micropyle, et dans le sac embryonnaire, se trouve l'oosphère.

Le tégument de l'ovule, en s'accroissant et s'épaississant de diverses façons, devient le *tégument de la graine*, tantôt lisse, tantôt orné d'aspérités. Le micropyle se resserre généralement et devient parfois presque invisible.

L'oosphère, après la pollinisation, subit un changement profond qui sera étudié plus tard[1], et devient l'*œuf*. Celui-ci ne demeure pas longtemps inactif : il se développe et donne naissance à un organisme d'abord très simple, puis plus compliqué, qu'on appelle un *embryon*. Son extrémité conique, dite *radicule*, tourne sa pointe du côté du micropyle. Elle se continue par un petit axe de forme cylindrique, nommé *tigelle*, qui porte latéralement, vers son extrémité opposée, un ou deux lobes saillants ou *cotylédons*. L'axe lui-même se termine, entre les deux cotylédons, par un bouton dans lequel on peut souvent reconnaître quelques jeunes feuilles étroitement serrées : c'est un bourgeon, qu'on appelle la *gemmule*.

1. Voir le cours de deuxième année.

Le sac embryonnaire, qui contient cet embryon, se développe avec lui et s'étend de proche en proche, refoulant et digérant le nucelle qui l'environne. En même temps il se gorge de substances nutritives, par exemple d'amidon ou d'huile. On lui donne alors le nom d'*albumen*, par analogie avec le blanc d'un œuf d'oiseau ; c'est en effet une sorte de magasin dans lequel l'embryon puise les aliments nécessaires à son développement. Pendant que l'albumen dévore le nucelle, il est dévoré lui-même par l'embryon, qui peut accumuler dans ses cotylédons une partie des réserves qu'il lui a prises.

Ainsi, lorsque la graine est arrivée à maturité, elle peut enfermer dans son tégument (E) : 1° les restes du nucelle (A) qui, lui aussi, est capable d'emmagasiner des réserves comme l'albumen ; — 2° l'albumen proprement dit (*a*), provenant du sac embryonnaire ; — 3° l'embryon (P), dont toutes les parties (radicule, tigelle, gemmule, cotylédons) sont issues de l'œuf. Cette structure complète est assez rare : on l'observe, par exemple, dans la graine du Nénufar (*fig.* 154).

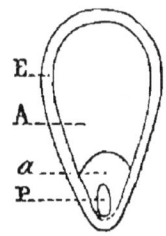

Fig. 154. Graine de Nénufar. E, tégument; A, albumen nucellaire; *a*, albumen proprement dit; P, embryon.

Le plus souvent l'albumen, en se développant, absorbe le nucelle entier, et le contenu de la graine mûre se réduit à l'albumen et à l'embryon. Lorsque les cotylédons restent plats et plus ou moins foliacés, l'albumen est très volumineux et riche en réserves nutritives ; c'est ce qui arrive dans la graine du Ricin, où l'albumen est oléagineux. Parfois, au contraire, les cotylédons absorbent tout l'albumen pendant la maturation de la graine : le contenu de celle-ci se réduit alors à l'embryon, dont les cotylédons sont charnus et gorgés de réserves ; c'est ce qu'on observe dans les graines du Haricot, du Pois, etc., où les deux cotylédons farineux remplissent à eux seuls presque toute la cavité du tégument.

Dissémination des graines. — Quand la graine est mûre, elle se détache du péricarpe par la rupture de son funicule, qui laisse à la surface du tégument une cicatrice ordinairement foncée et souvent saillante, le *hile*. La graine tombe alors directement sur le sol, ou est entraînée au loin par le vent si les ornements de sa surface favorisent sa *dissémination*.

Germination de la graine. — On appelle *germination de la graine* la série de phénomènes par lesquels une graine, placée dans des conditions favorables, donne naissance à une nouvelle plante plus ou moins semblable à celle qui l'a elle-même formée.

Prenons une graine de Haricot (*fig.* 155), ramollie par une immersion d'un jour dans un verre d'eau. Nous pourrons en détacher facilement le *tégument*, marqué, le long du bord concave de la graine, d'une tache très visible dans les variétés de Haricot à graines rouges : c'est le *hile* (*h*). Nous trouverons ensuite une masse charnue et farineuse : c'est la partie de la graine qui la rend alimentaire. Il nous sera facile, sans aucune déchirure, de séparer cette masse charnue en deux moitiés exactement symétriques, rapprochées suivant une surface plane : ces deux moitiés sont les *cotylédons*.

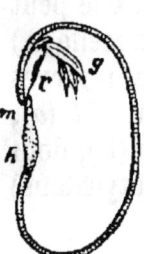

Fig. 155. Graine de Haricot. *h*, hile; *m*, micropyle; *r*, radicule; *g*, gemmule.

Cherchons à détacher les deux cotylédons l'un de l'autre; nous verrons qu'à l'une de leurs extrémités ils sont unis par un organisme de petite taille, de forme allongée, en partie caché par eux quand ils sont rapprochés et fixés à ses flancs comme deux ailes. Ce petit organisme est l'axe de l'*embryon*; nous lui reconnaîtrons une extrémité conique, la *radicule* (*r*), saillante sous le tégument où sa pointe se creuse une sorte de niche correspondant au *micropyle* (*m*); à la radicule succède le court cylindre de la *tigelle*; enfin celle-ci se termine par un mamelon que protègent deux petites feuilles appliquées l'une contre l'autre (*gemmule, g*).

Semons quelques graines de Haricot, ramollies comme celle que nous avons disséquée, sur de la mousse ou du sable humides, contenus dans un verre placé à l'intérieur

d'une chambre suffisamment chaude (10° à 40° environ).
Nous verrons bientôt le tégument de chaque graine se
soulever, puis se percer au niveau du micropyle. Par l'ouverture ainsi produite sort un organe allongé et blanchâtre,
couvert d'un fin duvet de poils, et qui s'enfonce dans la
mousse : c'est la première racine,
provenant du développement de
la radicule. Plus tard, la graine
est soulevée lentement au-dessus
de la mousse, et il est facile de
reconnaître que ce soulèvement
est dû à l'allongement de la tigelle.
En même temps les cotylédons
tendent à s'écarter, augmentant
la déchirure du tégument, qui ne
tarde pas à se détacher et à tomber. On voit alors apparaître,
entre les cotylédons libres qui
commencent à verdir comme la
tigelle elle-même, deux feuilles
en voie de développement, dans
lesquelles on peut reconnaître,

Fig. 156. — Germination du Haricot.

malgré l'accroissement déjà considérable de leur taille, les
deux feuilles de la gemmule ; plus tard, le mamelon qui
termine la gemmule, entre ses deux premières feuilles,
s'épanouira et donnera naissance à un axe, supportant de
distance en distance de nouvelles feuilles vertes. Cependant la racine n'a pas tardé à se ramifier à l'intérieur de
la mousse, dont elle pénètre la masse dans toutes les directions. Les phénomènes de la germination vont maintenant
se poursuivre rapidement. Les cotylédons, d'abord lisses
et gorgés de matières nutritives, se rident bientôt à leur
surface et s'aplatissent, perdant peu à peu leurs réserves
alimentaires qui passent dans les parties nouvelles de la
plante. Enfin il arrive un moment où toute la réserve nutritive accumulée dans les cotylédons s'est épuisée ; leurs
débris se détachent alors du sommet de la tigelle et n'y

laissent qu'une double cicatrice, bientôt effacée. On peut dire que c'est la fin de la germination : la jeune plante, maintenue dans les conditions où elle s'est jusque-là développée, ne tarderait pas à dépérir faute d'aliments; pour la voir achever son évolution et porter des fleurs et des fruits, il serait nécessaire de la transplanter dans un sol plus nutritif, par exemple dans la terre.

On voit, en résumé, que la radicule, en se développant, donne naissance à la racine; la tigelle fournit la partie de la tige, ordinairement très courte, qui est comprise entre la racine et les cotylédons; la gemmule forme le reste de la tige et les feuilles qu'elle porte; les réserves nutritives accumulées dans l'albumen ou les cotylédons sont digérées et absorbées.

Développement total de la plante. — Le développement total de la plante à partir de la germination ne suit pas la même marche dans toutes les espèces.

Chez le Haricot, le Ricin, le Blé, etc., la plante provenant de la germination parcourt en une seule saison toutes les phases de son développement : elle produit des fleurs, des fruits et des graines; après la dissémination de celles-ci, la plante meurt. Ces *espèces*, ne vivant qu'une année, sont qualifiées d'*annuelles*.

On appelle *espèces bisannuelles* celles qui emploient deux années à parcourir toutes les phases de leur développement. Dans l'année de la germination, la jeune plante porte des feuilles, mais ne produit pas de fleurs; à l'automne, les parties anciennes disparaissent et la plante se réduit à ses parties souterraines (racines ou rhizomes), qui passent l'hiver. Au printemps suivant la vie reprend son activité : de nouveaux organes aériens (tige et feuilles) se forment aux dépens des réserves accumulées dans les parties souterraines; puis paraissent des fleurs, qui fournissent des fruits et des graines. Après la dissémination des graines, la plante meurt. On peut citer, parmi les espèces bisannuelles, la Carotte et la Betterave.

On nomme *espèces vivaces* celles dont le développement

total dure plus de deux années, et qui produisent, au bout de quelques années, plusieurs séries de fleurs, de fruits et de graines. Les unes sont herbacées et se conservent d'une année à l'autre par des organes souterrains chargés de réserves : des rhizomes (Iris), des tubercules (Pomme de terre). Les autres sont ligneuses : ce sont les arbres, arbustes et arbrisseaux, qui se conservent pendant l'hiver par des organes aériens (tige dépouillée ou chargée de feuilles).

RÉSUMÉ

Après la pollinisation, l'ovaire s'agrandit et se transforme en *fruit*, dont les parois sont le *péricarpe*.

On distingue des *fruits à péricarpe charnu* (Vigne) et des *fruits à péricarpe sec* (Pois). D'ailleurs, le péricarpe peut être *déhiscent* ou *indéhiscent*.

En même temps l'ovule s'agrandit et se transforme en *graine* : le tégument de l'ovule devient le *tégument de la graine*; l'œuf devient l'*embryon (radicule, tigelle, gemmule, cotylédons)*; le sac embryonnaire se gorge de réserves nutritives et devient l'*albumen*, qui, digéré par l'embryon, digère le nucelle.

La graine mûre peut être pourvue (Ricin) ou dépourvue (Haricot) d'albumen. Elle se détache du péricarpe; la rupture laisse sur elle une cicatrice appelée *hile*.

La graine, placée dans des conditions favorables, *germe*, c'est-à-dire qu'elle donne naissance à une nouvelle plante plus ou moins semblable à celle qui l'a produite. La radicule forme la première racine, la tigelle une faible partie de la tige, la gemmule le reste de la tige et les feuilles. Les réserves nutritives de la graine sont digérées et absorbées.

L'étude du développement complet à partir de la germination permet de distinguer : 1° des *plantes annuelles* (Haricot); — 2° des *plantes bisannuelles* (Carotte); — 3° des *plantes vivaces* (Chêne).

VINGT-TROISIÈME LEÇON

Eléments de classification végétale. — Dicotylédonées dialypétales et gamopétales.

Connaissant l'organisation générale de la plante, nous

Fig. 157. — Renoncule bulbeuse.

allons passer en revue quelques types aussi différents que

possible dont l'étude nous montrera que les plantes, comme les animaux, se prêtent à une classification naturelle.

Renonculacées. — Portons d'abord notre attention sur les *Renoncules*, vulgairement appelées Boutons d'or, si répandues dans les prés ou sur les bords des chemins, où elles fleurissent du printemps à l'automne (*fig.* 157).

En examinant une fleur de Renoncule, on reconnaît immédiatement que les pièces qui composent chaque enveloppe (calice et corolle) sont égales entre elles et disposées symétriquement autour de l'axe du pédoncule floral; si bien que tout plan qui, passant par cet axe, partagerait en deux moitiés symétriques un sépale ou un pétale, serait en même temps un plan de symétrie pour la fleur entière. C'est ce qu'on exprime d'un mot en disant que le calice et

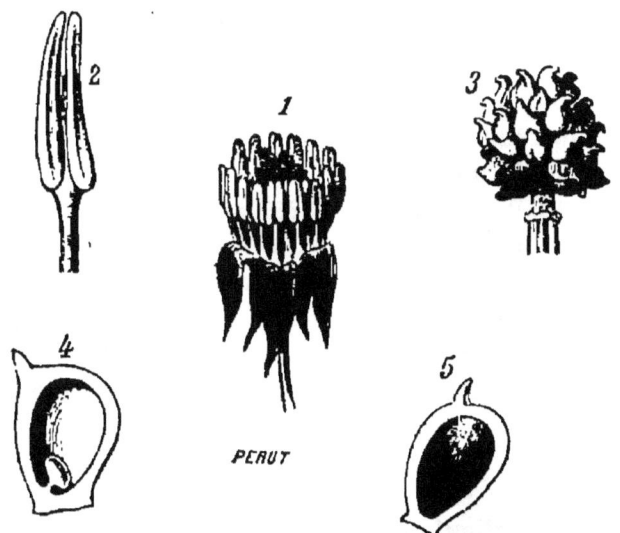

Fig. 158. — Fleur et fruit de la Renoncule. 1, fleur dépouillée de sa corolle : on voit le calice, les étamines, le pistil; 2, anthère grossie; 3, pistil isolé; 4, coupe longitudinale d'un carpelle; 5, coupe longitudinale d'un akène.

la corolle sont *réguliers*; on pourrait dire aussi qu'ils ont une symétrie rayonnée.

Le calice comprend cinq sépales verts, distincts les uns des autres jusqu'à leurs bases, et qu'on peut arracher successivement sans entraîner avec eux aucune autre pièce florale.

La corolle est formée de cinq pétales, d'un beau jaune d'or, alternant avec les sépales, et libres comme eux jusqu'à leurs bases : on dit qu'elle est *dialypétale*[1].

Après l'enlèvement des pétales (*fig.* 158, 1) reste une masse centrale proéminente, de couleur verte, le pistil, qu'entourent de toutes parts des étamines. Le nombre de celles-ci est très variable ; il est rare, en observant successivement deux fleurs de Renoncule, d'en compter exactement le même nombre. Nous dirons simplement que les étamines sont nombreuses, mais nous remarquerons en même temps qu'elles tournent, à la maturité, leurs anthères déhiscentes vers l'extérieur de la fleur : on dit pour ce motif qu'elles sont *extrorses* (*fig.* 158, 2).

Si nous arrachons avec précautions toutes les étamines, le pistil (3) se montrera formé d'un grand nombre de petits carpelles groupés au sommet bombé du réceptacle en une sorte de tête renflée : chacun de ces carpelles (4), réduit à l'ovaire et au stigmate, contient un ovule unique.

En examinant des fleurs passées, nous pourrons nous assurer qu'après la chute du périanthe et la disparition des étamines, chacun des carpelles du pistil se transforme en un akène (5) dont la graine unique comprend un petit embryon à deux cotylédons et un albumen abondant.

La Renoncule, possédant des fleurs, est une plante de l'embranchement des *Phanérogames*[2] : c'est le nom qu'on donne à toutes les plantes pourvues de fleurs. Dans ces fleurs, les ovules sont protégés par des ovaires clos ; la Renoncule appartient donc à la série des Phanérogames *angiospermes*[3] : c'est le nom qu'on donne aux plantes à fleurs dont les ovules ne sont pas à nu. Ayant deux cotylédons dans ses graines, la Renoncule est une *dicotylédonée*. Enfin, ayant des pétales distincts jusqu'à leurs bases, c'est une

---

1. Du grec : *dialud*, je sépare.
2. Du grec : *phanéros*, apparent ; — *gamos*, union ; plantes où les organes de la reproduction sont bien visibles.
3. Du grec : *angeïon*, cavité ; — *sperma*, semence.

Dicotylédonée *dialypétale*. A ces caractères s'ajoutent le grand nombre des étamines, indépendantes du calice, et leur disposition extrorse. Toutes les plantes dicotylédonées dialypétales qui réuniront ces caractères plus particuliers seront rangées dans une famille dont la Renoncule est un représentant et qu'on appelle pour ce motif la famille des *Renonculacées* (Renoncules, Pivoines, etc.).

Crucifères.—Etudions en second lieu la *Giroflée*.

Une fleur de Giroflée (*fig.* 159) a des enveloppes à peu près régulières.

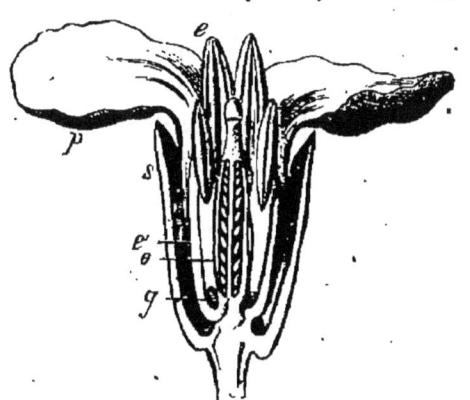

Fig. 159. — Coupe longitudinale d'une fleur de Giroflée. *s*, sépale; *p*, pétale; *e*, étamine longue; *e'*, étamine courte; *o*, ovaire.

Le calice est formé de quatre sépales (*s*) violacés, libres entre eux.

La corolle est formée de quatre pétales égaux et libres entre eux (*p*); ils s'étalent en croix à l'extérieur du calice, tandis que leurs extrémités inférieures effilées (*onglets*) vont s'attacher au fond de la fleur et forment en se juxtaposant une sorte de tube.

L'androcée (*fig.* 160) comprend six étamines inégales, dont quatre longues (*e*) viennent montrer leurs anthères à l'entrée du tube de la corolle, tandis que les deux autres (*e'*), fixées un peu plus bas et placées l'une en face de l'autre, paraissent et sont parfois réellement plus courtes.

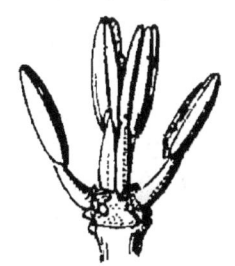

Fig. 160. — Etamines de la Giroflée.

Le pistil allongé se réduit presque à l'ovaire (*o*), que surmonte, après un léger étranglement, un stigmate à deux lobes. Si on coupe transversalement l'ovaire, on voit qu'il résulte de la réunion de deux carpelles unis par leurs bords; deux doubles rangées d'ovules se regardent à l'intérieur de la cavité commune. Cette cavité est, de plus, partagée d'un bout à l'autre en deux loges par une cloison longitudinale séparant les deux carpelles.

Au pistil succède un fruit à péricarpe sec qui s'ouvre à la maturité par quatre fentes (une de chaque côté de chacune des doubles rangées de graines, voir *fig.* 161, *a, b, a', b'*); ces fentes découpent de bas en haut, sur deux faces opposées du fruit, deux longues valves; celles-ci se relèvent peu à peu, puis se détachent et tombent, laissant dans le prolongement du pédoncule une sorte de cadre chargé sur ses bords de graines qui tombent à leur tour (*fig.* 162). Un tel fruit a reçu le nom de *silique*.

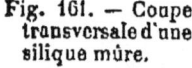

Fig. 161. — Coupe transversale d'une silique mûre.

Fig. 162. Silique.

Les graines sont dépourvues d'albumen, et l'embryon contient deux cotylédons.

Les feuilles de la Giroflée sont alternes, et sa racine est pivotante.

Comme la Renoncule, on voit que la Giroflée est une Phanérogame angiosperme dicotylédonée dialypétale.

Quatre pétales étalés en croix, six étamines dont quatre longues et deux courtes, silique : tels sont les caractères essentiels de tout un groupe de plantes très voisines de la Giroflée et qui forment la famille des *Crucifères*[1] (Giroflée, Chou, Radis, etc.)

Légumineuses. — Un troisième objet d'étude nous sera fourni par le *Pois* cultivé.

Le premier caractère qui nous frappe quand nous examinons une fleur de Pois (*fig.* 163), c'est son irrégularité : la symétrie bilatérale y est marquée avec la plus grande netteté.

---

1. Du latin : *crux*, croix ; *fero*, je porte ; à cause de la disposition des pétales en croix.

Le calice est d'une seule pièce et porte cinq dents, indices de cinq sépales unis entre eux presque jusqu'à leurs sommets.

La corolle comprend cinq pétales libres entre eux et très inégaux. L'un d'eux, plus grand que tous les autres, s'étale à la partie supérieure de la fleur : on l'appelle l'*étendard* (a). Au-dessous de lui et sur les côtés de la fleur, deux pétales disposés symétriquement forment les *ailes* de la corolle (b). Enfin celles-ci recouvrent à leur tour deux pétales symétriques, qui viennent se toucher et même s'unir faiblement par leurs bords opposés à la face inférieure de la fleur ; comme

Fig. 163. — Fleur du Pois.
a, étendard ; *b*, ailes: *c*, carène.

cette disposition offre quelque ressemblance avec celle d'une quille de bateau, on donne à ce groupe de pétales le nom de *carène* (c). L'aspect général de la corolle rappelle grossièrement celui d'un papillon aux ailes déployées ; c'est ce qui justifie le nom de *Papilionacées* qu'on donne souvent aux plantes du groupe auquel appartient le Pois.

L'androcée (*fig.* 164) comprend dix étamines de longueurs égales : neuf sont unies entre elles par leurs filets et forment ainsi au-dessous du pistil une sorte de gouttière coudée (e) ; la dixième reste libre (e') et ferme à peu près l'ouverture supérieure de cette gouttière.

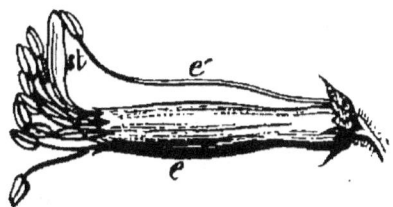

Fig. 164. — Etamines et pistil du Pois, avec le calice persistant à la base ; *e*, groupe de neuf étamines ; *e'*, dixième étamine libre ; *st*, stigmate.

Le pistil est formé d'un carpelle unique, renfermant une double rangée d'ovules et coudé au niveau de la naissance d'un style assez long (voir p. 191 et fig. 150). Le fruit qui succède à ce carpelle possède un péricarpe sec (*fig.* 165) : à la maturité il s'ouvre par deux fentes opposées, **dont** l'une (*a*) sépare les deux placentas, tandis que l'autre (*b*) suit la nervure médiane de la feuille carpellaire ; le péricarpe est ainsi divisé tout entier en deux valves qui s'écartent en entraînant chacune une rangée de graines : celles-ci se détachent à leur tour et sont disséminées. Un tel fruit porte le nom de *gousse* ou celui de *légume*.

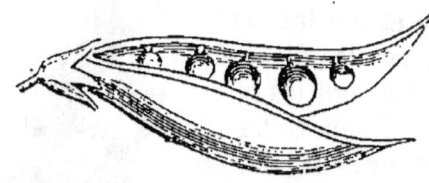

Fig. 165. — Gousse ou fruit du Pois.

Les graines sont dépourvues d'albumen ; mais en revanche leurs deux cotylédons, volumineux et charnus, sont gorgés de réserves nutritives.

La feuille du Pois (*fig. 166*) est composée de folioles disposées de part et d'autre d'un pétiole commun à la façon des barbes d'une plume ; ses dernières folioles sont transformées en filets contournés sur eux-mêmes en hélice (*vrilles*), qui fixent la plante à son support ; à la base du pétiole commun on remarque deux stipules larges et foliacées.

On voit par ce qui précède que le Pois est un nouvel exemple de Phanérogames angiospermes dicotylédonées dialypétales. Corolle papilionacée, dix étamines dont neuf au

Fig. 166. — Feuille du Pois.

SOLANÉES.

moins ont leurs filets concrescents, gousse ou légume, feuilles généralement composées et toujours munies de stipules, tels sont les caractères qu'on trouve de plus réunis chez les Papilionacées, qui forment une tribu importante de la famille des *Légumineuses* (Pois, Haricot, Lentille, etc.).

Solanées. — Poursuivons notre étude élémentaire des plantes à fleurs, et considérons la *Pomme de terre* (*fig.* 167).

Une fleur de Pomme de terre possède des enveloppes régulières : le calice vert à cinq dents égales; la corolle rosée, d'une seule pièce comme le calice, et dont le bord libre est marqué de cinq dents, alternes avec celles du calice.

Vers le centre de la corolle se montre une sorte de tube d'un beau jaune d'or, saillant à l'extérieur; en l'examinant de près, on peut voir qu'il est formé par le rapprochement de cinq anthères, libres entre elles et alternes avec les dents de la corolle. En détachant celle-ci avec précautions, on entraîne en même temps les cinq anthères, ce qu'on s'explique facilement en ouvrant ensuite la corolle avec une paire de ciseaux fins . on remarque alors que les cinq filets viennent se fixer à la face interne de la corolle.

Fig. 167. — Feuilles et fleurs de la Pomme de terre.

Au-dessous du tube formé par les anthères se trouve le pistil, qui au premier abord paraît simple : il comprend un ovaire, un style et un stigmate. En coupant transversalement l'ovaire, on voit qu'il est creusé de deux loges, dont chacune renferme un grand nombre d'ovules fixés du côté de l'axe. Le pistil est donc composé de deux carpelles.

Le fruit qui succède au pistil est entièrement charnu : c'est une baie contenant de nombreuses graines albuminées et à deux cotylédons.

Les feuilles sont alternes.

De ce qui précède on peut conclure que la Pomme de terre est — comme la Renoncule, la Giroflée et le Pois — une plante Phanérogame angiosperme dicotylédonée ; mais les pétales de la corolle, au lieu d'être distincts jusqu'à leurs bases, sont unis entre eux presque jusqu'à leurs sommets, ce qui fait dire que la plante est *gamopétale*[1].

Fleurs régulières ; — cinq étamines égales ; — ovaire libre à deux loges contenant de nombreux ovules : tels sont les caractères que présentent, parmi les Dicotylédonées gamopétales, les plantes appartenant à la même famille que la Pomme de terre ; c'est la famille des *Solanées* (Pomme de terre, Tabac, etc.).

Composées. — La famille des *Composées* est la plus vaste de tout l'embranchement des Phanérogames. Elle tire

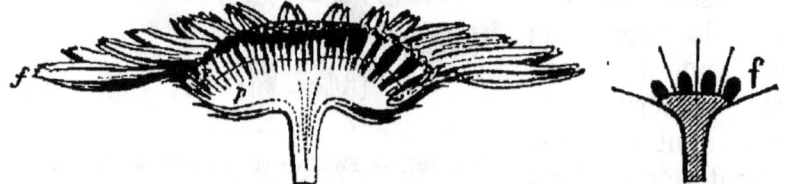

Fig. 168. — Capitule (Reine-Marguerite).

son nom du mode de groupement des fleurs (*fig.* 168) : elles sont toutes portées au sommet d'un axe commun, de leurs pédoncules sont extrêmement réduits, de manière à les rapprocher étroitement les unes des autres. Un tel groupe de fleurs porte le nom de *capitule* ; les fleurs ne sauraient s'y développer côte à côte qu'à une condition,

---

1. Du grec *gamos*, union.

COMPOSÉES. 241

c'est que le sommet de l'axe qui les porte s'aplatisse et s'étale pour leur servir de support ou de *réceptacle* commun. L'ensemble des feuilles de forme spéciale qui entourent la base de l'inflorescence forme ce qu'on appelle un *involucre*. Le Bleuet, la Chicorée, le Souci, la Marguerite, etc., qui sont des Composées, fournissent des exemples bien connus de capitules. Ce qu'on appelle communément la fleur du Bleuet n'est pas une simple fleur, mais un ensemble de

Fig. 169. — Bleuet. — 1, Capitule du Bleuet; 2, fleur du centre, fertile; 3, corolle fendue, pour montrer les anthères soudées et le style; 4, akène; 5, fleur stérile du pourtour.

fleurs, une *fleur composée*, comme on dit assez improprement : elle se décompose au premier coup d'œil en un certain nombre de petites corolles de diverses formes.

Détachons une des fleurs voisines du centre d'un capitule de Bleuet (*fig.* 169). Nous y trouvons d'abord une corolle bleue, en forme de tube dont le bord libre porte cinq dents égales, régulièrement disposées : c'est une *corolle tubuleuse*. A l'entrée du tube de la corolle paraît une sorte de manchon de couleur foncée : de son centre émerge un filament bifurqué à son extrémité. Il est facile de constater, en ouvrant la corolle, que ce manchon est formé par cinq anthères unies ; les cinq filets, libres entre eux, vont s'attacher à la face interne du tube de la corolle (*fig.* 170) : à cause de l'union de leurs anthères, les étamines sont dites *synanthérées*. Au-dessous de la corolle remarquons l'ovaire qui contient un ovule unique ; à cause de sa position, on dit que cet ovaire est *infère*. Une couronne de poils, fixée au sommet de l'ovaire et enveloppant la base de la corolle, représente le calice, uni dans sa partie inférieure avec le pistil. De la face supérieure de l'ovaire, à l'intérieur de la corolle, se détache un style très long qui traverse la couronne des anthères et se termine par deux stigmates ; c'est lui que nous avons aperçu, émergeant du manchon staminal.

Fig. 170. Androcée de Bleuet. *f*, filets ; *a*, anthères.

Dans les fleurs les plus externes du capitule, la forme de la corolle est à peu près la même, bien que moins régulière et ouverte en entonnoir vers l'extérieur : c'est encore une corolle tubuleuse. Mais cette corolle ne contient ni étamines ni pistil : la *fleur* est *stérile*.

Après la fécondation les étamines, la corolle et le style se flétrissent ; l'ovaire infère se transforme en un akène contenant une graine à deux cotylédons ; l'aigrette de poils, qui représente le calice, persiste et surmonte le fruit dont elle favorise la dissémination : c'est un *calice persistant*.

Comme la Pomme de terre, le Bleuet est une plante Phanérogame angiosperme dicotylédonée gamopétale.

La disposition des fleurs en capitule, la position infère de l'ovaire et l'union des étamines par leurs anthères sont les trois caractères essentiels de la famille des *Composées*.

RÉSUMÉ

L'embranchement des plantes *Phanérogames* comprend toutes les plantes pourvues de fleurs.

Le premier sous-embranchement est celui des Phanérogames *angiospermes* : il comprend les plantes à fleurs dont les ovules ne sont pas à nu.

La première classe des Angiospermes est celle des *Dicotylédonées* : ce sont les Angiospermes dont l'embryon contient deux cotylédons.

Certaines Dicotylédonées sont *dialypétales*, c'est-à-dire que leurs pétales sont séparés jusqu'à leurs bases.

On peut citer, comme exemples, trois familles de Dialypétales :

1° les *Renonculacées* (étamines nombreuses, extrorses et indépendantes du calice). Ex. : les Renoncules.

2° les *Crucifères* (quatre pétales étalés en croix, six étamines dont quatre longues et deux courtes, silique). Ex. : Giroflée.

3° les *Légumineuses Papilionacées* (corolle *papilionacée*, dix étamines dont neuf unies par leurs filets, un seul carpelle qui se transforme en une *gousse* ou *légume*, feuilles généralement composées et toujours stipulées). Ex. : Pois.

D'autres Dicotylédonées sont *gamopétales*, c'est-à-dire que leurs pétales sont unis entre eux.

On peut citer, comme exemples, deux familles de Gamopétales :

1° les *Solanées* (fleurs régulières, cinq étamines égales, ovaire libre à deux loges contenant de nombreux ovules). Ex. : Pomme de terre;

2° les *Composées* (fleurs groupées en *capitules* : chaque fleur renferme cinq *étamines synanthérées* et un ovaire soudé au calice; cet ovaire se transforme ensuite en un akène, souvent surmonté d'une aigrette qui est le calice persistant). Ex. : Bleuet.

VINGT-QUATRIÈME LEÇON

Dicotylédonées apétales. — Monocotylédonées. — Gymnospermes. — Cryptogames.

Dicotylédonées apétales. — Si on observe un *Chêne* au printemps, quand les feuilles s'épanouissent, on y distingue certaines branches grêles et chargées de fleurs.

Les unes forment des groupes allongés, de couleur jaune. En examinant de près une de ces fleurs, on reconnaît qu'elle est enveloppée de six sépales verdâtres, et ne contient que des étamines; n'ayant pas de pétales, cette fleur est dite *apétale*, ainsi que la plante qui la possède;

ne contenant que des étamines, elle est aussi dite *staminée*.

D'autres rameaux portent des fleurs plus espacées et de couleur verte ; chacune de ces fleurs contient un pistil uni avec un calice à six dents, et protégé à sa base par un groupe serré de petites feuilles qui forment une petite coupe ou *cupule* : c'est une fleur *apétale*, puisqu'elle ne possède pas de pétales, et *pistillée*, puisqu'elle ne contient qu'un pistil.

Le fruit du Chêne est un akène appelé *gland*, que supporte la cupule persistante, accrue et lignifiée.

En résumé, le Chêne est une plante Phanérogame angiosperme dicotylédonée apétale.

Le groupe des Dicotylédonées apétales ne comprend pas seulement des arbres, mais aussi des plantes herbacées : le Sarrasin ou Blé noir, la Betterave, le Chanvre, l'Ortie, etc.

Monocotylédonées. — Liliacées. — Avec le *Lis* nous abordons un groupe tout différent de plantes phanérogames angiospermes.

La fleur du Lis est parfaitement régulière.

Le périanthe comprend six pièces de même couleur, blanches dans l'espèce la plus répandue. Mais il est facile d'observer que trois de ces pièces forment un verticille extérieur qui, dans le bouton, enveloppe la fleur tout entière ; de plus, elles présentent sur leurs faces externes de légères taches vertes ; ce sont donc des sépales, dont l'ensemble constitue le calice. Les trois pièces complètement blanches, alternes avec les premières et formant le verticille interne, sont les pétales, dont la réunion constitue la corolle.

Six étamines égales et introrses, disposées sur deux verticilles alternes, composent l'androcée.

Le pistil (voir *fig.* 151), libre au centre de la fleur, est formé de trois carpelles unis dans toute leur longueur par leurs ovaires, par leurs styles, par leurs stigmates, de manière qu'il semble n'y avoir qu'*un* ovaire, *un* style et *un* stigmate. Si on coupe transversalement l'ovaire d'une fleur de Lis, on observe qu'il est creusé de trois loges, séparées par autant de cloisons, rayonnant de l'axe du pistil vers sa surface; chaque loge contient une double rangée d'ovules, fixée du côté de l'axe. Cette structure s'explique aisément si on suppose que trois carpelles fermés, répartis autour du centre de la fleur, se soient assez étroitement rapprochés pour souder deux à deux leurs parois sur une grande étendue de leurs surfaces externes; il faut alors diviser par la pensée chacune des cloisons de séparation en deux couches, appartenant à deux carpelles différents. Comme dans ce cas les placentas sont rejetés vers l'axe de l'ovaire commun, on dit que la *placentation* est *axile*; c'est la disposition que nous avons remarquée dans le pistil du Lin, en étudiant l'organisation générale de la fleur.

Le fruit du Lis est une capsule qui s'ouvre en trois valves par la formation de fentes correspondant aux milieux des loges. Cette capsule comprend de nombreuses graines, à albumen volumineux et pourvues d'un seul cotylédon.

On voit que le Lis est une plante à fleurs, c'est-à-dire phanérogame, du sous-embranchement des Angiospermes; n'ayant qu'un seul cotylédon, elle appartient à une seconde classe, différant par ce caractère de celle que nous avons étudiée jusqu'ici, la classe des *Monocotylédonées*.

Des fleurs régulières, trois sépales ayant l'aspect de pétales, trois pétales, six étamines introrses, un pistil formé de trois carpelles unis, un ovaire libre à placentation axile, tels sont les caractères qui distinguent, dans la classe des Monocotylédonées, la famille des *Liliacées* (Lis, Tulipe, Asperge, etc.).

Graminées. — Comme second exemple de Monocotylédonées, étudions le *Blé* au moment où il est en fleurs.

La tige du Blé est verticale, rigide, cylindrique et renflée aux nœuds; si on la fend dans le sens de sa longueur, on reconnaît qu'elle est parcourue suivant son axe par une cavité qu'interrompt au niveau de chaque nœud un plancher transversal. Cette tige est ce qu'on nomme un *chaume* (*fig.* 171).

Les feuilles sont alternes : elles forment deux rangées à la surface de la tige. Chaque feuille est longue, à nervures parallèles; outre le limbe, elle comprend une gaine qui enveloppe la tige sur toute la longueur d'un entre-nœud, de sorte que la feuille se fixe en réalité au nœud immédiatement inférieur à celui que quitte le limbe; la gaine est fendue le long d'une ligne opposée au limbe qu'elle continue, ce qui permet de détacher la feuille jusqu'à sa base sans aucune déchirure : on reconnaît alors qu'entre la gaine et le limbe la feuille porte du côté de la tige une petite languette, souvent réduite à quelques franges, qu'on appelle la *ligule*.

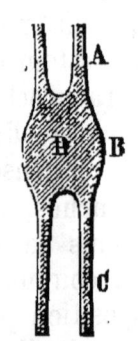

Fig. 171. — Coupe longitudinale d'un chaume au niveau d'un nœud. A, C, deux entre-nœuds consécutifs; B, un nœud; D, plancher transversal.

Les fleurs du Blé sont groupées au sommet de la tige en un *épi* (*fig.* 172). Si on examine de près cet épi, on reconnaît qu'il est formé par la réunion, sur un axe commun, d'un grand nombre de petits épis ou *épillets*. Chaque épillet, isolé, se montre protégé par deux lames vertes (ce sont des feuilles modifiées) auxquelles on donne le nom de *glumes*. En détachant les deux glumes, on voit que chacune des trois ou quatre fleurs irrégulières que comprend l'épillet est enveloppée à son tour par deux lames de formes un peu différentes, les *glumelles* (*glumelle supérieure* et *glumelle inférieure*). Sous cette enveloppe, la fleur même comprend (*fig.* 173) : 1° trois étamines à filets très longs, dont les anthères disposent leurs loges en x à la maturité; — 2° un ovaire arrondi, contenant un ovule unique, surmonté de deux stigmates

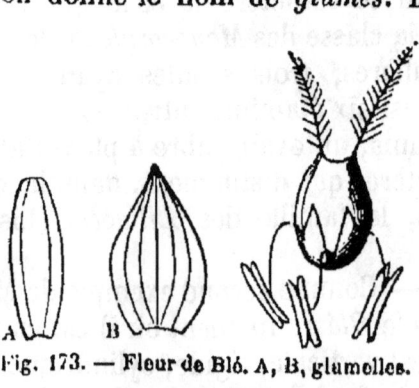

Fig. 173. — Fleur de Blé. A, B, glumelles.

Fig. 172. Epi de Blé.

plumeux et protégé à sa base par deux écailles fines et verdâtres, dites *glumellules*. Ainsi, pour atteindre et mettre à nu un ovaire, on doit enlever successivement les glumes, les glumelles et les glumellules; même en considérant les glumellules comme représentant un périanthe rudimentaire, on ne rencontre rien qui puisse être assimilé à une véritable corolle.

A la maturité, l'ovaire se transforme en un akène qui contient une graine dépourvue de tégument : c'est le *grain de blé* (*fig.* 174). La graine renferme un albumen volumineux et de nature amylacée qui la remplit presque entièrement (*a*); c'est cet albumen qui, au broyage, fournit la *farine*; le *son* est fourni par les débris du péricarpe. L'embryon occupe une extrémité de la graine; il est séparé de l'albumen par une sorte de bouclier latéral que lui forme son cotylédon unique (*b*).

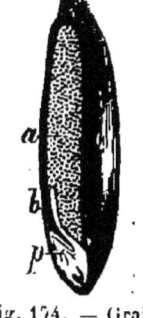

Fig. 174. — Grain de Blé. *a*, albumen; *b*, cotylédon; *p*, gemmule.

La présence d'un seul cotylédon dans la graine rattache le Blé à la classe des Monocotylédonées.

Chaume, — feuilles distiques, longues, engainantes et ligulées, — fleurs irrégulières, groupées en épis composés d'épillets, protégées par des glumes et des glumelles, — trois étamines, — ovaire arrondi et surmonté de deux stigmates plumeux, — graine nue à albumen farineux : tels sont les caractères spéciaux à la famille qui contient le Blé, et qu'on appelle famille des *Graminées*.

Gymnospermes. — Conifères. — Avec la famille des *Conifères*, nous quittons le sous-embranchement des Angiospermes.

Etudions le *Pin sylvestre* de nos bois comme exemple de Conifères.

C'est un arbre dont la tige présente tous les caractères d'un *tronc* (ramifications nombreuses, bois s'épaississant par couches annuelles et concentriques). Ses feuilles, petites

218 COURS COMPLET D'HISTOIRE NATURELLE.

et allongées (*aiguilles* du Pin), sont réunies deux par deux, dans une sorte de gaine protectrice formée par quelques écailles brunes, à l'extrémité d'un rameau très court inséré sur une branche principale (*fig.* 175); elles peuvent persister pendant plusieurs années, et, comme à chaque printemps il s'en forme de nouvelles, l'arbre reste vert en toute saison. Les feuilles et la tige sont riches en résine, qui s'échappe des blessures faites au tronc en gouttelettes durcissant à l'air.

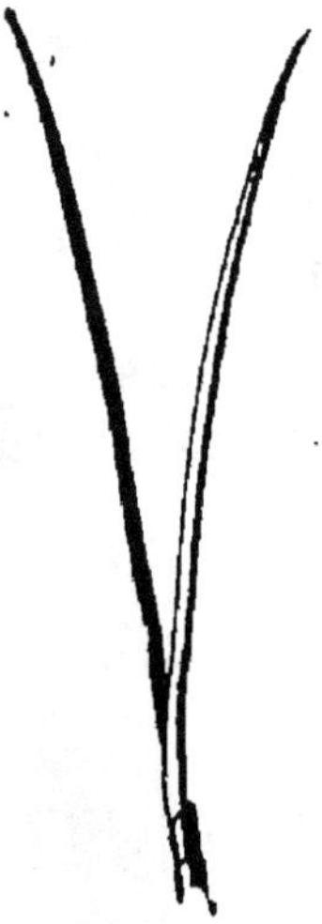

Au printemps se forment des fleurs de deux sortes (*fig.* 176), réunies en groupes serrés, les uns de couleur brune, les autres violacés. Les fleurs brunes se réduisent à de simples écailles dont chacune porte deux sacs chargés de pollen et s'ouvrant à la maturité pour l'expulser; ce sont des fleurs à pollen.

Fig. 175.
Feuilles du Pin.

Chaque fleur violacée contient une écaille qui porte à nu deux ovules, fixés à l'une de ses faces; c'est une fleur à ovules.

Quand le pollen est mis en liberté, ne rencontrant ni stigmates ni ovaires qui lui défendent l'approche des ovules, il tombe directement sur ceux-ci, qui au bout d'un temps plus ou moins long se transforment en graines. En même temps les écailles qui supportent les ovules s'épaississent, se rapprochent et forment avec les graines qu'elles

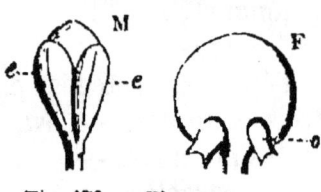

Fig. 176. — Fleurs du Pin.
M, écaille portant les sacs polliniques (*e*); F, écaille portant les ovules (*o*).

protègent la pomme du Pin ou *cône* (*fig.* 177); c'est la présence constante d'un cône qui a valu aux plantes de la famille du Pin le nom de *Conifères*. A la maturité, les écailles du cône s'écartent et mettent en liberté les graines, bordées d'ailes latérales qui en favorisent la dissémination (*fig.* 178). L'embryon contenu dans la graine est pourvu de plusieurs cotylédons.

CRYPTOGAMES.

Le caractère le plus essentiel de l'organisation du Pin sylvestre est que ses ovules, au lieu d'être enfermés dans des cavités closes, comme chez les Phanérogames angiospermes, sont simplement portés à nu par des écailles. C'est le caractère du deuxième sous-embranchement des Phanérogames, celui des *Gymnospermes*[1], dont la famille des Conifères n'est qu'une subdivision.

Résumé général de l'étude des Phanérogames. — Par l'étude des exemples de Phanérogames que nous avons successivement passés en revue, on voit que la division générale de cet embranchement du règne végétal peut être résumée dans le tableau suivant :

Fig. 177.
Cône du Pin.

Fig. 178.
Graine du Pin.

				Exemples.
PHANÉROGAMES	à ovules enfermés : ANGIOSPERMES	à deux cotylédons : DICOTYLÉDONÉES	à pétales concrescents :	*Gamopétales*. Primevère.
			à pétales libres :	*Dialypétales*. Giroflée.
			sans pétales :	*Apétales*. Chêne.
		à un cotylédon : MONOCOTYLÉDONÉES		Lis.
	à ovules nus :	GYMNOSPERMES		Pin.

Cryptogames. — Par opposition aux Phanérogames, on réunit sous le nom de *Cryptogames* toutes les plantes qui sont dépourvues de fleurs : chez elles les organes de la reproduction revêtent un aspect moins brillant que chez les Phanérogames et se cachent même souvent à l'œil nu.

Si nous déterrons avec précautions une Fougère de nos bois (*fig.* 179), nous constaterons que la tige se réduit toujours à un rhizome ordinairement horizontal ; cette tige

---

1. Du grec : *gumnos*, nu ; *sperma*, semence.

souterraine porte : d'une part des feuilles ou *frondes* de grande taille, ordinairement très découpées, enroulées en crosse avant leur épanouissement, et que leurs pétioles dressent verticalement dans l'air ; d'autre part, des racines latérales qui fixent la plante au sol et y puisent les aliments liquides. Jamais nous n'observerons de fleurs sur une Fougère. Les organes de la reproduction sont représentés par de petites taches brunes (A), formées de corpuscules arrondis, qu'on observe sur les faces inférieures

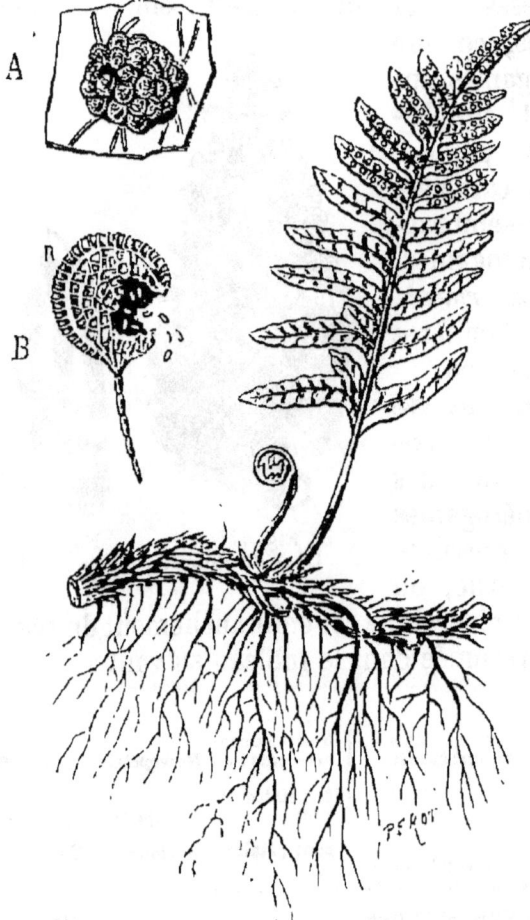

Fig. 179. — Fougère (Polypode). A, un groupe (grossi) de *sporanges*, corpuscules produisant les spores; B, un sporange, plus grossi, mettant en liberté ses spores.

de certaines feuilles : ces corpuscules (B), sous l'influence de la sécheresse, se déchirent et mettent en liberté des grains microscopiques ou *spores* que le vent entraîne et qui vont multiplier la plante.

Les Fougères, ayant des feuilles, une tige et des racines, ne diffèrent des Phanérogames que par l'absence de fleurs ; elles nous fournissent un exemple du deuxième embranchement du règne végétal, celui des *Cryptogames à racines*.

Les *Muscinées* (ex. : les Mousses) sont déjà beaucoup plus simples dans leur organisation. Une Mousse (*fig.* 180) possède bien une tige grêle, verticale ou rampante, qui sert de support à des feuilles; mais, si on la débarrasse avec précautions de la terre à laquelle elle est fixée, il est facile de voir qu'elle

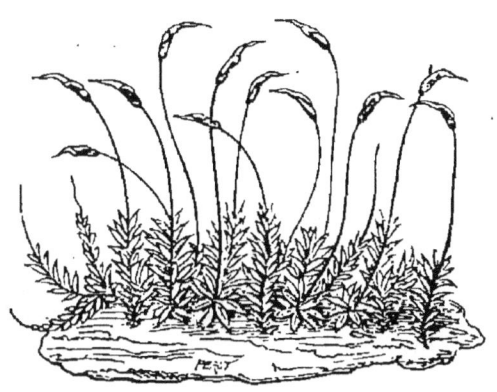

Fig. 180. — Mousse (Polytric).

est totalement dépourvue de racines; des poils, manquant de matière colorante verte, et fixés directement à la tige souterraine, s'enfoncent dans le sol et vont y puiser les substances nutritives; ils remplissent le rôle dévolu aux poils radicaux chez les plantes à racines. Au moment de la reproduction, on voit se former, sur certaines parties de la tige d'une Mousse, de petits sacs bruns, portés aux extrémités de filaments grêles, et qui mettent en liberté des *spores*.

Les *Thallophytes* (ex. : Champignons, Algues) sont les plus simples de tous les végétaux. Chez eux, il n'est plus possible de distinguer ni racines, ni tiges, ni feuilles; ils se réduisent à un *thalle*[1], appareil végétatif de forme plus ou moins irrégulière qui remplit les fonctions de ces trois organes (*fig.* 181). Les filaments blancs qui s'enfoncent

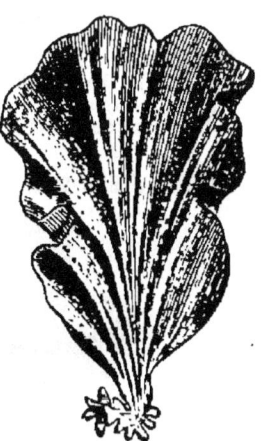

Fig. 181. — Thalle d'une Algue (Porphyre).

---

[1]. Du grec : *thallos*, jeune pousse. D'où : *thallophytes*, plantes à thalle (*thallos*, thalle, — *phuton*, plante).

dans le fumier sur lequel on cultive le Champignon de couche (*blanc de champignon*) et qui se rattachent aux pieds des chapeaux comestibles, constituent un thalle (*fig.* 182).

Les organes de reproduction du Champignon de couche sont encore des *spores* qui se forment sur les lames que porte le chapeau à sa face inférieure (*fig.* 183).

Résumé général. — En étudiant de près l'organisation des plantes cryptogames, on verrait qu'il y a en réalité moins de différences entre les Phanérogames et les Cryptogames à racines, malgré l'absence des fleurs chez ces derniers, qu'entre les Cryptogames à racines et les Muscinées. On peut donc, si l'on veut réduire encore le nombre des grandes divisions, distinguer, dans le règne végétal, d'une part les

Fig. 182. — Agaric (Champignon de couche); thalle (blanc de champignon) portant des chapeaux en voie de formation.

Fig. 183. — Chapeaux de Champignons ; 1, Champignons de couche ; 2, Cèpe.

plantes à racines (Phanérogames et Cryptogames à racines),

d'autre part les plantes sans racines (Muscinées et Thallophytes).

C'est ce que résume le tableau suivant :

				Exemples.
PLANTES	à racines....	à fleurs........	*Phanérogames*.........	Giroflée.
		sans fleurs.....	*Cryptogames à racines.*	Fougères.
	sans racines.	à feuilles........	*Muscinées*	Mousses.
		à thalle	*Thallophytes*	Champignons.

RÉSUMÉ

Certaines Dicotylédonées sont *apétales*, c'est-à-dire qu'elles sont dépourvues de corolle. Ex. : Chêne, Chanvre, etc.

La deuxième classe des Angiospermes est celle des *Monocotylédonées* : ce sont les Angiospermes dont l'embryon contient un seul cotylédon.

On peut citer, comme exemples, deux familles de Monocotylédonées :

1° les *Liliacées* (fleurs régulières, trois sépales ayant l'aspect de pétales, trois pétales, six étamines introrses, un pistil formé de trois carpelles unis, un ovaire libre à *placentation axile*); ex. : Lis;

2° les *Graminées* (*chaume*, feuilles alternes sur deux rangs, engainantes et ligulées, fleurs irrégulières groupées en *épis* composés d'*épillets* : chaque épillet est protégé par deux *glumes*, chaque fleur par deux *glumelles*; elle comprend trois étamines, deux *glumellules*, et un ovaire arrondi surmonté de deux stigmates plumeux ; le fruit est un akène contenant une graine nue à albumen farineux); ex. : Blé.

Le deuxième sous-embranchement des Phanérogames est celui des *Gymnospermes* : il comprend les plantes à fleurs dont les ovules sont à nu. La famille principale est celle des *Conifères*, arbres verts et résineux dont les fruits sont groupés en *cônes*. Ex. : Pin.

On appelle *Cryptogames* les plantes dépourvues de fleurs. Elles forment trois embranchements :

1° les *Cryptogames à racines* (ex. : Fougères);

2° les *Muscinées* (ex. : Mousses);

3° les *Thallophytes* (ex. : Champignons).

VINGT-CINQUIÈME LEÇON

La Géologie. — Les Roches.

Géologie. — La *Géologie* a pour objet l'étude de la terre dans son état actuel et de l'histoire de sa formation.

Les Minéraux. — Nous avons dit (voir p. 11) quels sont les caractères des *minéraux* qui entrent dans la composition de la terre : ce sont des corps incapables de se nourrir et de se reproduire comme les êtres vivants.

On peut observer partout des minéraux : par exemple les cailloux réunis en tas sur les bords des routes qu'ils sont destinés à empierrer nous en fourniraient de nombreux échantillons. Mais de tels échantillons, avant d'arriver au lieu où nous les observons, ont subi bien des transports au cours desquels ils ont pu éprouver de nombreuses modifications (ne serait-ce que sous l'influence de l'air extérieur). En les étudiant on pourrait craindre d'acquérir une connaissance fort inexacte des véritables propriétés des minéraux. Il est donc nécessaire de recueillir les minéraux qui doivent servir d'objets d'étude dans la position naturelle qu'ils occupent avant toute intervention de l'homme, *en place* comme disent les naturalistes.

Quand des ouvriers terrassiers creusent le sol pour le niveler en vue de l'établissement d'une route ou d'une voie ferrée, ils forment en général une *tranchée*, au moins sur un des flancs de la route ou du chemin de fer. Sur cette tranchée on voit apparaître des pierres d'aspects divers, mises au jour par la pioche. C'est là qu'on peut recueillir des échantillons naturels de minéraux.

Les travaux exécutés dans les *carrières* pour l'extraction des pierres à bâtir mettent également à jour des pierres qui ont été jusqu'à ce moment enfouies à l'intérieur du sol et soustraites aux actions extérieures. Là encore on peut se procurer des échantillons de minéraux susceptibles de servir à l'étude.

La nature elle-même se charge de mettre à jour sur certains points les minéraux renfermés à l'intérieur du sol. Les escarpements des *falaises* sur certaines côtes ou sur les bords des cours d'eau profondément encaissés font apparaître au-dessous de la terre végétale des pierres diverses qui peuvent fournir des éléments d'étude.

Ainsi nous étudierons, sous le nom de *roches*, toutes les matières minérales que nous rencontrerons au-dessous de la terre végétale et qui contribuent à former la partie solide de la terre. On voit par là que le mot *roche*, réservé dans le langage ordinaire aux masses dures et résistantes, prend pour nous une signification beaucoup plus étendue; il n'implique aucunement l'idée d'une grande dureté, et convient également pour désigner le sable le plus fin et le marbre le plus compact.

Etudions comme exemples deux roches bien connues et qu'il sera facile de se procurer si on veut en faire la comparaison : prenons un morceau de *craie* et un fragment de *silex*.

La craie. — Le morceau de *craie*, sans être absolument mou, n'offre pas une grande dureté : il est facile de le briser sans exercer un effort considérable; sa cassure est d'ailleurs irrégulière; on peut aussi le rayer soit avec la lame d'un couteau, soit avec la pointe d'une épingle, soit même avec l'ongle. La craie tache les doigts à cause de la facilité avec laquelle le moindre frottement en détache des particules ; c'est encore pour ce motif qu'on l'emploie à tracer des caractères sur le tableau noir. La craie, en résumé, n'est donc pas une roche dure.

Prenons un bâton de craie à l'aide d'une pince et chauffons-le, par exemple au-dessus de la flamme d'un bec de gaz. Si nous avons eu la précaution de le peser avant l'opération et si nous le pesons de nouveau quand elle est terminée, nous constatons que la cuisson lui a fait perdre

13.

une partie sensible de son poids. Si nous prolongeons suffisamment la cuisson, nous observons de plus que le morceau de craie devient très fragile, puis se fendille et se réduit en une poussière blanche, *se délite* en un mot. La poudre blanche que nous pouvons ainsi recueillir se présente avec tous les caractères de la matière connue sous le nom de *chaux*, et employée dans les constructions : si, après l'avoir déposée sur une soucoupe, nous y versons quelques gouttes d'eau, nous voyons se produire une sorte de bouillonnement accompagné d'un dégagement de vapeur d'eau. On sait en effet que la chaux se combine très facilement à l'eau : elle est *très avide d'eau*, comme on dit encore, et la combinaison se produit avec dégagement de chaleur, si bien qu'en plongeant le doigt dans la chaux vive au moment où elle se combine avec l'eau, on éprouve une sensation de brûlure. De là vient encore qu'il est dangereux de toucher la chaux vive, surtout avec des doigts humides.

On voit, en résumé, que la craie soumise à la cuisson se transforme en chaux.

Prenons un autre bâton de craie et versons à sa surface une goutte d'acide, une goutte de vinaigre par exemple ; nous verrons se produire une *effervescence* au point touché par la goutte d'acide : des bulles de gaz se dégageront pendant un certain temps. Si nous voulons rendre l'expérience plus visible, nous pourrons placer le morceau de craie au fond d'un verre, le recouvrir d'eau, puis verser goutte à goutte dans l'eau un acide plus fort que le vinaigre, de l'acide chlorhydrique par exemple ; l'effervescence se produira sur toute la surface du bâton de craie et se continuera pendant longtemps, en même temps que le bâton de craie diminuera de volume (*fig.* 184).

Fig. 184.

En utilisant les procédés que la chimie met à notre disposition pour étudier le gaz qui se dégage ainsi d'un morceau de craie attaqué par un acide, nous verrions que ce gaz n'est autre chose que l'*acide carbonique* : c'est le gaz que rejettent les poumons au moment de l'expiration, ou, d'une manière plus générale, tous les êtres vivants en respirant : nous en avons étudié les propriétés à cette occasion. C'est aussi l'acide carbonique qui communique à l'eau de Seltz et à beaucoup d'autres eaux minérales leur saveur piquante; c'est lui qui se dégage en bulles pressées de la plupart des liquides fermentés, comme la bière, le cidre, le vin de Champagne, etc.

Comment nous expliquer ce phénomène de l'effervescence ? La craie est formée par du *carbonate de chaux*, c'est-à-dire par une combinaison de l'acide carbonique avec la chaux. Lorsque la craie est soumise au contact d'un acide plus fort que l'acide carbonique, celui-ci est chassé par l'acide nouveau qui s'empare de la chaux mise en liberté et forme avec elle une nouvelle combinaison : ainsi l'acide sulfurique versé sur de la craie forme au point de contact du sulfate de chaux. Quand la craie est soumise à la cuisson, elle perd son acide carbonique, et la chaux reste seule.

Les roches calcaires. — La craie est le type d'un groupe de roches qui réunissent à peu près les mêmes caractères qu'elle et qu'on appelle les *roches calcaires* : les roches calcaires *font effervescence avec les acides et fournissent de la chaux par la cuisson.*

Parmi les roches calcaires on peut citer les *marbres*. On réunit sous ce nom toutes les roches calcaires qui sont assez dures et d'un grain assez fin pour se laisser polir par le frottement. Cette propriété permet de les utiliser soit pour la sculpture, soit pour la décoration des monuments. Les marbres blancs sont surtout recherchés pour la finesse de leur grain et une certaine transparence qui imite celle de la chair ; on les désigne quelquefois du nom de *calcaires saccharoïdes* à cause de leur ressemblance avec le sucre raffiné. Les marbres plus communs, que des impuretés teintent de différentes couleurs, sont employés à divers usages, par exemple pour la fabrication des tablettes de cheminées dans les appartements.

Les pierres de taille, qu'on emploie à la construction des monuments et des maisons dans les villes, sont encore des roches calcaires : ce sont des *calcaires grossiers*, assez résistants, mais incapables de prendre au frottement une surface polie.

Les usages les plus généraux des roches calcaires sont : 1° la fabrication de la chaux; 2° le *chaulage* des terres.

Toutes les pierres calcaires peuvent fournir de la chaux;

Fig. 185. — Four à chaux.

mais on comprend facilement qu'on réserve pour cet usage celles qu'on ne peut utiliser ni pour l'ornementation comme les marbres, ni pour la construction comme les pierres de taille. Pour extraire la chaux d'une pierre calcaire, on la fait cuire dans un four spécial appelé *four à chaux* (*fig.* 185) :

c'est une sorte de cheminée ouverte à sa partie supérieure et sur le côté. On y forme avec de gros morceaux de pierre à chaux une voûte sur laquelle on empile les morceaux plus petits. On allume au-dessous de la voûte un brasier assez ardent; quand tout le calcaire a été transformé en chaux, on éteint le feu, on démolit la voûte et on extrait la chaux par l'ouverture latérale.

La chaux ainsi préparée s'appelle *chaux vive*; nous savons qu'elle se combine facilement à l'eau avec dégagement de chaleur; elle devient alors de la *chaux éteinte*; la bouillie blanche qu'on obtient ainsi cesse de se combiner avec l'eau et de brûler les doigts.

En mélangeant du sable à la chaux éteinte, on obtient une pâte appelée *mortier* qui se solidifie plus ou moins rapidement à l'air : elle retient l'acide carbonique de l'air qui se combine à la chaux et reconstitue peu à peu du carbonate de chaux. La présence du sable dans le mortier a pour effet de le diviser et de permettre à l'air de le pénétrer plus facilement. On utilise les mortiers pour relier les pierres dans les constructions.

On sait que la terre végétale, outre les débris organiques qu'elle contient, doit renfermer une certaine proportion de carbonate de chaux. Quand cette proportion fait défaut, par exemple quand le sol est trop argileux, il est nécessaire de la réaliser artificiellement; c'est ce qu'on fait par l'opération du *chaulage* : elle consiste à déposer de distance en distance, à la surface du champ qu'il faut améliorer, des petits tas de chaux; après un certain temps d'exposition à l'air, on recouvre ces tas de terre; puis, quand l'humidité a réduit la chaux en une poudre fine, on la mélange à la terre; la chaux se transforme peu à peu en carbonate de chaux dont l'addition donne à la terre les qualités qui lui manquent.

Un usage particulier de la craie est la fabrication du *blanc d'Espagne* ou *blanc de Meudon* : la craie est pulvérisée, puis mélangée à de l'eau qu'on laisse ensuite reposer; les impuretés que renferme la craie tombent les premières au fond de l'eau ; après les avoir éliminées, on laisse la craie se déposer à son tour, et on la réduit en pains qui sont livrés à la consommation. La matière blanche et pulvérulente qu'on a ainsi obtenue est utilisée pour nettoyer par simple frottement les objets d'argenterie.

Le silex. — Le morceau de *silex*, que nous avons pris comme second exemple, diffère essentiellement du morceau de craie par sa dureté très grande. Si, par un choc violent, nous parvenons à le briser de manière à produire dans les fragments des arêtes vives, et si nous cherchons à rayer un de ces fragments à l'aide d'un couteau ou d'un poinçon quelconque, nous n'y parviendrons pas ; si au contraire nous appuyons sur une vitre le bord tranchant du fragment de silex, nous tracerons facilement des caractères à la surface du verre. Le silex est donc une pierre très dure, qui ne se laisse pas rayer au couteau et qui au contraire raye le verre.

Les silex communs sont connus aussi sous le nom de *pierres à fusil*. Si, en effet, on frotte vivement le bord tranchant d'un morceau d'acier contre un morceau de silex, on voit jaillir des étincelles : le choc du silex a détaché du morceau d'acier des paillettes métalliques que la chaleur a fait entrer en combustion ; ces étincelles, recueillies sur un morceau d'amadou, peuvent l'enflammer. Tel est le principe sur lequel on s'appuie pour fabriquer les briquets.

On peut remarquer aussi, quand on a brisé un morceau de silex, que les surfaces de cassure présentent généralement la forme de coquilles arrondies. C'est ce qu'on exprime en disant que la cassure est *conchoïdale*. En tous cas, la cassure n'est jamais plane.

Quand on soumet un morceau de silex à la cuisson, même à une haute température, on ne le voit pas se réduire en poussière à la façon d'un morceau de craie. Tout au plus, si la température est très élevée, le voit-on éclater et se réduire en fragments plus petits, mais chacun de ces fragments est toujours formé de silex, qui a gardé toutes ses propriétés. Le silex n'est donc pas décomposé par la chaleur à la façon des pierres calcaires.

L'action des acides sur le silex permet encore de le distinguer de la craie ; qu'on verse à sa surface un acide quelconque, aussi fort qu'on voudra le choisir, on ne verra jamais se produire l'effervescence si caractéristique des pierres calcaires. Le silex est donc inattaquable aux acides.

L'analyse chimique montrerait que le silex est formé uniquement par une substance désignée sous le nom de *silice*, à laquelle sont mélangées quelques impuretés qui donnent aux diverses variétés de silex leurs colorations propres.

Les roches siliceuses. — On donne le nom de *roches siliceuses* à toutes celles qui réunissent les propriétés générales que nous avons trouvées dans le silex : elles sont très dures, ont une cassure conchoïdale et sont inattaquables aux acides.

Parmi les roches siliceuses viennent se ranger les *pierres meulières*; on leur donne ce nom parce qu'elles ont été longtemps employées à la fabrication des meules de moulins. Ce sont des pierres très résistantes, de couleur ordinairement jaunâtre, creusées de nombreuses cavités qui leur donnent un peu l'aspect d'une éponge pétrifiée et leur communiquent une certaine légèreté. La grande résistance qu'elles offrent à l'action destructive de l'humidité les fait employer dans les constructions particulièrement exposées à cette action : on les utilise par exemple pour établir les fondations des maisons.

Certains *sables* sont formés presque entièrement de particules de silice aux contours plus ou moins arrondis : ce sont encore des roches siliceuses.

Un *grès* est encore une roche siliceuse : il est formé par une multitude de particules de silice reliées entre elles par une sorte de ciment qui en forme une masse grenue et résistante. Certains grès sont utilisés pour le pavage ; d'autres sont employés pour repasser les instruments tranchants, à cause de l'usure que produit le frottement des particules siliceuses.

On peut dire qu'un grès est en quelque sorte un sable

solidifié. Qu'on fasse une solution de gomme arabique et qu'on y mélange du sable de manière à former une bouillie un peu épaisse ; cette bouillie, en se desséchant, retiendra les particules de sable les unes aux autres, et on aura fabriqué artificiellement une sorte de grès ; l'existence de ce grès sera, il est vrai, bien éphémère, puisqu'il suffira de l'humecter de nouveau pour en séparer les éléments.

De même on pourrait dire qu'un sable n'est pas autre chose qu'un grès pulvérisé. Il suffit, pour s'en rendre compte, de constater qu'un grès peu résistant peut être facilement réduit en poussière quand on en pile un fragment dans un mortier. Dans la nature même, on voit des blocs de grès, attaqués et usés par la pluie, se réduire peu à peu en sable et arrondir leurs contours.

Comparaison. — Résumons les notions que nous a permis d'acquérir la comparaison de nos deux échantillons. Nous pouvons dès maintenant distinguer deux catégories de roches, dont les caractères se trouveront indiqués dans le tableau suivant :

Roches calcaires.	Roches siliceuses.
Caractères :	*Caractères :*
Faible dureté.	Grande dureté.
Se décomposent par la chaleur (chaux).	Ne se décomposent pas par la chaleur.
Effervescence avec les acides.	Pas d'effervescence avec les acides.
Formées de carbonate de chaux.	Formées de silice.
Exemples :	*Exemples :*
Craie.	Silex.
Marbre.	Meulière.
Pierre de taille.	Grès.

RÉSUMÉ

La *Géologie* a pour objet l'étude de la terre dans son état actuel et de l'histoire de sa formation.

On appelle *roche* toute matière qui, au-dessous de la terre végétale, contribue à la formation de la partie solide du globe terrestre.

En prenant pour exemples de roches la *craie* et le *silex*, on peut d'abord distinguer deux catégories importantes :

1° les *roches calcaires*, formées de *carbonate de chaux*, qui ne sont pas très dures, font effervescence avec les acides et fournissent de la chaux par la cuisson ; ex. : *craie, marbre, pierre de taille*, etc.

2° les *roches siliceuses*, formées de *silice* plus ou moins pure, qui sont très dures, sont inattaquables aux acides et ne se décomposent pas par la chaleur ; elles possèdent souvent une *cassure conchoïdale* ; ex. : *silex, meulière, sable, grès*.

VINGT-SIXIÈME LEÇON

Les Roches (*fin*). — Phénomènes actuels.

Le Granit. — Prenons un nouvel exemple de roches, bien différent des deux précédents : étudions un morceau de granit.

Le *Granit* est une roche très commune et très employée : une variété de granit, appelée *granit de Vire* à cause de son origine, est utilisée pour la fabrication des dalles de trottoirs à Paris. Diverses variétés de granit se rencontrent soit dans le Plateau central de la France (dans l'Auvergne et le Limousin par exemple), soit en Bretagne, soit dans les parties centrales des chaînes des Alpes, des Pyrénées, des Vosges.

La couleur du granit est ordinairement grisâtre.

Si on examine de près, soit à l'œil nu, soit de préférence à l'aide d'une loupe, la surface fraîche d'un morceau de granit qui vient d'être brisé (*fig.* 186), on y reconnaît la présence d'une multitude de petits corps limités par des faces planes et brillantes ; c'est ce qu'on appelle en minéralogie des *cristaux*. On voit que le granit diffère de la craie et du silex par la présence de cristaux ; on peut dire en un mot que c'est une *roche cristalline*.

Tous les cristaux qui entrent dans la constitution d'un

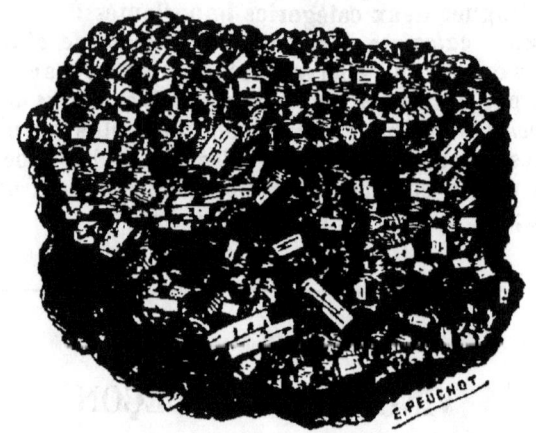

Fig. 186. — Granit.

morceau de granit ont à peu près les mêmes dimensions et sont étroitement enchevêtrés les uns dans les autres. En les examinant de plus près, on ne tarde pas à reconnaître qu'ils ne sont pas tous semblables : ils appartiennent à trois formes différentes.

Les uns se présentent avec des contours et des cassures assez irrégulières ; ils ont à peu près l'aspect de grains de verre imparfaitement transparents ; la substance qui les forme est, au point de vue de sa composition chimique, exactement la même que celle qui forme un morceau de silex : c'est de la *silice* pure ; elle est très dure, capable de faire feu au briquet et de rayer le verre, et inattaquable aux acides. Quand la silice se présente ainsi à l'état transparent, on lui donne le nom de *quartz* ou *cristal de roche*. Dans d'autres roches que le granit, le quartz pourrait se présenter en cristaux plus volumineux et plus intacts ; on verrait alors (*fig.* 187) que la forme de ces cristaux est souvent celle

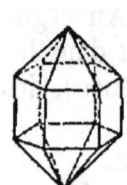

Fig. 187. Cristal de quartz.

d'un prisme à six faces latérales (prisme hexagonal), terminé à ses deux extrémités par des pyramides à six faces (pyramides hexagonales).

D'autres cristaux, dans le granit, ont une forme géométrique plus nette que les fragments de quartz. Ce sont ordinairement des parallélépipèdes plus ou moins complets, c'est-à-dire des solides limités par six faces planes et parallèles deux à deux ; ils sont opaques, de couleur blanche ou légèrement teintés de rose, et *se clivent* facilement, c'est-à-dire que les chocs peuvent en détacher des lamelles limitées par des faces planes. Ces cristaux appartiennent à un groupe de substances appelées *feldspaths* ; le feldspath qu'on rencontre dans le granit est le *feldspath orthose*; c'est un corps résultant d'une combinaison de la silice avec de l'alumine et de la potasse, c'est-à-dire ce que l'on appelle en chimie un *silicate d'alumine et de potasse*.

Enfin si on peut supprimer, dans le morceau de granit étudié, ou si on fait disparaître par la pensée les grains de quartz et les cristaux d'orthose, il reste de petites paillettes noires, de forme souvent hexagonale, douées d'un éclat métallique, se laissant facilement cliver ou détacher au couteau. La substance qui les forme doit à son éclat et à sa couleur le nom de *mica noir*; c'est encore un composé de la silice, un silicate assez compliqué (*silicate d'alumine, de potasse, de fer et de magnésie*).

Si on enlève successivement d'un morceau de granit tous les grains de quartz, tous les cristaux d'orthose et toutes les paillettes de mica, il ne reste absolument rien de ce morceau de granit. On voit donc, en somme, que le granit est formé uniquement de petits cristaux, enchevêtrés sans interposition d'aucun ciment, d'aucune *pâte* (comme disent les géologues). On peut remarquer aussi que par son quartz, son feldspath et son mica, le granit renferme une proportion considérable de silice.

Les porphyres. — Un second groupe de roches cristallines, dont la structure est essentiellement différente de celle du granit, est le groupe des *porphyres*. Dans un

véritable porphyre (*fig.* 188) il y a deux choses à distinguer :
1° des *cristaux* plus ou moins volumineux, mais visibles à
l'œil nu; — 2° une *pâte amorphe*, c'est-à-dire dépourvue de

Fig. 188. — Porphyre.

cristallisation, et qui semble coulée entre les cristaux qu'elle
unit les uns aux autres. Souvent la pâte des porphyres est
assez compacte pour que la roche se laisse polir par le
frottement et puisse être employée à l'ornementation.

Les trachytes. — Les *trachytes*, roches compactes et
rudes au toucher, assez communes en Auvergne, sont
aussi des roches cristallines, mais d'une structure plus
différente encore de celle du granit : on n'y distingue à
l'œil nu que de rares cristaux semés dans une pâte qui
paraît entièrement amorphe.

Les basaltes. — La même structure se trouve dans
les *basaltes*, roches lourdes, compactes, de couleur noirâtre,
qu'on rencontre assez fréquemment aussi en Auvergne : il
n'est pas rare qu'elles forment de longues chaussées, divisées régulièrement en prismes hexagonaux parallèles, rapprochés à la façon des tuyaux d'orgues (Orgues d'Espaly,
près du Puy en Velay).

ROCHES CRISTALLINES ET ROCHES STRATIFIÉES.

Les roches cristallines et les roches stratifiées. — Par les quelques exemples qui précèdent et par ceux qui ont été étudiés dans la précédente leçon, on peut voir que la plupart des roches se laissent distribuer en deux séries bien distinctes (*fig.* 189).

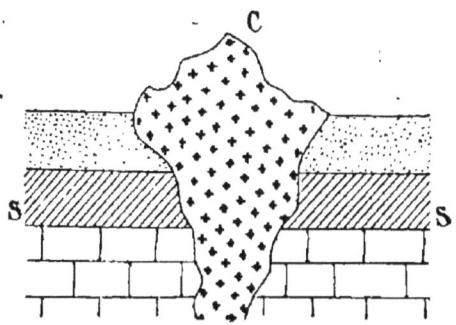

Fig. 189. — Roches cristallines (C) et stratifiées (S).

Les unes, comme le granit, les porphyres, les trachytes, les basaltes, forment des masses irrégulières ; leur surface souvent tourmentée présente fréquemment des cristaux. On les appelle *roches cristallines* (C).

Les autres, souvent traversées par les roches cristallines, sont, au contraire, disposées régulièrement en couches parallèles ou *strates* (craie, marbres, pierres de taille, meulières, sables, grès, etc.). Elles ne renferment qu'exceptionnellement des cristaux. Enfin on y trouve fréquemment des débris pétrifiés ou de simples empreintes d'êtres vivants (animaux ou végétaux) ; c'est ce qu'on appelle des *fossiles* (*fig.* 190). Ces roches sont dites *stratifiées* (S).

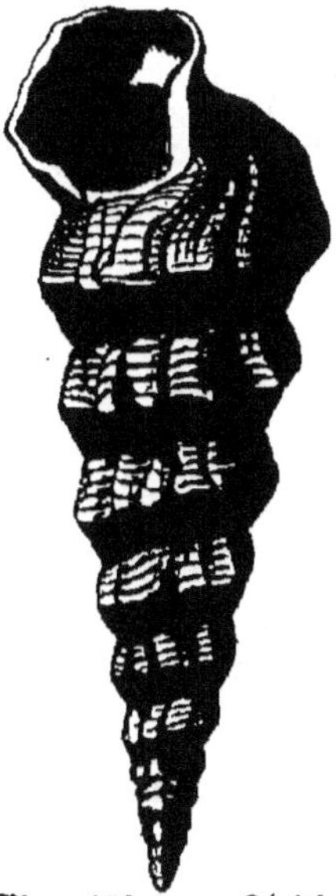

Fig. 190. — Cérithe (mollusque gastéropode fossile).

On peut résumer, sous forme de tableau, les caractères de ces deux groupes de roches :

Roches stratifiées.	Roches cristallines.
Caractères :	*Caractères* :
Disposition en couches parallèles ou *strates*.	Disposition en masses irrégulières.
Cristaux rares.	Cristaux fréquents.
Fossiles.	Pas de fossiles.
Exemples :	*Exemples* :
Craie.	Granit.
Meulière.	Porphyre.
Grès.	Basalte.

Phénomènes actuels. — On a longtemps cru que les modifications successives du globe terrestre depuis son origine n'avaient pu se produire qu'à la suite de cataclysmes violents séparés par des périodes de repos : chacun de ces bouleversements aurait marqué ce qu'on appelait une *révolution du globe*, renouvelant de fond en comble l'état du globe terrestre et de ses habitants. Ce n'est que vers le milieu de notre siècle que la majorité des géologues s'est ralliée à une idée qui semble plus juste. Pourquoi supposer, à moins d'en avoir la preuve incontestable, que les phénomènes qui ont contribué dans le passé à modifier l'état du globe ont été profondément différents de ceux qui se passent encore aujourd'hui sous nos yeux? Pourquoi chercher à ces phénomènes (s'il n'y a pas une absolue nécessité) d'autres causes que celles qui agissent dans la nature actuelle? Sur ces considérations est fondée la *théorie des causes actuelles*, qui conduit à commencer l'étude de l'histoire de la terre par celle de l'étude des phénomènes actuels.

Origine externe et origine interne. — Parmi les phénomènes naturels dont la surface terrestre est actuellement le siège, les uns ont incontestablement une cause extérieure au globe : ce sont par exemple les modifications que les eaux de pluie font subir au sol; on les réunit sous le nom de *phénomènes d'origine externe*. D'autres, au contraire (de ce nombre sont les phénomènes volcaniques et les tremblements de terre), paraissent avoir, quelle qu'en soit au juste la nature, une cause intérieure au globe ; on leur réserve le nom de *phénomènes d'origine interne.*

Action de l'eau. — L'eau se présente dans la nature sous trois états :

1° l'*état gazeux* (vapeur d'eau) : c'est sous cet état qu'elle se dégage en buée lorsqu'on fait bouillir de l'eau ; la vapeur d'eau est constamment répandue en plus ou moins grande abondance dans l'atmosphère ;

2° l'*état liquide*, sous lequel elle forme les rivières, les fleuves et les mers ;

3° l'*état solide*, qu'on rencontre dans la neige et la glace : c'est à la température marquée 0° au thermomètre centigrade que l'eau se congèle, c'est-à-dire passe de l'état liquide à l'état solide.

Action de la mer. — L'action des eaux de la mer est double. Sur certains points, elles contribuent à détruire la partie solide du globe, à la ronger en quelque sorte. C'est ce qu'on appelle un phénomène d'*érosion*. Sur d'autres points, elles accumulent les matériaux résultant de cette destruction, formant ainsi des dépôts ou *sédiments* qui contribuent à l'accroissement du sol ; c'est ce qu'on appelle un phénomène de *sédimentation*.

L'érosion marine peut être facilement observée sur bien des points de nos côtes. Les vagues puissantes que le vent pousse chaque jour contre le rivage sapent sans relâche les roches qu'elles rencontrent ; si elles sont aidées dans leur action destructive par de fortes marées et des courants violents, elles détachent, de temps à autre, quelques fragments de ces roches et renouvellent la tranche de l'escarpement ou *falaise* qui domine les flots (*fig.* 191). Lorsque la côte attaquée est *homogène*, c'est-à-dire formée dans toutes ses parties par la même roche, et que cette roche, peu résistante, livre par ses fissures naturelles un passage facile à l'ennemi, — comme il arrive pour la craie blanche du pays de Caux —, la falaise recule assez rapidement et d'une manière à peu près uniforme. On a calculé, par exemple, qu'au cap de la Hève le recul moyen est de $0^m,25$ à $0^m,30$ par an.

Fig. 191. — Falaises d'Etrotat.

Au contraire, quand la roche est résistante, le recul est fort lent; si de plus la côte est *hétérogène*, c'est-à-dire formée d'éléments divers en ses différents points, elle est plus vite rongée sur les points de moindre résistance que partout ailleurs; ainsi s'explique la formation des mille sinuosités qui frangent les côtes de Bretagne.

Que deviennent les matériaux ainsi arrachés par la mer? Entraînés par les vagues, brisés et réduits en fragments plus petits, ils forment en se déposant au fond de l'eau de nouveaux sédiments.

La nature de ces sédiments varie évidemment suivant la nature de la roche attaquée. Une roche siliceuse fournit des fragments de silice qui, brisés et roulés par les eaux, forment un sable; si les particules siliceuses sont ensuite agglutinées par un ciment naturel, le sable peut devenir un grès. Les gros blocs de silex enlevés aux falaises crayeuses de la Manche, qui en contiennent des bancs régulièrement disposés, sont brisés par les flots; leurs fragments roulés et arrondis deviennent des galets que chacun a pu remarquer au pied même de la falaise. On voit qu'à un moment donné il peut se former en des points rapprochés d'une côte, à plus forte raison en des points éloignés, des dépôts de nature très différente; en moins de mots, des dépôts *synchroniques* peuvent avoir des *facies*[1] très différents.

Le lieu où se dépose un sédiment marin peut être plus ou moins éloigné du rivage auquel ont été empruntés les éléments qui le forment. Ainsi une partie des galets arrachés aux falaises du pays de Caux sont déposés au pied même de ces falaises; une autre partie est entraînée par les courants et va former sur les côtes basses du Vimeu, entre le bourg d'Ault et l'embouchure de la Somme, sur une longueur de 18 kilomètres environ, un cordon littoral qui protège les terrains d'alluvion récente contre les incursions de la mer. Parfois les éléments arrachés au rivage sont portés vers la pleine mer où ils tombent lentement jusque dans les parties profondes, dont le sol s'exhausse ainsi progressivement. Il faut remarquer toutefois que la distance qui sépare ces sédiments du rivage ne dépasse jamais 300 kilomètres environ; les dépôts sous-marins forment ainsi de larges lisières autour des continents, mais n'occupent jamais les dépressions centrales des océans.

Les roches stratifiées sont d'origine sédimentaire. — Quand on observe de près les sédiments marins, on ne peut manquer d'être frappé par leur disposition régulière en couches parallèles qui vont s'empilant régulièrement les unes au-dessus des autres. On y remarque fréquemment aussi des coquilles ou d'autres débris d'origine animale ou végétale, emprisonnés au moment de la sédimentation. Si nous nous reportons à ce que nous avons appris des roches stratifiées, ce sont là deux res-

---

1. Mot latin; prononcez : *faciès* (face, aspect).

semblances essentielles avec ces dernières. Bien plus : il y a des roches stratifiées absolument identiques à certains sédiments qui se forment sous nos yeux. Nous sommes donc portés naturellement à penser que les roches stratifiées ont une origine semblable à celle des sédiments marins ; elles sont vraisemblablement le résultat de sédimentations anciennes au sein de l'eau. De là le nom de *roches aqueuses*, ou encore celui de *roches neptuniennes*, ou enfin celui de *roches sédimentaires* qu'on leur donne fréquemment. C'est ce dernier que nous adopterons désormais, parce qu'il est le plus instructif, celui qui nous éclaire le mieux sur leur origine.

RÉSUMÉ

Il y a deux séries principales de roches :

1° les *roches stratifiées*, renfermant peu de cristaux, disposées en couches parallèles ou *strates* et contenant souvent des *fossiles* (roches calcaires et roches siliceuses par exemple);

2° les *roches cristallines*, renfermant souvent des cristaux, disposées en masses irrégulières et traversant les roches stratifiées.

Comme exemple de roches cristallines, on peut étudier le *granit*. Il est entièrement formé de cristaux sensiblement égaux et enchevêtrés sans interposition d'aucune pâte. Ces cristaux appartiennent à trois espèces minérales : le *quartz* ou *cristal de roche* (silice pure), transparent et très dur ; — un *feldspath* (silicate d'alumine et de potasse), opaque et se clivant facilement ; — le *mica noir* (silicate d'alumine, de potasse, de fer et de magnésie), disposé en paillettes de couleur foncée et d'éclat métallique.

Parmi les roches cristallines on peut citer encore :

1° les *porphyres*, qui se laissent souvent polir par le frottement et contiennent des cristaux visibles à l'œil nu réunis par une pâte non cristallisée;

2° les *trachytes*;

3° les *basaltes*.

Les *phénomènes actuels* qui modifient l'aspect extérieur de la terre sont d'*origine externe* ou d'*origine interne*.

L'*eau*, qui est le principal agent des phénomènes d'origine externe, se rencontre dans la nature sous trois états : *gazeux*, *liquide* et *solide*.

Les eaux de la mer produisent sur les côtes des effets d'*érosion* (recul des falaises de la Manche) et de *sédimentation* (dépôt de sables de grès, etc.). Les dépôts sous-marins sont de nature variable avec celle de la roche attaquée ; ils forment autour des continents une sorte de lisière dont la largeur maxima est de 300 kilomètres.

Les sédiments marins, par leur disposition en couches parallèles et par les débris organiques qu'ils peuvent renfermer, ressemblent aux roches stratifiées, qui ont dû se former comme eux, d'où leur nom de *roches sédimentaires*.

VINGT-SEPTIÈME LEÇON

Phénomènes actuels (*suite*).

Eaux continentales. — L'eau qui tombe à la surface du sol sous forme de pluie s'y divise en trois parts : l'une s'évapore immédiatement et retourne par suite à l'atmosphère (*eau d'évaporation*) ; — une seconde part s'écoule à la surface du sol sans y pénétrer, soit parce que le sol est imperméable, soit parce que sa pente est trop forte ; elle y forme des ruisseaux (*eau de ruissellement*) ; — la dernière part s'enfonce à l'intérieur du sol perméable et peu incliné (*eau d'infiltration*).

Ruissellement. — Les eaux de ruissellement, dans leur cours plus ou moins rapide, entraînent les éléments peu résistants qu'elles rencontrent et creusent des ravins à la surface du sol. On peut se rendre compte des phénomènes d'érosion ainsi produits en examinant ce qui se passe en été pendant une pluie d'orage à la surface d'un tas de sable : partout où les particules de sable sont à découvert, elles cèdent à l'action de l'eau de ruissellement, et la surface se ravine ; là où le sable est couvert par des cailloux plus volumineux, il résiste et forme de petites pyramides qui servent de support aux blocs protecteurs. Ainsi se trouvent reproduits en miniature et dans l'espace de quelques minutes des *blocs perchés* semblables à ceux qu'on observe près de Botzen, dans le Tyrol, ou près de Saint-Gervais, dans la Haute-Savoie.

Torrents. — Les principaux agents de ruissellement sont les *torrents* (*fig.* 192). Dans les régions montagneuses, les accidents du sol peuvent former des sortes de

Fig. 192. — Vue d'ensemble d'un torrent.
R, bassin de réception; E, canal d'écoulement; D, cône de déjection.

cirques naturels dans lesquels s'accumule rapidement toute la pluie d'un orage : si un pareil cirque ou *bassin de réception* (R) présente une échancrure latérale, l'eau s'échappe par cette voie et coule rapidement sur les pentes de la montagne où elle se creuse un lit plus ou moins sinueux (*canal d'écoulement*, E); quand elle atteint la plaine, elle y perd toute sa vitesse et se répand sur le sol. Dans ses parties supérieures (bassin de réception et canal d'écoulement), le torrent attaque les roches encaissantes (érosion) ; il détache des fragments qu'il brise, roule, arrondit et emporte vers la plaine ; à son extrémité inférieure il abandonne tous les matériaux entraînés qui s'amoncellent en un *cône de déjection* (D) (sédimentation). Comme ces matériaux se déposent en vertu de leur poids, il est facile de comprendre que les plus lourds s'arrêtent les premiers et que les plus légers sont emportés le plus loin ; en résumé, les éléments du cône de déjection sont arrondis et régulièrement stratifiés. Un caractère essentiel du torrent est d'être un cours d'eau *temporaire* : il coule aussi longtemps qu'il est alimenté par les pluies d'orage, et tarit quand l'aliment vient à manquer.

Infiltration. — Effets physiques. — Les eaux d'infiltration, en pénétrant dans les roches perméables, peuvent y produire des phénomènes d'ordre purement physique. Ainsi quand l'eau de la pluie, qui a pénétré dans les pores d'une pierre pendant le jour, vient à se solidifier pendant la nuit par l'effet du refroidissement, chaque gouttelette d'eau qui se transforme en glace éprouve une dilatation ; l'effet de toutes ces dilatations est de faire éclater la surface de la pierre qui, en se desséchant, se réduit en poussière. Une pierre sujette à ce phénomène est évidemment très impropre aux constructions : elle est dite *gélive*.

Effets chimiques. — C'est aussi comme agent chimique que l'eau d'infiltration peut intervenir dans la modification des roches qu'elle attaque. Ainsi l'eau chargée d'acide carbonique (par exemple l'eau de pluie) attaque le carbonate de chaux des pierres calcaires, insoluble dans l'eau privée de gaz : l'acide carbonique de l'eau se combine au carbonate de chaux de la pierre et le transforme en bicarbonate de chaux soluble, qui est entraîné dans le sol par l'eau d'infiltration. Quand cette eau, chargée de bicarbonate de chaux, revient au contact de l'air, elle perd une partie de son acide carbonique, et le bicarbonate de chaux revient à l'état de carbonate simple qui, insoluble dans l'eau, se dépose en petits cristaux ; c'est ce qui explique l'existence des *sources incrustantes*, improprement appelées pétrifiantes, qui recouvrent d'un enduit calcaire tout objet qu'on y plonge.

Nappes d'eau souterraines. — Les eaux d'infiltration, chargées de tous les éléments qu'elles ont dissous chemin faisant, s'enfoncent à l'intérieur du sol tant qu'elles rencontrent des roches perméables ; dès qu'elles atteignent une couche imperméable, une couche d'argile par exemple, elles sont arrêtées par elles et forment une *nappe d'eau souterraine*. Quand une telle nappe vient affleurer sur une pente, ce qu'on peut reconnaître de loin par le rideau d'arbres qui se développe le long de la ligne d'affleurement, elle donne naissance à des *sources*.

Éboulements, glissements. — En circulant à l'intérieur du sol, les eaux d'infiltration produisent des effets d'érosion souvent considérables. Elles creusent des grottes, dont les voûtes peuvent, à un moment donné, céder au poids qu'elles supportent, entraînant des éboulements qui modifient sensiblement l'aspect du sol. A la suite de pluies torrentielles, elles peuvent détremper une couche argileuse servant de base à une montagne ; si cette couche est fortement inclinée, la masse supérieure peut glisser, emportant avec elle tout ce qu'elle rencontre.

Action des cours d'eau. — Les cours d'eau (rivières ou fleuves) qui sillonnent la surface des continents réunissent les produits des torrents et des sources ou, d'une manière plus générale, du ruissellement et de l'infiltration.

Un cours d'eau est un instrument *permanent* d'érosion et de sédimentation : ici son courant rapide et violent arrache à ses rives des matériaux dont les débris roulés sont bientôt transformés en graviers, en sables, en limons ; là ses eaux plus calmes déposent ce qu'elles ont charrié sous forme d'alluvions qui exhaussent son lit.

A son embouchure un fleuve s'élargit et s'ouvre dans la mer par un *estuaire*. A l'entrée de l'estuaire, là où le courant du fleuve et les courants marins se font équilibre, les matériaux que charrie encore le fleuve tombent en vertu de leur poids et forment une *barre* transversale qui exhausse peu à peu le fond et se rapproche du niveau de la mer. Deux cas peuvent alors se présenter. La mer est largement ouverte et, par suite, sujette à de fortes marées ; alors la barre est sans cesse déplacée, et les alluvions fluviatiles qui encombrent l'estuaire ne sont jamais fixées (bancs de sable, vases, etc...). La mer est plus ou moins fermée (Méditerranée par exemple), et par conséquent soustraite plus ou moins complètement à l'action des marées ; alors la barre finit par atteindre le niveau de la mer et se fixer, isolant l'estuaire de la pleine mer. A partir de ce moment, les alluvions fluviatiles s'accumulent dans l'estuaire et le comblent peu à peu (*fig.* 193) ; ainsi se forme un delta dont la forme triangulaire rappelle l'origine, et que le fleuve traverse en se divisant en deux ou plusieurs branches (Rhône, Pô, etc.).

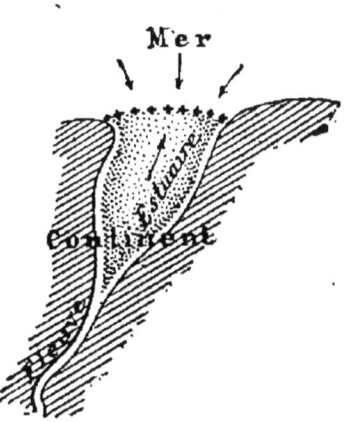

Fig. 193. — Comblement d'un estuaire.

Neiges persistantes. — Dans nos climats, la neige qui tombe sur les plaines fond tout entière sous l'action de la chaleur solaire, et se transforme plus ou moins rapidement en eau. Sur les hautes montagnes il n'en va pas de même : à partir d'une certaine altitude, la température reste constamment trop basse pour que toute la neige fonde même dans la saison chaude, et les sommets en sont couverts pendant toute l'année. La limite inférieure de ces *neiges persistantes* se distingue très nettement lorsqu'on observe à grande distance les pentes d'une chaîne de montagnes.

Formation de la glace. — Lorsque la neige persistante rencontre quelque cirque aux pentes doucement inclinées, comparable au bassin de réception d'un torrent, elle s'y accumule et s'y tasse, formant ce qu'on appelle un *champ de neige*. Chaque jour, sous l'influence des rayons du soleil, les flocons les plus voisins de la surface fondent, et leur eau de fusion s'écoule vers l'intérieur; soustraite alors, pendant la nuit, à l'action de la chaleur, cette eau se congèle de nouveau et soude les unes aux autres les particules qui avaient échappé à la première fusion ; ainsi se forme une sorte de poussière appelée *névé*, dont les grains arrondis ont expulsé une partie de l'air que contenait la neige. Les neiges nouvelles qui descendent des pentes supérieures du cirque tassent sans cesse les névés plus anciens : ceux-ci agglutinent progressivement leurs particules et se transforment en *glace bulleuse*, encore chargée de bulles d'air. Peu à peu cette glace se débarrasse de ses bulles d'air et devient limpide, d'un beau bleu quand on l'examine par transparence. C'est l'aspect qu'elle présente à la partie inférieure du bassin de réception.

Cette glace a, comme on le voit, une tout autre origine que celle des lacs et des rivières, due à la solidification directe de l'eau qui ne se transforme pas d'abord en neige.

Glacier. — Le bassin de réception s'ouvre, comme celui d'un torrent, dans une sorte de couloir : c'est une vallée aux flancs plus ou moins escarpés, large parfois de un à deux kilomètres, dans laquelle s'engage la glace; elle y forme une sorte de fleuve gelé appelé *glacier* (*fig.* 194), qui s'allonge sur les pentes de la montagne et descend bien au-dessous de la limite des neiges persistantes; son extrémité inférieure est dite *front du glacier*.

Mouvements du glacier. — Les montagnards ont depuis longtemps reconnu que les glaciers sont animés d'un mouvement lent de descente suivant la pente de leur lit : la Mer de Glace, à Chamonix, avance à peu près de 100 mètres par an, ce qui correspond à une vitesse moyenne d'environ $0^m,30$ par jour. En étudiant de près le mouvement des glaciers, on a pu constater que la glace *coule* littéralement à la façon de l'eau, mais avec une vitesse bien moindre.

Crevasses. — Quand la glace est trop fortement étirée dans une direction, elle se brise perpendiculairement à cette direction et se creuse d'une crevasse ; la surface d'un glacier est ainsi découpée par une multitude de crevasses dont la largeur et la profondeur peuvent être considérables.

Fig. 194. — Vue générale d'un glacier.

Fusion du glacier. — Si on observe un glacier pendant un temps appréciable, quelques mois par exemple, on constate en général qu'il garde une longueur sensiblement constante. Comment accorder ce fait avec le déplacement incontestable de la glace vers la plaine? C'est qu'à un moment donné le glacier éprouve à la fois des *gains* et des *pertes* qui se compensent à peu près. Les gains proviennent surtout des nouveaux névés qui s'accumulent constamment à la source du glacier et refoulent devant eux les névés plus anciens. Les pertes proviennent de la fusion de la glace sous l'influence de la chaleur. Toute l'eau qui résulte de la fusion de la glace s'écoule à travers les milles fissures du glacier et vient se rassembler au-dessous de lui en un cours d'eau qui descend vers le front, où il débouche en paraissant sortir d'une grotte profonde. C'est ainsi que bien des rivières ou des fleuves, nés dans les régions montagneuses, prennent leur source dans les glaciers : la source du Rhône est au front d'un vaste glacier voisin du col de la Furka et dit « Glacier du Rhône ».

Effets du glacier. — Nous savons maintenant ce qu'est un glacier ; voyons quelles modifications il peut produire à la surface terrestre.

Les effets du glacier sont de deux sortes : *effets de transport* et *effets d'érosion*.

Quand un bloc rocheux se détache des sommets qui surplombent le bord d'un glacier, ce bloc tombe à la surface de la glace; celle-ci, dans son mouvement de descente, l'entraîne avec elle. Ainsi se forment sur les deux bords d'un glacier deux traînées de blocs et de débris appelées *moraines latérales*. Au front du glacier les moraines sont abandonnées par la glace en fusion et s'entassent pour former une sorte de barre transversale qu'on appelle la *moraine frontale*. Comparant le glacier à un torrent, on donne aussi à cette moraine le nom de *cône de déjection*.

Dans son mouvement de descente vers la plaine, la glace exerce une pression considérable sur les roches encaissantes; elle y produit des rayures parallèles ou *stries* ; ainsi se forment des *roches striées* dont la présence dans une région montagneuse est le signe certain du passage d'un glacier. Quand une roche a été successivement striée suivant plusieurs directions, elle finit par être parfaitement *polie*.

Circulation de l'eau dans la nature. — L'action

de l'eau dans la nature, qu'on la considère à l'état liquide ou à l'état solide, peut être résumée en quelques mots.

L'eau évaporée à la surface des océans par la chaleur solaire va former les nuages que les vents amènent au-dessus des continents. Ces nuages fournissent des pluies qui donnent lieu à des phénomènes d'évaporation, de ruissellement ou d'infiltration, et des neiges qui forment des glaciers. Les eaux de ruissellement et d'infiltration et les glaciers détruisent sur certains points (érosion) pour édifier sur d'autres (sédimentation), et tendent ainsi à niveler la surface terrestre. Après avoir accompli ce double travail, l'eau est ramenée par les fleuves à l'Océan où de nouvelles évaporations la transforment encore en nuages, et ainsi de suite indéfiniment.

Ainsi se trouve réalisée une véritable *circulation de l'eau dans la nature*.

RÉSUMÉ

L'eau de *pluie* qui tombe à la surface du sol se divise en eau d'*évaporation*, eau de *ruissellement*, eau d'*infiltration*.

L'eau de ruissellement ravine la surface du sol (*érosion*) ; elle est particulièrement active dans les *torrents*, cours d'eau temporaires qui déposent dans leur *cône de déjection* les matériaux d'alluvion arrachés dans le *bassin de réception* ou le *canal d'écoulement*.

L'eau d'infiltration peut produire dans l'écorce terrestre des effets purement physiques (éclatement des *pierres gélives*) ou des *effets chimiques* : dissolution du carbonate de chaux par l'eau chargée d'acide carbonique (*sources incrustantes*).

Arrêtée par des roches imperméables, l'eau d'infiltration forme des *nappes souterraines* qui donnent lieu à des *sources* et peuvent produire des phénomènes d'*éboulement* ou de *glissement*.

Les cours d'eau, qui réunissent les eaux de ruissellement et les eaux d'infiltration, sont des instruments permanents d'érosion et de sédimentation.

A son embouchure un fleuve forme un *estuaire*, dont le comblement par des alluvions peut donner lieu à un *delta*.

Les *neiges persistantes*, qui s'accumulent à de grandes altitudes dans les régions montagneuses, donnent lieu à des *glaciers* : la neige, entassée dans un *champ de neige*, s'y transforme peu à peu en *névé*, puis en *glace bulleuse*, enfin en *glace transparente*, qui s'engage dans un couloir et y forme un *glacier*.

Le glacier *coule* à la manière d'un fleuve, mais très lentement. Sa surface est sillonnée de *crevasses*. Ses dimensions dépendent de ses *gains* (névés nouveaux) et de ses *pertes* (fusion de la glace); l'eau de fusion forme sous le glacier un cours d'eau qui débouche au front.

Les effets du glacier sont de deux sortes : 1º *effets de transport* (moraines); — 2º *effets d'érosion* (roches striées et polies).

Les phénomènes d'érosion et de sédimentation produits par l'eau sont le résultat d'une véritable *circulation de l'eau dans la nature*.

VINGT-HUITIÈME LEÇON

Phénomènes actuels (*fin*). — Formation du globe terrestre.

Phénomènes d'origine interne. — Abordons l'étude des modifications de l'écorce terrestre qui paraissent avoir une cause interne.

Température interne du globe. — Quand on s'enfonce à l'intérieur du sol, dans un puits de mine par exemple, on constate que la température s'élève progressivement. Cette augmentation n'est pas la même en tous les points du globe ; elle dépend en particulier de la nature de la roche qui constitue le sol; elle est en moyenne de 1° pour 30 mètres.

Il faut remarquer toutefois que l'augmentation régulière de température ne commence pas immédiatement à la surface du sol. Les premières couches sont en effet soumises aux variations de la température extérieure, et ce n'est qu'à une certaine profondeur que la température devient constante pendant toute l'année : dans les caves de l'Observatoire, par exemple, à une profondeur de $27^m,60$, la température est restée constamment égale à $11°,8$ depuis les observations faites par Lavoisier[1] à la fin du siècle dernier; c'est cette constance de la température au-dessous de

---

[1]. Illustre savant français, le fondateur de la chimie (1743-1794).

la surface du sol qui fait que nos caves paraissent chaudes en hiver, froides en été.

Hypothèse du feu central. — Cette remarque faite, il est facile de calculer que si, à partir de cette profondeur, la température augmente de 1° environ pour 30 mètres, elle doit atteindre rapidement une valeur telle qu'aucune des substances solides que nous connaissons ne pourrait y résister sans fondre. Comme rien ne nous autorise à supposer que le sein de la terre renferme des corps simples différents de ceux qui entrent dans la constitution des substances situées à sa surface, — puisque les astres eux-mêmes (autant que nous pouvons juger de leur composition) n'en renferment pas d'autres, — nous sommes conduits à admettre qu'il existe, à une profondeur relativement faible au-dessous de la surface du sol, une masse de matières portées à l'état de fusion par la haute température à laquelle elles sont soumises, ou, comme on dit, à l'état de *fusion ignée*. Que cette masse s'étende jusqu'au centre de la terre, faisant de celle-ci un globe énorme de matières fondues recouvert par une pellicule solide, c'est ce qu'on admet généralement. Il faut ajouter cependant que certains géologues supposent que la masse ignée ne forme qu'une couche plus ou moins épaisse, protégée par l'enveloppe extérieure solide, et recouvre à son tour un noyau central solide.

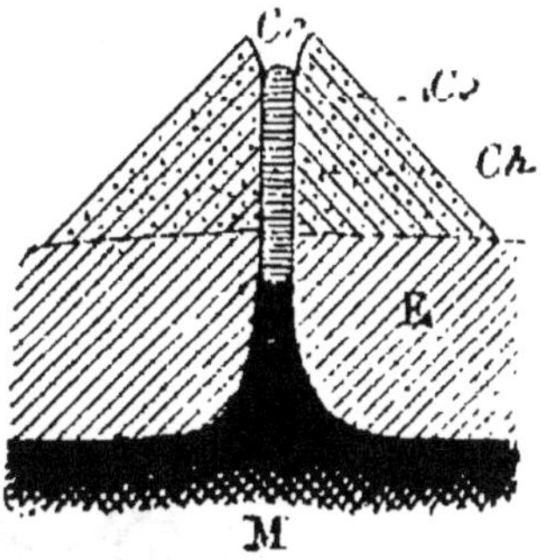

Quoi qu'il en soit, l'existence infiniment probable de matières à l'état de fusion ignée au-dessous de l'écorce terrestre va nous permettre d'expliquer les phénomènes actuels d'origine interne.

Fig. 105. — Coupe d'un volcan (figure théorique). M, matières ignées; E, écorce terrestre; *Ch*, cheminée; *Co*, Cône de débris; *Cr*, cratère.

Phénomènes volcaniques. — Parmi les phénomènes d'origine interne, les plus remarquables sont les *phénomènes volcaniques*.

Volcan. — Un *volcan* (*fig.* 195) est une sorte de *cheminée* (*Ch*) qui, traversant l'écorce terrestre (E), met en communication avec l'extérieur les matières fondues (M) que celle-ci recouvre. La partie supérieure de cette cheminée est généralement entourée d'une accumulation conique de matières rejetées par le volcan; c'est ce qu'on appelle le *cône de débris* (*Co*). Jamais un cône volcanique, malgré la ressemblance qu'il peut présenter avec une montagne, n'a été formé par un soulèvement du sol. Le sommet du cône de débris est généralement échancré, autour de l'orifice de la cheminée, par une sorte d'entonnoir appelé le *cratère* (*Cr*).

Éruption volcanique. — Cône de fumée. — Une

Fig. 196. — Vésuve en éruption.

éruption volcanique commence par la projection d'un *cône*

de fumée. On voit sortir du cratère, dont l'orifice s'est ouvert à la suite d'une explosion qui peut être formidable, une colonne de vapeur d'eau qui s'élève peu à peu dans les airs, jusqu'à une hauteur parfois considérable ; puis cette colonne s'étale horizontalement dans les couches supérieures de l'atmosphère et prend à peu près l'aspect d'un Pin pignon (*fig.* 196). La vapeur d'eau, projetée hors du volcan avec une force très grande, entraîne des corps solides de dimensions variées. Les plus gros, de formes irrégulières, sont qualifiés de *scories*. D'autres, dont le volume égale communément celui de la tête, ont une forme de fuseau et portent à leur surface des sillons enroulés en spirale : ils ont été projetés à l'état pâteux et se sont solidifiés en tournant rapidement sur eux-mêmes ; on les appelle *bombes volcaniques*. Des corps plus petits portent le nom de *lapilli*. Les particules les plus fines forment les *cendres volcaniques*.

Les corps solides entraînés par la vapeur d'eau retombent autour de la cheminée volcanique, à des distances d'autant plus faibles qu'ils sont plus volumineux ; ils contribuent à former le cône de débris. Les cendres volcaniques peuvent être emportées par les mouvements atmosphériques fort loin du cône volcanique ; on cite des éruptions du Vésuve dont les cendres ont été entraînées jusqu'à Constantinople ou jusqu'à Tripoli.

Quand les cendres retombent sur les flancs du cône volcanique en même temps qu'une pluie abondante, elles peuvent former des boues dont la solidification donne naissance à des roches appelées *tufs volcaniques* : un tuf volcanique est évidemment d'origine interne par la nature de ses éléments ; mais leur disposition est régulièrement stratifiée comme celle des éléments d'une roche sédimentaire ; des débris animaux ou végétaux peuvent s'y trouver enfermés et plus tard se fossiliser. Un tuf volcanique peut être aussi formé par des cendres mélangées aux eaux de la mer.

Laves. — Au bout d'un certain temps, le cône de fumée diminue de volume, puis finit par disparaître complètement : la première phase de l'éruption volcanique prend fin et fait place à la seconde, que caractérise la sortie des *laves*.

On donne le nom de *lave* à toute matière qui, sortant du volcan à l'état de fusion ignée, se solidifie ensuite par refroidissement. On voit donc que le mot de *lave* n'indique pas une composition chimique définie : il correspond seulement à un état physique. Cependant toutes les laves sont riches en silice et renferment une forte proportion d'eau.

Quelquefois la poussée interne est suffisante pour soulever la lave jusqu'au sommet de la cheminée volcanique, d'où elle déborde le cratère principal. Le plus souvent elle ne s'élève pas jusque-là et sort du cône de débris par des fissures latérales dans lesquelles elle s'infiltre. Chacun des orifices par lesquels s'échappent les coulées de lave constitue un *cratère secondaire* ou *adventif*; on s'explique pourquoi ces cratères sont disposés sur les pentes du cône de débris suivant des lignes à peu près droites, en observant que chacune de ces lignes doit marquer la direction d'une fissure interne.

Les laves, épanchées au dehors, s'écoulent avec une vitesse variable : elle dépend de la pente offerte par le terrain ; elle dépend aussi de la constitution chimique de la coulée, qui lui donne une consistance plus ou moins pâteuse.

Sous l'influence du refroidissement, la coulée se solidifie. Quand une lave se solidifie lentement, il n'est pas rare qu'elle se divise, par des fissures régulières, en prismes parallèles dressés côte à côte comme des tuyaux d'orgue; c'est une disposition qu'on rencontre fréquemment aussi dans les basaltes (voir p. 236).

Les roches cristallines sont d'origine éruptive. — Quand on étudie de près la structure des laves solidifiées, on est frappé de la ressemblance qu'elles offrent avec les roches cristallines et en particulier avec les trachytes, les basaltes, etc... Elles sont, de plus, disposées comme elles en masses irrégulières. De ces ressemblances il est légitime de conclure que les roches cristallines ont dû se former à la façon des laves actuelles; elles sont probablement sorties du sol à l'état fluide par des fissures de l'écorce terrestre, et se sont solidifiées par refroidissement. Pour résumer cette origine en un mot, on est convenu de les appeler *roches ignées*, *plutoniennes* ou *éruptives*. C'est ce dernier terme que nous emploierons désormais.

Fumerolles. — Au bout d'un certain temps les coulées de lave se ralentissent, enfin cessent complètement ; ainsi prend fin la seconde phase de l'éruption volcanique.

La troisième phase est caractérisée par les *fumerolles*. On désigne de ce nom des dégagements de gaz qui s'échappent ordinairement du cône volcanique par le cratère principal et par les cratères adventifs. Parmi ces gaz, qu'on a pu analyser assez exactement, les plus acides sont ceux qui se dégagent au voisinage du cratère principal (acide chlorhydrique par exemple); leur acidité diminue au fur et à mesure qu'on descend le long des pentes du cône volcanique ; ainsi, c'est surtout de l'acide carbonique qui se dégage vers la base du cône : on réserve à ces dégagements d'acide carbonique le nom de *mofettes*.

Après un certain temps d'activité, les fumerolles s'affaiblissent à leur tour, enfin tarissent complètement. Ce sont les plus acides qui disparaissent les premières ; ce sont au contraire les mofettes qui persistent en dernier lieu. Leur fin marque ordinairement celle de l'éruption elle-même, et le volcan rentre dans l'état de repos.

Il est à remarquer toutefois que dans les régions volcaniques les dégagements gazeux persistent souvent bien longtemps après la fin de toute éruption. Ce sont souvent des mofettes, comme celles de la Grotte du Chien, près de Naples, qui forment au ras du sol une couche d'acide carbonique dans laquelle les animaux de petite taille (les chiens par exemple) meurent asphyxiés. Parfois aussi ce sont des dégagements sulfureux qui ont pour conséquence un dépôt de soufre à la surface des roches environnantes ; ainsi s'expliquent les champs de soufre ou *solfatares* (solfatare de Pouzzoles par exemple), que l'on exploite pour l'extraction du soufre.

Cause des éruptions volcaniques. — Pour s'expliquer la cause des éruptions volcaniques, on peut remarquer que les volcans sont généralement distribués le long des lignes suivant lesquelles l'écorce terrestre a dû être fortement plissée et par suite fissurée. Dans un même continent, le continent américain par exemple, l'une des côtes est toujours plus abrupte que l'autre : le versant occidental est marqué par la double chaîne des Montagnes Rocheuses et des Andes; le versant oriental s'abaisse en pente douce vers l'Océan Atlantique. Or c'est précisément sur le versant occidental, le plus tourmenté, que sont réparties les bouches volcaniques, tandis qu'on n'en observe pas sur le versant oriental. Imaginons alors simplement que l'écorce terrestre s'affaisse sur certains points de manière à comprimer les matières fluides qu'elle recouvre : il est facile de comprendre que c'est par les fissures qui leur sont ouvertes que ces matières s'échapperont au dehors.

Mouvements du sol. — Si, comme tout jusqu'ici nous porte à le croire, l'écorce terrestre recouvre à la manière d'une mince pellicule un énorme noyau de matières ignées, comment admettre qu'une enveloppe aussi faible puisse supporter les formidables poussées de cette masse interne sans éprouver elle-même aucun déplacement? Ajoutons à cela que le noyau fluide, en se refroidissant, se contracte lentement, entraînant son écorce qui se ride et se plisse pour s'appliquer étroitement contre lui. L'instabilité du sol que nous foulons aux pieds se manifeste par deux sortes de phénomènes : 1° des mouvements brusques et violents, mais de courte durée (*tremblements de terre*); 2° des *mouvements lents* d'exhaussement ou d'affaissement.

Tremblements de terre. — Un tremblement de terre consiste en une ou plusieurs secousses dont la durée totale ne dépasse généralement pas quelques secondes. Précédées ordinairement de bruits sourds et souterrains, puis de quelques instants d'un calme absolu qui plonge les animaux dans la stupeur et l'épouvante, ces secousses sont verticales ou horizontales; dans certains cas, elles sont faibles et nombreuses, dans d'autres cas fortes et peu nombreuses. Souvent les secousses verticales s'associent aux secousses horizontales, imprimant au sol un mouvement de tournoiement auquel rien ne peut résister; elles bouleversent le sol et tout ce qu'il supporte. Le mouvement de vibration se propage à la surface de la terre comme se propagent à la surface de l'eau les ondes circulaires produites par la chute d'une pierre. La vitesse de translation est environ de 500 à 600 mètres par seconde.

Les traces que laisse le plus généralement un tremblement de terre dans la contrée qu'il a dévastée sont des crevasses, que les agents extérieurs comblent ensuite et font peu à peu disparaître.

On a montré que le centre d'un tremblement de terre est toujours à une profondeur relativement faible (de 5 à 20 kilomètres seulement). Il est compris, par suite, dans l'épaisseur même de l'écorce terrestre. Comme toutes les circonstances qui accompagnent un tremblement de terre rappellent celles qui entourent une explosion, on peut admettre que des gaz enfermés dans des fissures du sol où les ont portés des matières fluides venues de l'intérieur, exercent un dernier effort sur les couches supérieures qu'ils soulèvent et agitent. S'il en est ainsi, il ne faut plus s'étonner que les tremblements de terre, très rares et très faibles dans les pays de plaines, soient beaucoup plus fréquents et plus dangereux dans les régions où le sol est plissé ou fissuré.

Si on adopte l'explication qui précède, on voit que l'infiltration des matières ignées venues de l'intérieur du globe dans les fissures de l'écorce terrestre peut donner lieu à deux sortes de phénomènes : 1° les phénomènes volcaniques ; — 2° les tremblements de terre.

Mouvements lents. — Les mouvements lents d'exhaussement ou d'affaissement du sol, moins terribles que les tremblements de terre dans leurs effets immédiats, et moins faits pour frapper l'esprit, sont des causes bien plus efficaces de la modification continue du sol. Ils échappent généralement à l'observation ; ce n'est que sur les côtes, où le niveau de la mer fournit un point de repère à peu près fixe, qu'ils deviennent sensibles et facilement appréciables[1]. Ainsi les côtes de l'Aunis et de la Saintonge subissent un mouvement lent de soulèvement : l'île de Noirmoutiers se rattache de plus en plus intimement au rivage ; — la Rochelle, jadis construite sur un rocher isolé, est absolument rattachée à la côte ; son ancien port, peu à peu fermé aux navires de fort tonnage, a dû être remplacé par un port en eau profonde. Au contraire, en d'autres points, la mer empiète peu à peu sur le rivage qui s'affaisse lentement : les rochers du Calvados, situés maintenant au large de la côte normande, sont le dernier vestige d'un ancien rivage ; le Mont Saint-Michel, actuellement séparé de la côte, en faisait incontestablement partie à une époque peu reculée ; les îles Chausey ont été elles-mêmes très voisines de la côte dont elles sont fort éloignées aujourd'hui, et il n'est pas jusqu'aux îles anglo-normandes qui n'aient dû faire partie du continent à une époque plus reculée encore.

On pourrait multiplier beaucoup ces exemples de mouvements de l'écorce terrestre ; mieux vaut chercher à en déterminer la cause. Elle se trouve probablement dans les ridements que doit subir l'écorce terrestre pour s'appliquer étroitement sur le noyau de matières ignées qu'elle recouvre, au fur et à mesure que ce dernier se contracte en se refroidissant. Hâtons-nous d'ajouter que certaines dépressions du sol peuvent avoir des causes tout à fait différentes. Ainsi l'affaissement lent du sol de la Hollande qui, en certains points, est au-dessous du niveau de la mer, paraît être simplement dû au tassement des alluvions qui le forment.

Comment a dû se former l'écorce terrestre. — Nous avons vu que la terre, dans son état actuel, doit comprendre un noyau énorme de matières à l'état

---

[1]. Dans l'étude de ces phénomènes, il faut se tenir en garde contre une cause d'erreur : le recul de la mer peut être simplement dû à la sédimentation, ou son progrès à l'érosion.

de fusion ignée, recouvert par une mince enveloppe solide.

Or, parmi les corps célestes qui nous entourent, il en est un grand nombre qui nous paraissent formés entièrement de matières ignées ou du moins qui n'ont pas d'écorce solide : citons en premier lieu le Soleil, puis les étoiles auxquelles les astronomes s'accordent aujourd'hui à assimiler le Soleil; celui-ci ne serait qu'une simple étoile, située assez près de nous pour nous paraître beaucoup plus volumineuse que les autres.

D'autres corps célestes, au contraire, nous paraissent être entièrement solides : la Lune est de ce nombre.

Tout nous porte à penser que la terre a dû, à ses débuts, se présenter sous la forme actuelle du Soleil. Puis, par refroidissement, s'est formée à sa surface une première pellicule, qui a séparé les matières ignées de l'atmosphère extérieure : c'est l'*écorce primitive* du globe.

Cette écorce, d'abord très fragile, a dû être rompue sur bien des points sous la poussée des matières fluides internes; cependant, au bout d'un certain temps, elle a dû acquérir une résistance plus grande.

Le noyau interne continuant à se refroidir, par suite à se solidifier et à se contracter, l'écorce primitive a dû se rider pour le recouvrir exactement dans toutes ses parties. En même temps, la vapeur d'eau que devait contenir l'atmosphère terrestre s'est condensée par refroidissement, donnant naissance aux premières pluies, qui sont venues combler les dépressions de l'écorce primitive en formant les premiers océans. La surface du globe s'est dès lors trouvée séparée en mers et continents. L'action des mers et des pluies sur les continents a donné lieu aux premiers phénomènes d'érosion, et dans les mers se sont déposés les premiers sédiments.

Il est facile de comprendre la suite de l'histoire du globe : les dépôts sédimentaires se sont accumulés les uns au-dessus des autres de l'intérieur vers l'extérieur, tandis que l'écorce terrestre se laissait traverser, de temps en temps, par des formations éruptives dues à l'activité persistante du noyau de matières ignées. Si les choses continuent à se passer de même pendant une longue série de siècles, il est permis de supposer que le globe terrestre se solidifiera entièrement, passant ainsi à l'état où se trouve actuellement la Lune.

RÉSUMÉ

L'augmentation régulière de température qu'on observe en s'enfonçant à l'intérieur du sol permet de supposer que la terre comprend un noyau énorme de matières à l'état de *fusion ignée* recouvert par une mince pellicule solide (*hypothèse du feu central*).

Les principaux *phénomènes d'origine interne* sont les *phénomènes volcaniques*.

Un *volcan* est une *cheminée* naturelle qui met en communication avec l'extérieur les matières ignées recouvertes par l'écorce terrestre. L'ouverture de la cheminée est surmontée d'un *cône de débris* dont le sommet est échancré (*cratère*).

Une *éruption volcanique* comprend trois périodes:

1º Sortie du *cône de fumée* (vapeur d'eau entraînant avec elle des *scories*, des *bombes*, des *lapilli* et des *cendres*).

2º Sortie des *laves* soit par le cratère principal, soit par les *cratères adventifs*; elles se solidifient par refroidissement; leur structure rappelle celle des roches cristallines, qu'on peut appeler dès lors *roches éruptives*.

3º Dégagement de *fumerolles* plus ou moins acides (*mofettes*, dépôts de *soufre*, etc.).

L'écorce terrestre est animée de *mouvements*. Ils sont de deux sortes :

1º Mouvements brusques et violents, mais de courte durée (*tremblements de terre*);

2º Mouvements lents d'exhaussement ou d'affaissement.

On peut expliquer les éruptions volcaniques et les mouvements du sol par la compression que l'écorce terrestre exerce en s'affaissant sur les matières ignées.

On admet généralement que le globe terrestre a été d'abord formé en totalité par des matières ignées. Le premier effet du refroidissement a été la formation d'une *écorce primitive*. Celle-ci a été peu à peu recouverte par les *terrains de sédiment*.

L'écorce primitive et les terrains de sédiment ont été traversés de temps à autre par des *formations éruptives*.

TABLE DES MATIÈRES

Première leçon. — **Les trois règnes de la nature. — La Zoologie**.. 9
Les trois règnes de la nature, 9. — Les animaux, 9. — Les végétaux, 10. — Les minéraux, 11. — La Zoologie, 11. — L'Homme, 11. — Organe, fonction, appareil, 12. — Anatomie et physiologie, 12. — Division du travail physiologique, 12.

Deuxième leçon. — **Etude de l'Homme. — Le squelette. — Disposition générale des viscères**................ 13
Le squelette, 13. — La tête, 15. — Le tronc, 16. — Les membres, 18. — Membre supérieur, 18. — Membre inférieur, 20. — Symétrie bilatérale du corps, 21. — Cavité générale, 21. — Disposition des principaux viscères, 22.

Troisième leçon. — **L'appareil digestif et la digestion**.... 23
La digestion, 23. — L'appareil digestif, 23. — La bouche, 24. — Les dents, 25. — Les différentes sortes de dents, 27. — Glandes salivaires, 28. — L'arrière-bouche, 29.

Quatrième leçon. — **L'appareil digestif et la digestion** (*suite et fin*)... 31
L'œsophage, 31. — L'estomac, 31. — L'intestin, 32. — Le foie, 34. — Le pancréas, 34. — Absorption, 35.

Cinquième leçon. — **L'appareil respiratoire et la respiration**.. 36
La respiration, 36. — L'appareil respiratoire, 36. — Fosses nasales, 36. — Arrière-bouche, 36. — Larynx, 37. — Trachée-artère, 38. — Bronches primaires, 38. — Poumons, 38. — Inspiration et expiration, 39. — Phénomènes chimiques de la respiration, 41.

Sixième leçon. — **L'appareil circulatoire et la circulation**. 43
La circulation, 43. — Le sang, 44. — L'appareil circulatoire, 44. — Le cœur, 46. — Les gros vaisseaux, 46. — Les artères, les veines et les capillaires, 47. — Le trajet suivi par le sang, 49. — Les pulsations du cœur, 50. — Le pouls, 51. — La circulation veineuse, 51.

Septième leçon. — **L'absorption. — La sécrétion. — La chaleur animale**... 52
L'absorption, 52. — La sécrétion et les glandes, 54. — L'appareil urinaire, 55. — L'urine, 56. — L'assimilation, 57. — Les réserves nutritives, 57. — Idée de la chaleur animale, 58.

HUITIÈME LEÇON. — **La sensibilité et la locomotion**...... 59
La sensibilité, 59. — Les cinq sens, 59. — Le système nerveux, 60. — La moelle épinière, 62. — Le cerveau, 62. — Les nerfs, 63. Les actes réflexes, 64. — Les muscles, 66.

NEUVIÈME LEÇON. — **Les Mammifères onguiculés**......... 67
Les Mammifères, 67. — Les Primates, 68. — Les Carnivores, 69. — Les Insectivores, 72. — Les Cheiroptères, 73. — Les Rongeurs, 74. — Les Onguiculés, 76.

DIXIÈME LEÇON. — **Les Mammifères** (*fin*).................... 77
Les Ongulés, 77. — Les Proboscidiens, 78. — Les Porcins, 79. — Les Ruminants, 80. — Les Jumentés, 83. — Les Cétacés, 84.

ONZIÈME LEÇON. — **Organisation des Oiseaux**............ 87
Les Oiseaux, 87. — Squelette, 87. — Plumes, 91. — Bec, 92. — Tube digestif, 93. — Appareil respiratoire, 94. — Appareil circulatoire, 95. — Œufs, 96.

DOUZIÈME LEÇON. — **Principaux ordres d'Oiseaux**........ 98
Division de la classe des Oiseaux en ordres, 98. — Palmipèdes, 98. — Echassiers, 100. — Gallinacés, 101. — Colombins, 102. — Passereaux, 103. — Rapaces, 104. — Grimpeurs, 106.

TREIZIÈME LEÇON. — **Les Reptiles**........................ 108
Les Reptiles, 108. — Caractères généraux des Reptiles, 108. — Classification des Reptiles, 110. — Les Chéloniens, 110. — Les Sauriens, 111. — Les Ophidiens, 113. — Les Batraciens, 114. — Peau nue; respiration cutanée, 114. — Développement, 115. — Le têtard, 115. — Ses transformations, 117. — Caractère général des métamorphoses, 118. — Classification, 118. — Les Anoures, 119. — Les Urodèles, 119.

QUATORZIÈME LEÇON. — **Les Poissons**...................... 121
Les Poissons, 121. — Ecailles, 121. — Nageoires, 122. — Appareil digestif, 123. — Branchies, 123. — Vessie natatoire, 124. — Appareil circulatoire, 125. — Classification, 126. — Classification des Vertébrés, 129.

QUINZIÈME LEÇON. — **Organisation des Insectes**........... 129
Les Insectes, 129. — Organes extérieurs, 129. — Appareil digestif, 132. — Appareil respiratoire, 133. — Appareil circulatoire, 134. — Système nerveux, 135. — Organes des sens, 136. — Métamorphoses, 136. — Les Insectes sont des Arthropodes, 138.

SEIZIÈME LEÇON. — **Principaux types d'Insectes**.......... 138
Coléoptères, 139. — Orthoptères, 139. — Névroptères, 140. — Hémiptères, 140. — Diptères, 142. — Lépidoptères, 143. — Hyménoptères, 145.

DIX-SEPTIÈME LEÇON. — **Les Arachnides, les Myriapodes, les Crustacés et les Vers**............................. 149
Les Arachnides, 149. — Les Myriapodes, 151. — Les Crustacés, 151. — Classification des Arthropodes, 155. — Les Vers, 155.

TABLE DES MATIÈRES. 265

Dix-huitième leçon. — **Les Mollusques, les Echinodermes, les Cœlentérés, les Spongiaires et les Protozoaires.** 157
Les Mollusques, 157. — La Moule, 158. — L'Escargot, 160. — Les Echinodermes, 161. — Les Cœlentérés, 164. — Les polypiers, 166. — Les Spongiaires, 168. — Les Protozoaires, 169. — Résumé général, 170.

Dix-neuvième leçon. — **Les Organes de la Plante. — Racine, tige, feuille**.................................. 171
Les plantes, 171. — Les trois membres de la plante, 171. — La racine, 171. — La tige, 172. — La feuille, 176.

Vingtième leçon. — **Nutrition de la plante**............. 181
Transpiration, 181. — Assimilation chlorophyllienne, 181. — Respiration, 183. — Fonctions de la Racine, 184. — Fonctions de la Tige, 184. — Élaboration de la sève, 185. — Circulation de la sève, 185. — Réserves, 186.

Vingt et unième leçon. — **La Fleur. — Sa fonction principale**... 187
La Fleur, 187. — Les parties de la fleur, 188. — L'étamine, 189. — Pistil, 190. — Ovule, 192. — Fonction de la fleur, 193. — Rôle des enveloppes, 193. — Rôle du pollen, 193. — Pollinisation, 194.

Vingt-deuxième leçon. — **Le Fruit et la Graine. — Développement de la plante**................................ 195
Transformation de l'ovaire en fruit, 195. — Transformation de l'ovule en graine, 196. — Germination de la graine, 198. — Développement total de la plante, 200.

Vingt-troisième leçon. — **Éléments de classification végétale. — Dicotylédonées dialypétales et gamopétales.** 202
Dicotylédonées dialypétales. — Renonculacées, 203. — Crucifères, 205. — Légumineuses, 206. — Dicotylédonées gamopétales. — Solanées, 209. — Composées, 210.

Vingt-quatrième leçon. — **Dicotylédonées apétales. — Monocotylédonées. — Gymnospermes. — Cryptogames**... 213
Dicotylédonées apétales, 213. — Monocotylédonées. — Liliacées, 214. — Graminées, 215. — Gymnospermes. — Conifères, 217. — Résumé général de l'étude des Phanérogames, 219. — Cryptogames, 219. — Résumé général, 222.

Vingt-cinquième leçon. — **La Géologie. — Les Roches**... 224
Géologie, 224. — Les minéraux, 224. — La craie, 225. — Les roches calcaires, 227. — Le silex, 230. — Les roches siliceuses, 231. — Comparaison, 232.

Vingt-sixième leçon. — **Les Roches (fin). — Phénomènes actuels**.. 233
Le granit, 233. — Les porphyres, 235. — Les trachytes, 236. — Les basaltes, 236. — Les roches cristallines et les roches stratifiées, 237. — Phénomènes actuels, 238. — Origine externe et

origine interne, 238. — Action de l'eau, 239. — Action de la mer, 239. — Les roches stratifiées sont d'origine sédimentaire, 241.

Vingt-septième leçon. — **Phénomènes actuels** (*suite*)..... 243
Eaux continentales, 243. — Ruissellement, 243. — Torrents, 244. — Infiltration. — Effets physiques, 245. — Effets chimiques, 245. — Nappes d'eau souterraines, 246. — Eboulements, glissements, 246. — Action des cours d'eau, 246. — Neiges persistantes, 247. — Formation de la glace, 247. — Glacier, 248. — Mouvements du glacier, 248. — Crevasses, 249. — Fusion du glacier, 249. — Effets du glacier, 250. — Circulation de l'eau dans la nature, 250.

Vingt-huitième leçon. — **Phénomènes actuels** (*fin*). — **Formation du globe terrestre**........................... 252
Phénomènes d'origine interne, 252. — Température interne du globe, 252. — Hypothèse du feu central, 253. — Phénomènes volcaniques, 253. — Volcan, 254. — Eruption volcanique. — Cône de fumée, 254. — Laves, 255. — Les roches cristallines sont d'origine éruptive, 256. — Fumerolles, 257. — Cause des éruptions volcaniques, 258. — Mouvement du sol, 258. — Tremblements de terre, 258. — Mouvements lents, 259. — Comment a dû se former l'écorce terrestre, 260.

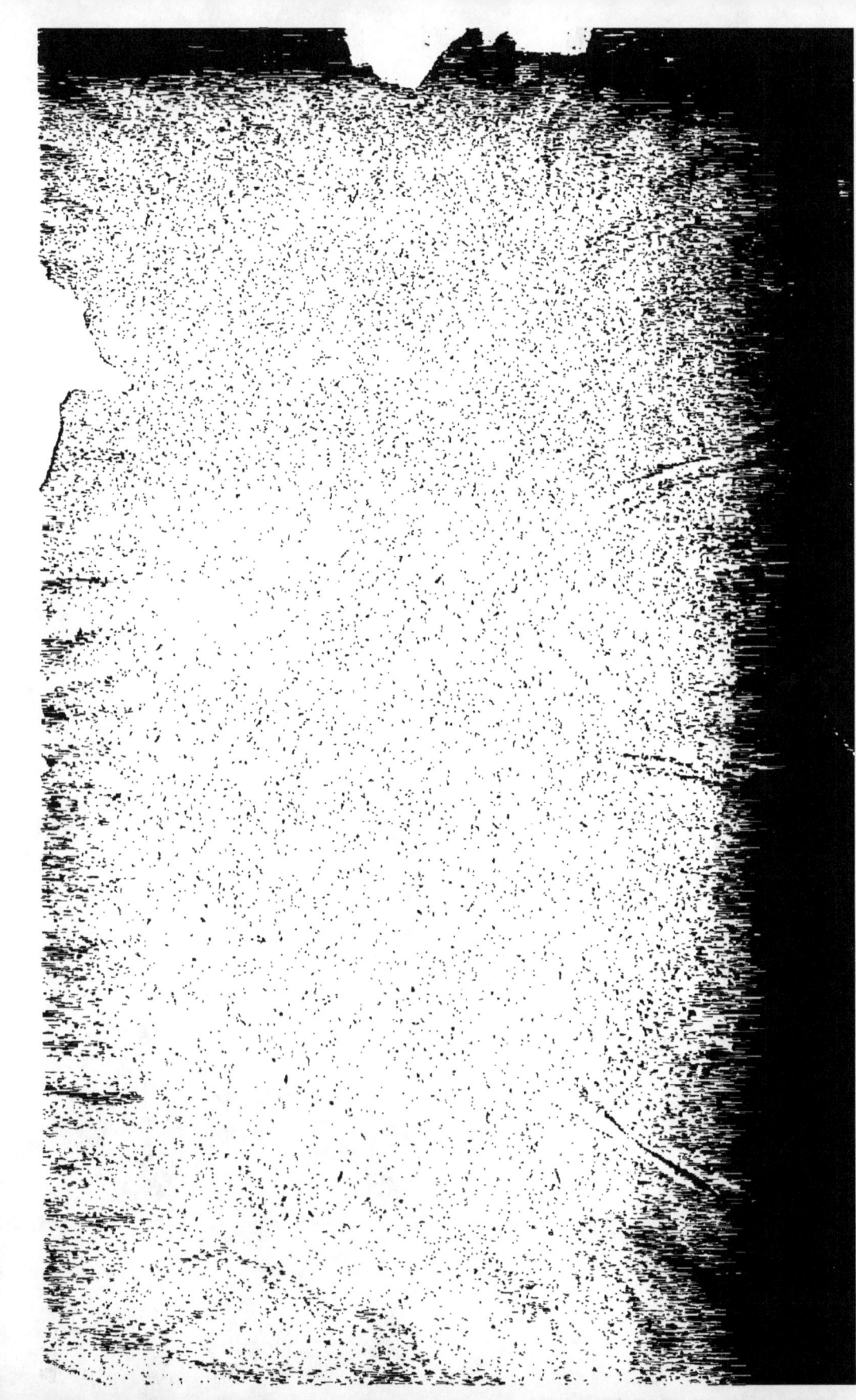

www.ingramcontent.com/pod-product-compliance
Lightning Source LLC
Chambersburg PA
CBHW050336170426
43200CB00009BA/1616